新时代曹妃甸发展舆情研究

王显志　赵海成　著

吉林大学出版社

·长春·

图书在版编目（CIP）数据

新时代曹妃甸发展舆情研究 / 王显志，赵海成著
. 一 长春：吉林大学出版社，2020.8
ISBN 978-7-5692-7329-8

Ⅰ．①新… Ⅱ．①王… ②赵… Ⅲ．①舆论－研究－
唐山 Ⅳ．①C912.63

中国版本图书馆 CIP 数据核字(2020)第 218166 号

书　　名　新时代曹妃甸发展舆情研究
　　　　　XINSHIDAI CAOFEIDIAN FAZHAN YUQING YANJIU

作　　者　王显志　赵海成　著
策划编辑　刘子贵
责任编辑　宋睿文
责任校对　田　娜
装帧设计　创意广告
出版发行　吉林大学出版社
社　　址　长春市人民大街 4059 号
邮政编码　130021
发行电话　0431-89580028/29/21
网　　址　http://www.jlup.com.cn
电子邮箱　jdcbs@jlu.edu.cn
印　　刷　长春市昌信电脑图文制作有限公司
开　　本　787 毫米×1092 毫米　1/16
印　　张　14.25
字　　数　250 千字
版　　次　2021 年 7 月　第 1 版
印　　次　2021 年 7 月　第 1 次
书　　号　ISBN 978-7-5692-7329-8
定　　价　58.00 元

前　言

　　本书以雄安新区设立为现实背景，曹妃甸发展舆情为研究对象，雄安新区设立之日前后各一年内国家和河北省主流官方媒体发布的有关曹妃甸发展舆情的新闻标题为研究媒介（据此建立相应语料库 A、B），费尔克劳三维分析模型为理论框架，韩礼德系统功能语法和互文性理论为分析工具，对语料库内新闻标题进行定量和定性的批评话语分析，探究雄安新区设立这一时间节点前后新闻标题语言特征的差异，揭示背后的意识形态及促使其形成的社会文化因素，以此对曹妃甸发展舆情研究加以反馈。

　　根据研究结果，本课题得出以下结论：第一，两语料库内新闻标题对于及物性过程类型和语气类型的选择比例均无显著性差异，动作过程和陈述语气占比大说明相关媒体致力于如实报道曹妃甸发展事宜；第二，通过对分类系统中高频名词和形容词研究后发现国家和河北省对曹妃甸发展关注点向微观层面倾斜；第三，新闻标题内外互文性使用频率均呈现节点前高于节点后的特征，但新闻标题外互文性使用频率节点前后趋于接近，启示企业或个人应提高对舆情导向的解读能力，为自身发展创造条件；第四，国家和河北省政府对曹妃甸发展给予的大量优惠政策和经济扶持，及其自身区位优势等社会文化因素，为研究顺利进行提供了事实性依据。

目　录

绪 论

第一节 研究背景

曹妃甸区于 2012 年 7 月经国务院批准成立，地处唐山南部沿海、渤海湾中心区域，全区总面积 1943 平方千米，常住人口 26 万。全区由四大功能板块构成：一是曹妃甸工业区板块，是港口贸易和第二产聚集区，以发展工业项目为主；二是垦区板块，主要是原唐海县区域，拥有大量国有土地资源，以发展农业产业为主；三是南堡开发区板块，是省级经济技术开发区，主要以发展海洋化工产业为主，兼具小部分农业、农村发展职能；四是曹妃甸新城板块，是政治、文化、生活中心区，主要以发展教育、地产和第三产服务业为主。

开发建设曹妃甸是党中央、国务院作出的重大战略决策，是河北省和唐山市加快沿海开发开放的重大战略举措。曹妃甸原是渤海湾一个小沙岛，从 2003 年启动开发建设，通过吹沙填海造地的方式，形成了陆域面积 210 平方千米，基础设施配套基本完善的工业区。曹妃甸区虽然起步较晚，但相较于其他开发区具有不可比拟的发展优势，主要体现在以下几个方面。

一是具有得天独厚的建设深水大港的自然条件。曹妃甸因港而建，因港而兴。岛前有天然深槽，水深最深处达到 −36 米，是建设深水大港最佳选址。曹妃甸港拥有深水岸线 116 千米，可规划建设 375 个万吨级以上码头泊位，目前已建成并投入运营的各类泊位 89 个，其中有两个 40 万吨级船舶泊位，是渤海湾唯一能够停靠这个级别船舶的港口。

二是具有面向东北亚、连接全世界的区位和交通条件。曹妃甸区域内已建或在建高速、国省干线 10 条、铁路 4 条，能够直接连接京津、快速通达全国。曹妃甸港与天津港距离 38 海里，与韩国仁川港距离 400 海里，港口航线直达全球 70 多个国家和地区。

三是具有丰富的资源、能源条件。曹妃甸区内冀东石油探明石油储量 10 亿吨以上，天然气储量 780 亿立方米以上，南堡盐场年生产原盐 200 万吨。曹妃甸电力保障充足，除有国家电网支撑外，华润集团还建有总装机容量达到 260 万千瓦热电联产机组，能够为临港产业发展提供完备的能源支撑和保障。

四是具有优美独特的生态环境条件。曹妃甸区拥有我国北方最大的滨海湿地，面积达 540 平方千米，具有大量天然的野生动植物种，大量国际性珍稀候鸟从这里迁徙，目前已观测到鸟类 307 种。曹妃甸区拥有面积 40 平方千米的龙岛，沙质细，海水清澈，并且拥有良好的地热资源，是曹妃甸区未来发展旅游产业的理想之地。

2017 年 4 月 1 日，中共中央、国务院印发通知，决定设立河北雄安新区。这是以习近平同志为核心的党中央作出的一项重大的历史性战略选择，是继深圳经济特区和上海浦东新区之后又一具有全国意义的新区，是千年大计、国家大事。设立雄安新区，是以习近平同志为核心的党中央深入推进京津冀协同发展作出的一项重大决策部署，对于集中疏解北京非首都功能，探索人口经济密集地区优化开发新模式，调整优化京津冀城市布局和空间结构，培育创新驱动发展新引擎，具有重大现实意义和深远历史意义。

曹妃甸和雄安新区是河北省境内备受瞩目的双子星，二者在区位条件、资源环境、发展基础、战略支持、发展定位上各有所长，难分伯仲。雄安新区战略的出台，对曹妃甸而言，挑战与机遇同在。曹妃甸应如何在雄安新区战略背景下实现自身新一轮发展、助力推进京津冀协同发展和"一带一路"建设，成为新思考。

第二节　选题目的和意义

本书研究立足舆情研究的既有成果，聚焦本土问题，对自建语料库内有关曹妃甸发展舆情的新闻标题进行定量和定性分析，探究雄安新区设立（2017 年 4 月 1 日）前后相关报道群体对曹妃甸发展所持态度、立场的共性、差异及变化，进而揭示并解释语言内部蕴含的意识形态，其研究结果将为国家及当地政府对曹妃甸区的宣传和舆情治理提供策略和建议。

本书研究选题具有理论和实践意义，具体如下：

理论意义：首先，本书将批评话语分析的理论框架应用于舆情研究实践中，在研究视角、研究方法及研究语料的深度和广度上都具有一定的拓展，对舆情研究的学科属性有所贡献；其次，本书将 Fairclough 三维框架应用于曹妃甸发展舆情研究中，在为舆情研究提供超学科视角外，也对批评话语分析的应用领域拓展做了有效补充。

实践意义：首先，从公众视角来看，本书研究依托权威的主流官方媒体开展话语分析，研究结果有利于公众客观认识国家、河北省对于曹妃甸定位、发展的调整；其次，从媒体视角来看，它们需要正视批评话语分析对于媒体报道的作用，规避在新闻报道中过分传递情绪态度；再次，从社会主体（企业、学校、个人）视角来看，本书研究成果有助于其科学调整自身发展战略（产品服务定位、学科设置、就业机会等），优化自身发展专长，更好地服务于地区经济文化建设；最后，从当地政府视角来看，本书的研究结果将为它们的决策规划提供依据。

第三节　研究内容

本书具体研究内容如下：第一，综述批评话语分析和曹妃甸发展研究现状和既有成果；第二，构建雄安新区设立（2017 年 4 月 1 日）前后各一年内国内外主流官方媒体对曹妃甸报道新闻标题的语料库，确定最终研究语料；第三，借助多视角对雄安新区设立（2017 年 4 月 1 日）前后关于曹妃甸报道的媒体话语从数量、情感、涉及的范围和领域等方面进行比较分析；第四，探究雄安新区设立（2017 年 4 月 1 日）前后国家与河北省层面对于曹妃甸发展定位的调整；第五，提出曹妃甸未来发展的对策分析。

第四节　研究思路（含技术路线图）及本书整体结构

本书研究以批评话语分析为研究手段，通过自建语料库，对雄安新区设立之日（2017 年 4 月 1 日）前后各一年内国家和河北省主流官方媒体对于曹妃甸发展舆情相关报道进行比较分析，探讨在雄安新区成立这一重大决策背景下，国家和河北省政府对曹妃甸发展定位的调整，并据此为唐山市政府和曹妃甸区政府的政策制定提供参考建议。

本书研究技术路线图如下：

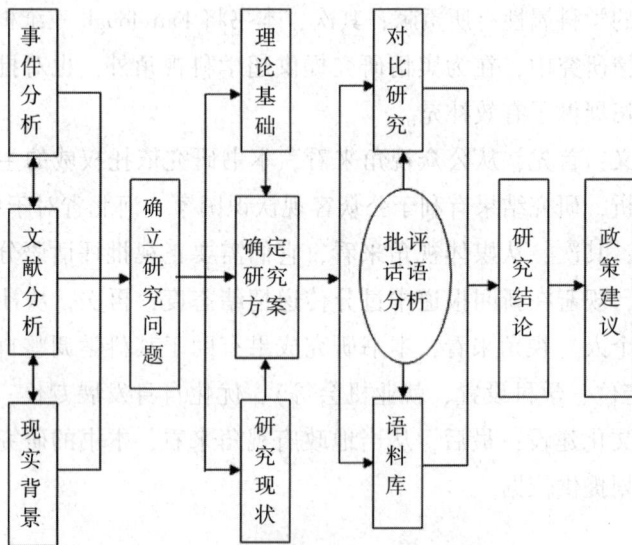

图 1　技术路线图

全书整体结构如下：

第一部分，"绪论"。第一部分从课题研究的背景，选题目的和意义，研究内容、思路（含技术路线图）、本书整体结构及创新点方面进行了研究概述。

第二部分，背景介绍。第二部分包括全书的第一章及第二章。第一章"综述"，分两节。第一节从定量和定性两个视角整理了曹妃甸发展研究现状；第二节从国内外两个范围介绍了批评话分析理论应用于新闻标题研究现状。第二章"理论基础"，分五节。第一节是关于本书研究的理论基础，即 Fairclough 的三维分析模型；第二节和第三节是关于本书研究的分析工具，即 Halliday 系统功能语法和互文性理论；第四节，梳理了批评话语分析的起源和发展、原则和方法、涉及的重要概念，阐述了政治话语的批评话语分析和基于语料库的批评话语分析等与本书研究密切相关的内容。

第三部分，全书主体部分。第三部分包括著作的第三章、第四章和第五章。第三章"研究设计"，分四节，交代了本书的研究问题、语料库语言学和比较语言学等研究方法，以及分词软件和显著性检测软件等研究工具，语料的收集、整理和筛选等本书使用语料库的创建过程；第四章"曹妃甸新闻报道标题的批评话语分析"，分三节。第一节词汇表达策略方面对"舆情"和"新闻标题"两个关键词进行了界定；第二节对自建语料库内新闻标题数量进行了比较分析；第三节将 A、B 两个语料库内新闻标题分别置入 Fairclough 三维模型中，在相关政策、经济和社会文化语境中，进行了批评话语分析和比较研究。第五章"基于舆情研究的曹妃甸发展定位及策略研究"，分三节，对本书研究进行了回顾与总结，汇总了国家和河北省对于曹妃甸发展定位的调整信息，提出了曹妃甸未来发展政策建议。

第四部分，余论，包括研究启示、研究不足与展望两节内容，总结了本书的理论和实践研究启示，以及后续的研究前景。

第五节　创新点

目前学术界对曹妃甸发展舆情研究的局限性，给本研究带来了进一步深入的可行性。本研究聚焦曹妃甸发展舆情，基于雄安新区设立这一现实背景，运用语料库语言学的研究方法，对雄安新区设立之日（2017 年 4 月 1 日）前后各一年内国内外主流官方媒体加以收集整理，选取国家和河北省层面主流官方媒体关于曹妃甸发展舆情报道新闻标题，形成相对独立的两个语料库，借助批评话语分析的相关理论开展比较分析，探讨国家和河北省政府对曹妃甸发展定位的调整，考察不同时段语料间的观点差异，分析舆情引导和治理的相关举措，并据此为唐山市政府和曹妃甸区政府提供政策建议。现将本研究创新点总结如下：

第一，尽管根据研究实际需要本书最终使用语料仅涉及国家和河北省两个层面，然而本研究语料初选阶段考虑将语料来源扩展至国家、河北省、我国港澳台地区、境外四个层面，涉及国内外多家主流官方媒体。语料库技术与批评话语分析的结合，可以从定量和定性两个方面对关于曹妃甸发展舆情的新闻标题进行系统和全面的分析，避免就少量样本进行研究的片面和局限性，也为学科发展注入新活力。

第二，本研究不同于以往批评话语分析采用的横向比较方法，而是纵向比较在不同时间节点，媒体对某一对象报道的前后变化。本研究探索 2017 年

4月1日雄安新区设立之日前后各一年，即 2016 年 4 月 1 日至 2017 年 3 月 31 日和 2017 年 4 月 1 日至 2018 年 3 月 31 日，以上两个时间段内国家和河北省选定主流官方媒体发布的新闻标题语言特征的差异及背后的意识形态，同时能起到促进比较语言学发展的作用。

第三，本研究聚焦本土问题，以雄安新区建立为背景，着眼于曹妃甸区发展问题，具有很强的指导意义。纵观国内学者对曹妃甸发展的研究，多从经管角度切入，尚无使用批评话语分析，甚至语言学理论研究曹妃甸发展舆情的先例，本研究丰富了曹妃甸发展研究的现有成果，具有极强的学术和实践价值。

第一章 综 述

第一节 曹妃甸发展研究现状分析

既有文献中关于曹妃甸发展的研究主要集中在工业经济、区域发展、交通运输（经济）和海洋等学科领域，研究方法总体上可划分为定量和定性两个方向，且定性研究占据更大比重。

一、曹妃甸发展定量研究综述

关于曹妃甸发展定量研究主要依托"层次分析法（Analytic Hierarchy Process，以下简称 AHP)""数据包络模型（Data Envelopment Analysis，以下简称 DEA)"等方法开展实证分析：例如，胡聪、于定勇和赵博博（2014）分析了受围填海工程影响的海洋资源及其影响程度，构建了用于评价围填海工程对海洋资源产生影响程度的指标体系；李振伟（2015）对曹妃甸港港口物流发展环境进行了分析，总结了京津冀一体化对曹妃甸港港口物流的影响，构建了京津冀一体化背景下的曹妃甸港港口物流竞争力指标体系，提出了增强曹妃甸港港口物流竞争力的对策建议；赵欣（2016）评价曹妃甸区基本公共卫生服务项目实施效率，分析 DEA 无效产生的原因，结合相关政策提出改善建议；马春倩和徐静珍（2017）综合曹妃甸出行难的影响因素建立 AHP 模型，并通过调查问卷构建各相关因素的判断矩阵，得到各因素的权重和总排序，提出相应解决措施，以解决曹妃甸出行难的问题。

二、曹妃甸发展定性研究综述

关于曹妃甸发展定性研究更多运用的是战略管理研究领域中现有的 PEST[①] 分析、SWOT[②] 分析等方法：例如，刘连军（2014）力求找到曹妃甸湿地开发利用和生态保护的问题所在，通过对问题现状的深入研究剖析，找到一条适合曹妃甸湿地资源科学、有序、生态、循环开发利用的路径，从而更好地提高湿地旅游产业对区域经济的贡献率；曹健、秦荣环、孙会清和杜鑫（2015）运用 SWOT 分析原理，对曹妃甸信息保障体系构建的内外因素的优势与劣势、机遇与挑战，以及各因素间相互关系与作用进行分析，提出了曹妃甸信息保障体系构建的各种策略；郭振宇（2016）在具体分析港口物流发展的现状和趋势的基础上，对曹妃甸港区港口物流发展战略问题进行探讨，从而希望能够为该港口物流的发展提供重要的战略指导；吴彤彤（2017）通过战略分析的方法，对唐山湾生态城的发展战略进行了研究，提出了唐山湾生态城发展战略的具体实施措施和发展战略保障措施；黄冠和刘伟（2018）应用 PEST 分析法以及波特五力模型对曹妃甸冷链物流运输的需求性进行了分析研究；李刚（2019）运用 SWOT 分析法，在分析曹妃甸热力公司发展战略的重要性基础上，探讨了曹妃甸热力公司战略发展的内部优势和劣势、外部机遇和威胁，并有针对性地提出了曹妃甸热力公司发展战略的建议。

除此以外，也存在明显将定量和定性方法相结合的研究：例如，方中华（2014）结合 2008 年在曹妃甸深槽深水区域采集到的单道地震剖面，同时与搜集的研究区内的钻孔资料相结合，采用地震地层学的方法进行分析研究；贾胜韬（2015）借助第一次地理国情普查数据，通过地理信息系统平台与景观指数统计分析，对研究区的地表景观格局时空变化进行分析，预测模拟出曹妃甸工业园区未来地表景观格局结构变化趋势，以期对该区域国土空间开发提供合理建议，把握资源分布与利用，实现可持续发展的理念；孙陆杰（2016）以唐山曹妃甸—港池 220 千伏输变电工程项目为例，在实地调研的基础上，搜集整理各方面材料，对该项目的经济效益和社会效益进行分析和评价；谢永军（2017）在研究曹妃甸海上搜救能力与应急管理影响要素的基础

---

①PEST：P（politics）是政治，E（economy）是经济，S（society）是社会，T（technology）是技术。

②SWOT：S（strengths）是优势，W（eakness）是劣势，O（opportunities）是机会，T（threats）是威胁。

上，建立了海上搜救能力评价与应急管理指标体系，完成了对曹妃甸海上搜救能力与应急管理的模糊综合评判，提出健全曹妃甸海上搜救工作的对策方法；杜炜（2018）结合曹妃甸工业园区的实际情况和发展目标，采用新型的"3R"① 发展理念，完善曹妃甸工业园区的产业结构，为曹妃甸工业园区循环经济产业链的构建提供了支持。

第二节　批评话语分析在新闻标题中的应用研究

标题是新闻报道的重要组成部分，是通向读者的第一座桥梁（左克，1991）。Bell（1991）将新闻标题界定为新闻语篇的一种次语类，传递着报纸新闻内容中最为重要的信息，在新闻语篇的编码和解码过程中扮演着十分重要的角色。在繁忙的现代社会里，人们的生活节奏越来越快，没有充足的时间阅读每篇新闻报道的每个细节。一般来说，读者渴望通过标题就能获得新闻报道的主要内容，而不必阅读整篇报道。因此，新闻标题承载着传递新闻主要信息、吸引读者眼球等重要功能（吴珏、陈新仁，2008），而这也决定了新闻标题与新闻正文的许多不同之处。相比新闻报道的正文，标题在信息处理、结构安排、语言表达等方面都经过更为精心的设计，其中所展现或内含的意识形态更值得研究。

一、国内研究现状综述

一般而言，国内对批评话语分析理论在新闻标题中应用的研究可大致分为三种类型（王显志、赵海成，2019）：（一）对新闻标题主题的研究：例如，车俊峰的《新闻标题的批评话语分析——以中美主流报纸关于南海问题报道的新闻标题为例》（2017），以及刘程和刘芳的《加拿大12所孔子学院揭牌新闻报道话语分析》（2018）；（二）对新闻标题结构的研究：例如，潘艳艳的《美国媒体话语霸权下的中国海上力量构建——基于2013—2014年美国"战略之页"网站有关中国海军新闻报道的批评话语分析》（2015）和吴浩的《新闻标题的批评话语分析——以〈卫报〉的新闻报道为例》（2017）；（三）对新闻标题用词的研究：例如，龚文静、龚旻和李红霞的《英语新闻标题与

---

①"3R"原则包括减量化（reduce）原则、再使用（reuse）原则和再循环（recycle）原则。

导语的批评性话语分析——以美国 CNN 英语新闻标题和导语为例》（2015），刘明的《及物分析、作格分析及其在批评话语分析中的应用》（2016），以及朱蕾和邢志杰的《女博士身份在媒体报道中的话语建构——以女博士被骗 85万的相关报道为例》（2019）。

二、国外研究现状综述

在国外，不同学者将批评话语分析理论应用于不同话题的新闻标题研究中，例如：Yuen Chee Keong、Sidra Naim 和 Noor Darliza Mohamad Zamri（2014）通过对新闻报道标题的分析，揭示了马来西亚教育全球服务局在 2013年宣布的新签证申请程序上的政策变化，以及影响马来西亚教育全球服务局话语的意识形态和语境；Shema Bukhari（2015）评估了现政府成立后几个月内巴基斯坦发生的重大炸弹爆炸事件的报告，通过对 2013 年 6 月至 9 月的 2份每日英文报纸和乌尔都语报纸的新闻标题进行批评话语分析，阐述了同一事件是如何根据各自的新闻媒体意识形态进行不同报道的；Reza Abdi 和 Ali Basarati（2016）运用诺曼费尔克劳夫的三维模型，对涵盖伊朗、阿拉伯和西方意识形态倾向的相关新闻标题进行了批评性话语分析，探讨了关于也门危机参与者和过程表述所传达出的特定主题；Doris Nyanta、Gabriel Kwame Ankrah 和 Opoku Kwasi（2017）进行了一项与性别话题有关的在线新闻标题的批评话语分析研究，揭示了男权社会背景下有关女性话语所传达出的意识形态意义；Eka Yunita Liambo 和 Sulis Triyono（2018）试图证明翻译研究与批评性话语分析之间存在关联，其研究重点是确定新闻标题翻译中译者的意识形态。研究结果表明，译者将自己的思想和观点传播到了翻译后的新闻标题中，并可能通过"极端"的措辞和语法形式，以及省略和添加的方式来吸引读者；Kate Torkington 和 Filipa Perdigão Ribeiro（2019）采用批评话语分析和框架分析相结合的方法，探讨了所谓的"地中海移民危机"前后葡萄牙数字媒体标题中对于不同移民相关术语的使用情况，以及相关社会角色通过这些文本被（重新）构建的表现形式。

第二章 理论基础

第一节 Fairclough 三维模型

Fairclough 从以 Fowler 为代表的批评语言学中汲取给养，结合 Foucault 和 Derrida 的解构主义理论、Bourdieu 的社会学理论和新马克思主义文化理论，并以 Halliday 的系统功能语法为主要的语言分析工具，形成了通过分析话语形式来研究语言、权力及意识形态之间关系的一种话语分析方法。

首先，Fairclough 在《语言与权力》（*Language and Power*）一书中揭示了语言与权力，更确切地说，揭示了语言的使用与权力的不平等现象，明确了语言与社会的内在关系。Fairclough 认为，语言渗透于权力之中，并服务于权力斗争，语言在社会化过程中起着潜移默化的作用。对于 Fairclough 而言，批评话语分析中的语言即话语，作为社会实践的话语（discourse as social practice）是由社会结构决定的（Fairclough, 1989）。为了阐明他的观点，Fairclough 创建了以下被称为"作为文本、互动和语境的话语"三维模式（Fairclough, 1989：25）：

从图 2 中我们可以看出，Fairclough 把话语视为由"语境（context）""互动（interaction）"和"文本（text）"三个维度构成的统一体。文本处于最底层，是互动的结果。互动中的生产过程（process of production）和解释过程（process of interpretation）都是以语境为社会条件的。该模式体现了 Fairclough 话语社会观的以下三个含义。首先，语言是社会的一部分。其次，话语是一种社会过程。最后，话语的社会过程受社会其他（非语言）要素的制约（Fairclough, 1989）。然而，该三维模式虽然明确了话语的社会活动和文本之间的关系是由互动联系在一起的（Fairclough, 1992a），但是互动和语境这两

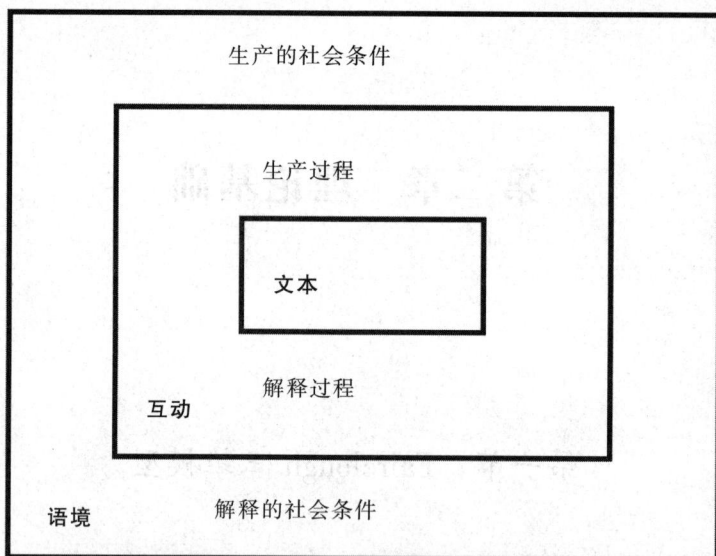

图2　作为文本、互动和语境的话语（Fairclough，1989：25）

个概念并没有充分体现作为社会实践话语的深刻含义。

　　Fairclough 于1992年在《话语与社会变革》（*Discourse and Social Change*）一书中对话语三维模式中所使用的术语进行了修改，使他的话语社会理论得到了完善。Fairclough 将处于最高层次的"语境"改为"社会实践（social practice）"，将处于中间层次的"互动"改为"话语实践（discursive practice）"，并把原来互动中的生产过程和解释过程改为"生产（production）""传播（distribution）"和"接受（consumption）"三个过程。Fairclough 改进后的被称为"话语的三维概念"的模式如下（Fairclough，1992b：73）：

　　在改进后的模式中，Fairclough 同样坚持任何一个话语都是由三个维度构成的统一体，但这三个维度的内容却有所不同（见图3）。Fairclough 之所以用"社会实践"和"话语实践"这两个概念取代了"语境"和"互动"，是因为他更强调把话语看作是一种行为模式（a mode of action），突出话语作为社会实践的话语观。话语实践中的"生产""传播"和"接受"三个过程取代原来互动中"生产过程"和"解释过程"更能充分体现话语的实施者和接受者之间的交际过程。

　　在三维模式的基础上，Fairclough 又提出了批评话语分析的三个步骤：描写（describe）、阐释（interpret）和解释（explain）。描写涉及文本的形式特征，解释涉及文本与互动的关系，阐释涉及互动与社会语境之间的关系（Fairclough，1989）。

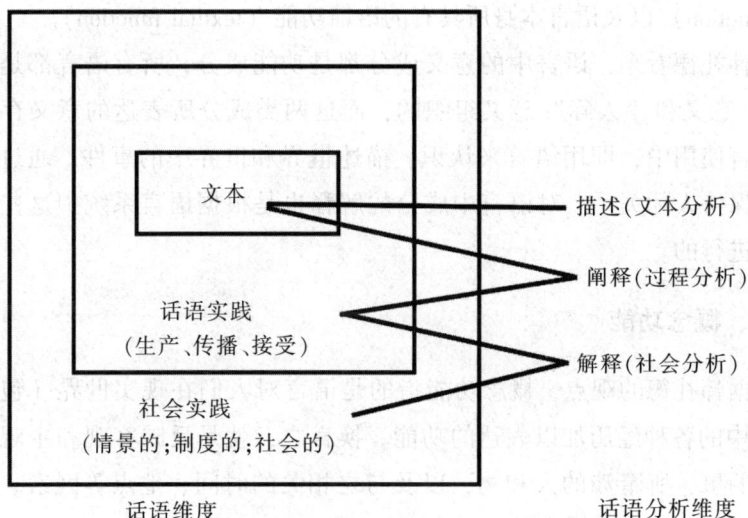

图3 **话语的三维概念**（Fairclough，1992b：73）

其实，语言与社会之间的辩证关系是 Fairclough 话语社会理论的核心，使这两者之间的辩证关系得以实现的媒介就是意识形态。为了进一步突出他的语言与社会的辩证关系，Fairclough 于 1999 年在《后现代社会中的话语：批评话语分析再思考》（*Discourse in Late Modernity*：*Rethinking Critical Discourse Analysis*）一书中又提出社会生活作为"社会实践"的观点，并把话语看作是无数种社会实践的内容之一，而所有社会实践都具有辩证性（Chouliaraki & Fairclough，1999）。

尽管一些学者就 Fairclough 的批评话语分析方法的某些方面提出过异议，但更多是给予高度的肯定。Richardson（2007）比较全面客观地对 Fairclough 的批评话语分析方法进行了总结，认为 Fairclough 的话语社会理论是一种具有阐释性和建设性的话语分析方法，对他的新闻话语研究在理论上和实践上都具有指导作用。

第二节　Halliday 系统功能语法

韩礼德（Halliday）将语言的功能分为微观功能、宏观功能和纯理功能等三种功能。本研究主要涉及其理论框架中的纯理功能（metafunction）思想。韩礼德的纯理功能指的是概念功能（ideational function）、人际功能（interpersonal function) 以及语言本身所具有的语篇功能 (textual function)。

在韩礼德看来，语言中的意义成分都是功能成分，所有语言都是围绕着"概念"意义和"人际"意义组织的，而这两类成分所表达的意义存在于所有的语言使用中，即用语言来认识、描述世界和世界中的事件，通过语言来建立和保持人际关系。对语言中成分的解释也是根据语言系统中这些成分的功能来进行的。

一、概念功能

根据韩礼德的观点，概念功能指的是语言对人们在现实世界（包括内心世界）中的各种经历加以表达的功能。换言之，就是反映客观和主观世界中所发生的事，所牵涉的人和物，以及与之相关的时间、地点等因素。语言的这一功能就是用概念内容的形式将人们的经验进行编码。

二、人际功能

语言除具有表达讲话者的亲身经历和内心活动的功能外，还具有表达讲话者的身份、地位、态度、动机和他对事物的推断、参加社会活动、建立社会关系等功能。语言的这一功能被称作"人际功能"。通过这一功能，讲话者使自己进入某一个情景中来表达自己的态度和推断，并试图影响别人的态度和行为。

三、语篇功能

语篇功能指的是语言使本身前后连贯，并与语域发生联系的功能。语言的语篇功能的实现是由主位结构、信息结构和衔接系统协同完成的。功能主义语言学将语篇视为语言研究的基本单位。系统功能语言学认为，语篇是任何长度的、在语义上完整的口头或书面的语段。韩礼德把语篇定义为具有功能的语言。一切能够在一定的语境中发挥作用或实施一定功能的语段都可以被看作是语篇。语篇功能满足了语言在运用中的相关性的要求，使实际的情景语境具有语篇机制（即将任何一段口头或书面的话语组织成连贯统一的篇章），这样的情景语境可以将实际的篇章同语法或词典中孤立的条目区别开来。

韩礼德始终认为，每个句子都能体现概念功能、人际功能和语篇功能这三种功能。这是因为讲话者总是在通过连贯的话语（语篇功能）和别人交际

（人际功能）的同时，反映周围的客观世界和自己的内心世界（概念功能）。

　　根据韩礼德的观点，概念功能的体现形式是及物系统、语态系统和极性系统；人际功能的体现形式是语气系统和情态系统；语篇功能的体现形式是主位系统和信息系统。韩礼德认为概念功能、人际功能和语篇功能分别受到话语范围、话语基调和话语方式的制约，又分别通过及物系统、语态系统、极性系统、语气系统、情态系统以及主位系统、信息系统得到体现。这就是说，不仅在三种情景因素和三种纯理功能之间有着一一对应的关系，而且在三种纯理功能和具体的语言系统之间也有着十分明确的对应关系。按照韩礼德的观点，概念功能、人际功能和语篇功能这三种抽象的纯理功能必须通过比较具体的语义系统得到体现。在系统功能语言学中，语法功能是最具体的一种功能，它是纯理功能在语言各系统中的体现形式。换句话说，语法功能是纯理功能在词汇语法层中的具体体现。

　　系统功能语言学至少在三个方面上有助于批评话语分析达到其分析语篇的目标。首先，韩礼德关于语言的系统功能理论本质上具有社会符号学的性质。他将语言定义为一种意义潜势，即语言使用者可以运用的一组组意义选择。语言使用者做出的意义选择具有双重意义：一方面，它们具有语言学意义，因为从语言系统中所做的选择可以被解释为意义选择的一种现实化；另一方面，它们具有社会学意义，因为它们能够帮助人们洞察既是社会结构的表达形式又为社会结构所决定的那些行为模式。其次，系统功能语言学以语义为基础而不是句法。韩礼德（1973）把言语行为分为行为、意义和语法三个层次，人们说话就是从行为层到意义层再到语法层的一次次选择。韩礼德的这种语言观符合批评语言学家关于意义服务于权力和语言服务于意识形态的思想。最后，韩礼德的系统功能语法，尤其，是他关于语域、语境、衔接和连贯的理论，为从宏观上考察语篇结构，以及语篇与语境的关系提供了理论框架和具体的方法（辛斌，2005）。

第三节　互文性

　　互文性发轫于20世纪的语言学理论，尤其是瑞士语言学家索诸尔（Saussure）的结构主义语言学理论。然而，互文性理论也从另外一些比索绪尔更关注语言存在于特定社会情景这一事实的理论（尤其是巴赫金的对话理论）中获得了发展的动力（辛斌，2008a）。

法国当代文艺理论家克丽丝蒂娃（Kristeva）在《符号学：符义解析研究》（*Desire in Language：A Semiotic Approach to Literature and Art*）（1969）一书中提出"互文性"的术语，互文性的概念是指"一个词（或一篇文本）是另一些词（或文本）的再现，我们从中至少可以读到另一个词（或一篇文本）"（萨莫瓦约，2003：4）。这一概念的关键意义是"任何文本都处在若干文本的交汇处，都是对这些文本的重读、更新、浓缩、移位和深化"（王瑾，2005：33）。Beaugrande 和 Dressler 于 1981 年将互文性概念引入语篇语言学，并且他们指出，一个语篇的产生和接受有赖于参与者其他的语篇知识的方式。

对于互文性，国内学者刘辰（2018）按时代顺序，大致将互文性理论在我国的传播与发展分为三个阶段：20 世纪 70 至 80 年代，互文性的研究多以译介、编译为主，如张隆溪的《结构的消失——后结构主义的消解式批评》（1982），张寅德翻译的《文本理论》（*Text Theory*）（Roland Barthes 著）和《文学原理引论》（*Literary Theory：An Introduction*）（Terry Eagleton 著）。90 年代末，学者们多将互文性作为一种文学解读方法，也开始将互文性和语言学结合，如黄念然的《当代西方文论中的互文性理论》（1999）和史忠义的《"文本及生产力"：Kristeva 文本思想初探》（1999）。21 世纪以来，是我国互文性研究日渐成熟的时期，有学者将互文性运用到文学领域，如朱克懿的《元语篇与文学评论语篇的互动关系研究》（2011）和全炯俊的《文学与电影的互文性：〈活着〉和〈红高粱〉的电影改编》（2011）。同时，越来越多的学者开始在原有研究成果基础上做多种尝试，如武建国（2012）对"体裁互文性"提出自己的见解并做出阐释；徐红梅（2013）将认知模型投入互文性研究，以此拓展多学科融合的研究范式；刘大伟（2016）充分验证了互文性理论在具体教学中的作用，促使了互文性研究向应用型转变。

近年来，随着互文性的讨论日渐多样化，批评话语分析学者们对互文性的兴趣日趋浓郁。运用批评话语分析的理论分析互文性，其实质是对文本或话语中互文性背后的意识形态运用以及社会结构作用进行讨论。Fairclough（1992c）将互文性的研究与权力等概念结合起来，互文性的产生本身受到社会限制和制约，互文性产生受到权力机构的操控。将社会学理论和互文性进行尝试性结合标志着 Fairclough 研究的起点。话语实践反映了霸权斗争，有助于实现语篇秩序的重新建构以及社会权力关系的重新建构。辛斌（2010）指出，互文性分析和语言分析是语篇分析的两种互补形式。互文性分析主要在于分析话语秩序的构成，语言分析主要旨在对语言系统进行分析。互文性理论本身并未交代社会限制因素，因此要与诸如话语权力关系、社会主体和知识的话语建构、话语的社会变化效应等理论结合。

第四节　批评话语分析

批评话语分析（critical discourse analysis）旨在分析语言、权力和意识形态的关系，揭示语篇如何源于社会结构和权力关系，又如何为之服务。批评话语分析从诞生之日起便为语言和语篇研究提供了一个新的方法和视野，因为它把话语不仅视为现实的反映或表征，而且也是社会实践的重要组成部分，主张从语言、语篇或符号学的角度来理解和解释社会现实（辛斌、高小丽，2013）。

一、批评性话语分析的起源和发展

批评话语分析的产生与发展是在 20 世纪中期的三大转向中逐渐孕育而成的，即哲学的语言学转向、语言教学的语篇转向和文学评论的语言学转向（王占斌、苑春鸣，2007）。1989 年，Fairclough 在《语言与权力》一书中最早提出了批评性话语分析这个概念。《语言与权力》和 Wodak 的《语言、权力与意识形态》（*Language, Power and Ideology*）一起被视为批评性话语分析的标志性著作。早在 1979 年，Fowler、Hodge 和 Trew 在三人所出版的《语言与控制》（*Language and Control*）一书中便使用了"批评语言学（critical linguistics）"一词。与批评语言学相比，批评性话语分析更加注重从具体的社会问题入手，分析语言在其中的作用，"为研究话语与不同领域的社会文化发展之间的关系提供了理论和方法"（Fairclough，1995a：30）。1991 年，伦敦劳特利奇出版社出版了由 Kirsten Malmkjaer 主编的《语言学大百科全书》（*The Linguistics Encyclopedia*），批评话语分析被列为其中的一节。在这一节中，批评话语分析被认为是语篇分析的一种，与篇章分析、会话分析并列。批评话语分析得到语言学界的正式认可。进入 21 世纪，批评话语分析的领军人物 Fairclough 发表 *New Labor, New Language*（2000a）一文，2003 年又出版新著 *Analyzing Discourse: Text Analysis for Social Research*，并在兰卡斯特大学就批评话语分析进行专项教学和研究活动。与此同时，Fairclough 又创办了《批评话语研究》(*Critical Discourse Studies*) 一刊, 以动态的视角研究社会的话语, 奠定了他在批评话语分析领域的地位, 也标志着批评话语分析的发展进入了新的阶段 (纪卫宁, 2006)。

1995 年, 批评话语分析被引入我国学术界, 至今已有 20 余年的研究历史。辛斌于 2005 年出版的《批评语言学: 理论与应用》一书是国内第一部关于批评性语篇分析的专著。它标志着我国批评话语分析的研究进入了新的发展时期。邹素 (2013) 通过对中国知网 2002—2012 年间以 "批判性话语" 为关键词检索出的 406 篇相关文章研究后归纳得知, 目前国内对批判话语分析的研究可以大致分为三种类型: (1) 引进介绍型: 例如, 陈中竺的《批评语言学述评》(1995)、廖益清的《批评话语分析综述》(2000)、田海龙的《批评话语分析精髓之再认识——从与批评话语分析相关的三个问题谈起》(2016)、胡安奇和肖坤学的《2018 年国内批评话语分析研究综述》(2019); (2) 理论建设型: 赵秀凤的《能源话语研究的体系与范畴》(2018)、汪少华和张薇的《"后真相" 时代话语研究的新路径: 批评架构分析》(2018)、林晶的《多模态批评话语分析: 理论探索、方法思考与前景展望》 (2019); (3) 理论应用型: 曾亚平的《从批评性话语分析角度解读奥巴马的总统选举获胜演讲》(2009)、唐丽萍的《语料库语言学在批评话语分析中的作为空间》(2011)、刘晓和刘婉昆的《新时期我国中等职业教育要不要发展? 如何发展? ——对当前中职存留发展问题热议的批评话语分析》(2019)。

不仅如此, 中国英汉语比较研究会话语研究专业委员会、英汉语篇分析专业委员会等官方机构或组织也会定期召开研讨会, 邀请海内外相关学者共同探讨学习, 以促进批评话语分析在中国的长足发展。例如: 2018 年 6 月 16 日, 由中国英汉语比较研究会话语研究专业委员会举办、北京第二外国语学院英语教育学院承办、《话语研究论丛》编辑部协办的 "新时代话语研究" 高端论坛暨《话语研究论丛》建设研讨会在京成功举办。此次研讨会以党的十九大报告中的新概念、新范畴和新表达为切入点, 旨在探讨我国新时代话语研究面临的新问题, 商讨《话语研究论丛》建设的新举措, 以此助推我国话语研究的新发展。来自全国各地高等院校的百余位专家学者、教师以及研究生参加了此次研讨会, 共商新时代话语研究的新形势、新研究、新发展。其中, 赵芃以 "话语的技术化与权力的合法化" 为题进行了主旨报告。她首先简述了近年来个人在话语研究领域的成果, 并用生动风趣的例子引出话语、知识、权力之间的关系。接着她以多地卫视频道播出的一档名为 "科学大见

闻"的谈话节目作为研究语料，发现该语料具有语体杂糅的特征，进而讨论
这是一种霸权的形成与权力关系的默认的结果。最后，她指出话语在霸权的
形成和对权力关系的认可上的作用，一方面通过所建构的事实、所表达的意
义主导话语意义的传播和消费；另一方面，话语技术者通过语体杂糅成功实
施专家权威从一个领域到另一个领域的移位，形成新的权力关系。同时也衷
心希望有后续研究来丰富这方面的成果。2018 年 11 月 17 至 18 日，"第 16 届
英汉语篇分析研讨会"在上海华东师范大学（闵行校区）召开，会议由中国
英汉语比较研究会英汉语篇分析专业委员会主办，华东师范大学外语学院承
办。本次会议主题为"新时代背景下的语篇与话语分析"，会议邀请国内系统
功能语言学及语篇分析知名专家做主题发言，来自北京、广东、西安、香港、
湖北、福建、吉林、宁波、杭州等地多所高校的语言学专家学者参会并宣读
论文。中国人民大学杨敏主持、评议了第四组分组会的发言并做了题为
"Ruth Wodak 政治话语分析的哲学思想探索"的论文宣读。她指出，语篇分
析从 20 世纪后半叶至今在语言学领域备受关注。经过半个多世纪的发展，语
篇分析理论研究的深度和应用研究的广度都得到了显著提升，第三次语言转
向的哲学思想更是语篇分析理论的基础。作为批评式话语分析和政治话语分
析领军人物之一的 Ruth Wodak，其深厚的后现代哲学思想不容忽视：无论是
法兰克福学派的哈贝马斯、解构主义的福柯、"语言游戏"的维特根斯坦等人
的哲学观点，还是社会学的布迪厄习性理论、伯恩斯坦的语境理论等，都在
Ruth Wodak 的"历史话语分析"理论中得以充分体现。

二、批评性话语分析的原则和方法

Fairclough 和 Wodak（1997：268 – 280）以 1985 年卡尔登对撒切尔夫人
的采访为例，阐述了批评性话语分析在理论和方法上应该遵循的八条原则：

（一）批评性话语分析关注的是社会问题，它关注社会和文化过程，以及
机构的语言特征，而不是为了纯语言研究而分析语言本身的使用。

（二）批评性话语分析强调权力关系在话语中的体现，话语是社会权力关
系生成和再现的场所，批评性话语分析既研究话语里的权力关系，又研究对
话语控制的权力。

（三）社会和文化与话语辩证性地相关联，即互相包含、互相影响。语言
运用对社会和文化的更新有直接的关系，这就是话语权。话语权构成社会文
化，它描写着世界，确定着社会关系和身份。

（四）话语的使用具有意识形态性。话语结构展现、加强、再生社会中的权力和支配关系，并使其合理化或对其进行质疑。

（五）话语是历史性的，只能在其所置身的语境中加以解读。

（六）话语与社会的关系是通过话语秩序（orders of discourse）这个中介产生间接的联系。话语和社会结构之间的关系是辩证的，话语构造社会结构，也被社会所构造。

（七）话语分析是解释性的，对于不同的听/读者来说，同一个语篇可以有完全不同的解释和理解。

（八）批评性话语分析是社会行动的形式，其宗旨是揭露不平等的权力关系，促进人类社会文化的进步。

批评性话语分析虽然遵循着一些基本原则，但采用的方法却各不相同，其中最具代表性的分析方法有：Fairclough（1989）以社会学、社会符号学和系统功能语言学为其理论和语言学基础，提出三维分析方法；van Dijk（1998a）将话语分析和社会认知表征结合起来，提出了"社会—认知"话语分析；Wodak（2001）将话语放在社会环境和历史背景中考察，提出了"话语—历史"的分析模式；Chilton（2005）在认知语言学理论的基础上研究语篇特征，提出认知分析方法，从认知的角度解释语言与社会的关系。下面对这些学者所代表的批评性话语分析不同的研究方法进行简要介绍。

相比较而言，Fairclough（1989）提出的三维分析方法是一个多维度且相互关联的分析框架，被公认为是批评性话语分析中最系统最常用的分析方法。Fairclough（1989）的三维分析框架（语篇、话语实践和社会实践三个维度）是一种微观解释和宏观解释相结合的整体解释框架，单纯的语篇分析（对语言运用、话语交际的分析）属于微观层面的分析；对权力、不公等现象的分析属于宏观的分析层面。他更多地借鉴系统功能语言学理论和社会学理论，力图在"内化"两者的基础上提出一种批评性话语分析的理论范式。任何一个话语实践都可以看成是一个三位一体的、互相关联的整体结构：1）（口头或书面的）语言文本；2）话语实践（文本的生产和阐释）；3）社会文化实践。

van Dijk（2001）提出"社会—认知"话语分析，认为在话语研究中，认知分析和社会因素分析缺一不可，只有把语言和认知与社会过程和社会行为相联系才能对话语进行合适的分析。van Dijk所说的"社会"指微观交际情景和由社会组织、机构等组成的宏观社会环境；"认知"指参与交际活动的个体和社会持有的观念、情感和价值观，它们以心理表征的形式存储在记忆中，形成认知语境（1998）。van Dijk（ibid）认为，社会成员的认知语境相互作用，形成社会群体共享的知识结构或信息记忆，即社会表征。以 van Dijk 为代表的认知话语分析对"社会表征"（social representations）在语篇与社会结构之间所起的作用表现出极大的兴趣；"要想把话语与社会并进而把话语与控制和不平等的再生产相联系，我们需要详细探究社会行为者大脑中的社会表征所起的作用"（2001：301）。van Dijk 对语篇的分析强调语篇特征和社会成员的认知表征之间的关联，意在揭示社会与个人、宏观与微观、社会与认知之间的一种动态过程，这种分析方法使语篇分析者能够从宏观社会语境中认识社会成员如何使用话语表达自己的思想，捍卫所在社会集团的利益（廖迅乔，2014）。

Wodak（2001）把话语看成是从某一特定角度表示某一特定社会实践领域的意义，认为话语实践与其所处的行为场域存在构建与被构建的关系，其中语境是一个重要因素。Wodak（ibid：40）从宏观到微观把语境划分为四个层面：历史背景、社会环境、篇际语境和篇内语境，与语境的四个层面相呼应，该模式对语境的研究也分成四个维度：宏大理论（grand theory）、中间理论（middle range theory）、语篇理论（discourse theory）和语言学分析（linguistic analysis），宏大理论分析把特定的历史背景看成是独立的语境；中间理论为批评性话语分析确定话语所处的社会现象或社会活动；语篇理论把相关语篇看成是一个共同的语境，语篇之间的相互关系被视为语境与语篇的社会意义所产生的影响；语言学分析是研究语篇本身的语言特征及其对语篇的社会意义产生的影响。从这四个语境层面对语篇进行的分析就构成了 Wodak 的"话语—历史"的分析模式。

Chilton（2005）指出，人类行为包括话语，是由知识、动机或者情感这些心理因素引起的，或者至少与这些心理因素密切相关，但批评话语的主要问题之一就是没有对两者之间的因果关系引起足够的重视，从而提出了批评性话语分析的认知模式。Chilton（2004）认为，认知语言学揭示的概念化过程在意识形态的表达和交际中起到了重要的作用，可以为批评性话语分析提供理论框架。Chilton（2005）提出语篇分析模式的三个认知原则：1）语言和政治行为都应该被看成是人的认知能力的表现；2）语言和政治行为的联系很可能基于大脑里固有的认知机制；3）人的语言和交际能力只有与认知能力相结合才能在批评实践中发挥作用。近年来，随着认知语言学的不断发展，有不少学者将认知语言学的相关理论运用于批评性话语分析中，考察语篇在概念隐喻、原型范畴、意象图式等方面的特征，以揭示语篇的社会意义和意识形态。

三、批评性话语分析中的重要概念

批评性话语分析旨在探索社会中的不平等现象在话语中的反映，以及通过文本分析来探寻洞悉权力和意识形态的方法（Martin，2000）。话语中明显或者隐含的歧视、权力和控制关系构成批评话语分析的重要内容（Wodak，2001）。在这种研究范式中，对批评、话语、意识形态以及权力的界定，构成批评话语分析的重要特征和内容。

（一）批评

在批评话语分析者看来，"（批评）可以理解为从所分析对象（话语）的外部把话语放置在社会语境中，采取一种明显的政治立场，运用自我反省的方式揭示社会问题；同时，批评也是对批评结果的运用，对社会或政治行为的改变"（Wodak，2001：9）。李桔元和李鸿雁（2014）指出：由于批评话语分析研究的对象就是任何话语中表现的意识形态和权力关系，而这些都是中性的，并非统治阶级的误导性观念，那么"批评"就不存在否定的含义，也无需采取明确的政治立场。将"批评"与改变社会的行动相联系，纯属牵强附会，因为分析话语与变革社会的行动是两种并非直接关联的行为。批评话语分析中的"批评"就是揭示、解释话语中隐含的各种意识形态和权力关系。"批评"起源于文化、文学领域，在话语批评研究中并没有改变其中性含义。

（二）话语

"话语"这一概念在不同的学科范式中具有不同的含义。语言学家把话语（discourse）与文本（text）视为对等的两个术语，前者多指口语语篇，后者则多指书面语篇。社会学家或批评学家对话语的界定受到福柯的影响，认为话语是特定历史阶段产生的与社会实践关系密切的陈述，是社会生活的重要组成部分。批评话语分析在借鉴以上观点的基础上，从社会实践角度界定话语。它认为，社会实践是社会生活成分的一种构型（configuration），涉及劳动形式、身份确认和对现实世界的呈现三个部分，同时又包含 4 个范畴：物质元素、社会元素、文化/心理元素以及抽象意义上的话语（Fairclough，2000b：167 – 168）。那些进入社会实践中的元素被称为社会实践的环节，话语与其他环节之间是一种辩证关系。在社会实践中，话语是一个重要元素。

（三）意识形态

批评话语分析中的意识形态概念来源于西方马克思主义理论，但是在先后这两个阵营中都没有形成关于意识形态的统一观点。然而，批评性话语分析学家们普遍认为意识形态是中性意义的。Fowler（1991：96）指出"提到意识形态，批评语言学家并不是指一些虚假的思想或者因暴露出'被歪曲的意识'而在政治上不受欢迎的信念。更恰当地说它是一个中性的定义，与人们安排和证明自己的生活方式相关。"Fairclough（1989）也持相同的观点，将它定义为"人们没有意识到的、隐含于其语言交际习俗中的常识性设想"，并强调"意识形态涉及从某一特定兴趣的角度对世界"的表述。Hodge、Kress 和 Jones（1979：6）将意识形态看作是人们理解世界，整理、归纳经验时所持的总的观点和看法。Thompson（1990：7）从意识形态与权力关系的角度来定义意识形态："我将论证意识形态这个概念：可用来指意义在特定情况下为权力服务、帮助确立和维护不对称权力关系的方式，我把这种权力关系叫作支配关系。广义上，意识形态就是'服务于权力的意义（meaning in the service of power）'"。van Dijk（1995）认为意识形态是基本的社会认知，指导着人们的社会观念，因此间接地控制话语的形成和结构。

（四）权力

20 世纪 70 年代，法国哲学家 Foucault（1979）提出了"权力话语"的概念，认为语言同权力交织在一起，哪里有语言，哪里就有权力，人们可以通过语言来达到目的，语言是人们斗争的手段。Gramsci（1971）将权力等同于盟主权（hegemony），指统治阶层通过文化操纵控制大众的一种策略，是一种通过认同（consent）而非强制（coerce）实现的软权力。Bourdieu（1991）提出符号权力（symbolic power）理论，认为权力很少通过显性的物理力量实施，而是变为一种符号形式，权力符号掩藏得很好，所以结构主义学派的学者没有发现它的存在。Fairclough（1995a：1）指出权力是关于话语事件中参加者之间的不对称和在特定社会文化语境中控制语篇生产、传播和消费方面不平等的能力。

四、政治话语的批评性话语分析

话语与政治有着紧密的联系，"一方面没有语言政治就无法实施，另一方面很可能由于语言的应用才产生广义的'政治'"（Chilton & Schäffner，1997）。Lakoff（1990：13）认为"政治即是语言，同时语言也是政治"。然而，政治和语言密不可分并不等同于将话语进行泛政治化理解。历史证明，国内外语言的泛政治化走向极致的时期都是危害极大的，比如冷战时期，比如我国的"文化大革命"时期。因此，对"政治话语"的内涵和外延进行界定，避免将政治话语无限扩大是非常有必要的。大量学者从自己的研究视角出发对"政治话语"进行了界定：

Wilson（1990：179）从语用学的角度将政治话语只限定为政治家的语言活动。他认为将政治话语限制于政治新闻行业的观点是不正确的，政治家的话语和政治新闻记者的话语不同。McNair（1995：4）通过定义政治交际来定义政治话语。他把政治交际定义为"围绕政治所进行的有目的的交际"，而政治话语都包含在政治交际的定义范围内：1）政治家和其他政治参与者为达到某一特定目的所进行的各种形式的交际；2）政治家和选举者和报纸专栏作家这一类非政治家之间的交际；3）新闻报道、社论和讨论政治的其他媒体就这些政治家和他们的活动所进行的交流。Chilton 和 Schäffner（1997：212）把政治和权力以及对权力的抵制联系起来，强调话语对政治功能的体现。他们认为，话语一旦表达了下面四个策略功能就是政治话语：1）强迫；2）抵制、反对或抗议；3）掩饰；4）合法化与非法化。van Dijk（2001：18－24）提出将政治话语界定为"主要是政治性"的话语，是政治领导人的一种政治行为，在政治进程中具有某种直接功能。他认为政治话语的大量研究是关于职业政客或政治机构的文本或言论（van Dijk, 1997：12）。

田海龙（2002：24）归纳了政治话语的三个特征：1）政治话语具有很强的目的性。政治语言的目的性可以为政治本身所决定，政治话语为目的而生。2）政治话语应该有明确的参与者。从狭义上说，政治话语的参与者只包括政治家本身；从广义上说，政治话语的参与者还应该包括其他与政治活动有关的参与者。如政治组织（政党、政府、公众组织、恐怖组织）、媒体、公众都包括在政治交流的成分之中，他们的话语都被认为是政治话语。3）政治话语有多样的体裁形式：政治家的演讲、答记者问、政党的宣言、标语口号、宣传材料，以及媒体关于政治事件的宣传报道等。

陈丽江（2007：8）从狭义的角度去限定政治话语的范围，指出政治话语是由政治活动的参与者（如政党、政治家）利用语言如何达到其交际目的的（如发布消息、维持秩序；表明态度、施加影响、调控舆论等），是由政治家或者政治组织、社团、机构所发起的与政治内容相关的各种语类的话语，包括政治演讲、政治访谈、政党宣言、社论、政府新闻发布会、政治新闻报道、白皮书、政治专栏等，是一个包含各种类型的话语集合。本研究认为，这一定义较好地界定了政治话语的内涵和外延，也确定了本研究的语料"中国和美国外交新闻发布会话语"的性质，是隶属于政治话语范畴的。

从语言学的角度来说，对政治话语进行专门的研究开始于 20 世纪 70 年代末的批评语言学和批评性话语分析。政治话语研究并非仅仅是分析政治话语，更重要的是通过分析语言来研究其社会功能和文化因素。这与批评性话语分析极为相似。"批评性话语分析是分析社会活动和社会难题中的语言和符号方面。它的中心不是语言本身，甚至也不是语言运用本身，而是社会文化活动和结构中属于语言的那部分特征。"（Fairclough & Wodak，1997：271）。因此，自诞生以来，批评性话语分析被广泛应用于政治话语的研究。国外对政治话语进行批评性分析的代表性人物是 Fowler、Fairclough、Wodak、van Dijk 和 Chilton 等。

Fairclough（1989：43）在《语言与权力》一书中阐释了政治话语中权力和话语的关系，指出权力从来不会只属于一个人或一个社会组织，因为权力能在社会斗争中获得，也能在社会斗争中失去。Fairclough（1992b：67）在《话语与社会变革》一书中提出政治语篇不仅仅是一个权力斗争的场所，而是一场权力斗争的赌注。Fairclough（2000a）对以布莱尔为首的新工党的政治话语进行了分析，内容涵盖福利、经济、科索沃战争等方面，是典型的政治话语的批评性分析。

Wodak 从话语历史分析法的角度对政治话语进行了大量的研究。Wodak（1989：137）在《语言、权力与意识形态：政治话语研究》（*Language，Power and Ideology：Studies in Political Discourse*）一书中指出政治家需要属于自己的行话和术语来表达观点、标记自己的意识形态。Van Leeuwen 和 Wodak（1999）用话语历史分析法结合系统功能语言学的方法，对奥地利移民局拒绝外籍劳工和家人团聚的官方信件进行了详细的研究，通过分析指出移民局的决定不仅基于法律规定，更是基于他们对外籍劳工融入奥地利社会能力的歧视。Wodak（2011）在《行动中的政治话语》（*The Discourse of Politics in Action：Politics as Usual*）一书中对欧洲国会议员在"后台"的日常政治活动（daily，backstage，of doing politics）和政治题材的电视连续剧《白宫风云》进行了研究，揭示了"政治是如何运作的"和"政治家实际上在做什么"。

Chilton 和 Ilyin（1993）对在 20 世纪 90 年代后期经常在欧洲多国政治话语中出现的隐喻"共同的欧洲房子"（common European house）进行了研究。

以往对政治话语的研究一般限于国内单一语言的视角，而 Chilton 的研究语料来源于俄国、德国和法国的政治话语，基于此研究隐喻是如何在不同的语言和政治文化中进行转换的。Chilton 和 Schäffner（2002）从批评性话语分析的角度对当代政治问题、制度和政治行为模式进行了研究，提供了政治话语研究的方法和框架。他们指出，政治话语分析旨在通过对话语的研究来阐释权力和权威是如何作为工具影响民众的。

van Dijk（1993，1997，2001，2005，2009）也从批评性话语分析的角度对政治话语进行了大量的研究。van Dijk（1997）分析了政治家讨论种族和民族关系、移民、难民和其他少数民族问题的表达方式，以及如何通过媒体传达他们对于白人占主导地位的社会中的民族共识，研究显示政治话语在形成偏见和种族歧视中起到了至关重要的作用。van Dijk（2005）从批评性话语分析的多学科视角（认知和社会政治的视角）对 2003 年西班牙首相阿斯纳尔冒着断送政治前途的危险在国会发表支持美国威胁对伊拉克动武的演讲进行了分析，研究其话语中的意识形态、修辞手段和政治隐喻。

此外，国外还有大量的学者从批评性话语分析的视角研究政治话语，例如，Flowerdew（1996，1997a，1997b，2004）、Levanova（2004）、Benoit 和 Klyukovsky（2006）、Cap（2006，2008，2010，2013，2014）、Ricento（2003）、Valentine 和 McDougall（2004）、Bhatia（2006）、Coe（2011）、Sarfo 和 Krampa（2012）、Sipra 和 Rashid（2013）等。

国内的学者也在批评性话语分析的框架下对政治话语开展了大量的研究。辛斌（1996，2000，2006，2008b）是国内较早进行批评性话语分析的学者，政治话语也是其研究的重点。张蕾（2005）从预设、情态系统和名词化等语言策略入手，用批评语篇分析的方法解读布什的演讲。项蕴华（2006）对美国布什总统有关伊拉克战争的讲话进行个案研究，试图找出掩饰政治话语中明显的权力不对称的途径。尤泽顺、陈建平（2008）对在批评性话语分析框架下国外政治话语研究工作进行了述评，重点讨论"政治话语"的界定，研究视角和议题，指出政治话语分析的现存问题及其对中国政治话语研究的启示。严世清（2009）基于自建语料库，对美国共和党和民主党代表人物就战争与和平问题发表的言论和相关新闻中的情态话语展开分析，揭示情态在政治语篇中具有操控性和劝说性等功能。窦卫霖和陈丹红（2009）对比了中美建交以来历届领导人国际讲话中的直接引语，研究发现两国领导人演讲中的直接引语存在不同的倾向性，在原作者、引用内容等方面存在差异。钱毓芳、田海龙（2011）对 1999 至 2008 年间两届政府工作报告进行批评性分析，揭示政府工作报告作为政治话语引发社会变革的作用。支永碧（2011）对政治话语中虚假语用预设进行了批评性分析，指出积极虚假语用预设是说话者操控读者，实现交际意图的一种手段。窦卫霖、杜海紫和苏丹（2012）以 2004 至 2008 年间中美发布的国防白皮书为语料，考察它们是如何建构各自的国家身份及其蕴含的社会文化价值观。王璠（2012）对希拉里的政治演讲进行批评性分析，研究表明希拉里的演讲充分体现了美国的意识形态，在树立美国政治信誉、争取国际社会认同方面相当成功。支永碧（2013）对政治话语名词化语用预设进行了批评性分析，揭示了名词化语用预设所蕴涵的话语隐喻态度，及其与权势、政治操纵和意识形态的关系。

五、基于语料库的批评性话语分析

批评性话语分析重视从具体的社会问题入手，探讨语言在其中的作用，因此，它"为研究话语与不同领域的社会文化发展之间的关系提供了理论和方法"（Fairclough，1995a：30）。批评性话语分析不仅研究话语本身，而且注重话语实践过程及其社会语境的分析。对于批评性话语分析学者来说，话语的意义是内嵌于特定的文化和意识形态中的，因此，批评性话语分析长期以来以定性研究为主。正如 Fowler（1991：68）所说，批评性的解读需要研究者具有历史知识与敏感性，人类而不是机器才能拥有它们。然而，这种定性的研究方法因为过多的主观性的解释而遭到部分学者的质疑。Widdowson（1995：169）认为从特定视角所作的阐释不全面，因为它带有意识形态倾向，选择分析的是语篇中能够支持观点的那些特征。Stubbs（1997：106）也认为批评性话语分析的语料有限，几乎没有讨论过局限于短小语料片段的分析是否充足，应该怎样选择语料，语料是否具有代表性等问题。为了克服这一缺陷，一种基于语料库的批评性话语分析模式开始出现，成为批评性话语分析最新进展中的亮点。Stubbs（ibid：109）指出批评性话语分析不应局限于对文本片段的分析，而应在大规模抽样调查的基础上得出关于典型话语使用情况的一般性结论。语料库应用于批评性话语分析时，研究者能够较客观地辨别自然发生的语言型式，提供广泛使用或鲜为人用的例证，这些例证在小型的研究中可能被忽视（Baker & McEnery，2005：197）。语料库技术的使用可以用来巩固、驳斥或修正研究者的直觉，让他们知道自己的观点在多大程度上是有事实根据的（Partington，2003：12）。基于语料库的批评性话语分析能帮助研究者找到切入点，并创建一个良性的研究循环（Baker et al, 2008：295）。

从 20 世纪 90 年代起，在语料库批评性话语分析的领军人物 Hardt – Mautner（1995）和 Stubbs（1996，1997，2001）的带动下，学者们开始运用语料库技术对特定语域的大量语篇做批评性分析。例如，Krishnamurthy（1996）对种族歧视话语的研究；Baker（1996）和 Gabrielatos（2008）对难民话语的研究；Flowerdew（1997b）对香港最后一任港督彭定康的话语策略研究；Fairclough（2000a）对新工党语料库中的主题词 new 的研究；Baker（2004）对同性恋话语的研究；Grundmann（2010）对气候变化话语的研究；Hunt（2011）对性别话语的研究；Jaworska（2012）对女权主义话语的研究等。国内利用语料库方法来加强批评性话语分析的研究起步较晚，成果更少见。可喜的是毕业于语料库语言学研究重镇英国兰卡斯特大学，师从 McEnery 和 Baker 教授的钱毓芳（2008）在其博士论文中把语料库语言学与批评性话语分析结合起来，对比分析了《人民日报》和《太阳报》在"9·11"前后对恐怖主义话语的建构。此后，钱毓芳（2010，2011）、支永碧（2010）、唐丽萍（2011）、朱晓敏（2011）、窦卫霖（2011）等都利用语料库进行了批评性话语分析的研究。

语料库结合其分析软件能够提供给批评性话语分析研究的数据类型主要有如下几个方面：

（1）词频。词频或许是语料库能够提供的最重要的数据类型，词频统计是语料库研究中最基本的统计手段。词频能帮助人们辨别最基本的语言特征，这些特征往往包含话语的意义（McEnery et al, 2006）。除了考察词频表中的个体词汇外，我们还能够观察每个词左右共现的固定型式，也就是词丛（Scott，2004）。词丛能够显示一个词的上下文及其惯用的结构。

（2）主题词（keyword）。主题词是通过与参照语料库对比所提取的单篇文本中频率超常的词语。主题词提取的主要条件是：1）把相同或相似主题的语料构成的语料库作为观察语料库；2）选取另一个较大的语料库作为参照语料库；3）构成语料的文本数要足够大，每篇文本的长度基本相等（李文忠，2003：284）。主题词在批评性话语分析中有着重要的意义，因为它们能够显示某种表达信息的方式。主题词所提供的这种信息促使研究者进一步用定性的方法去解读某种语言现象，不失为很好的切入点。Baker（2004：347）指出，主题词分析可用于描述某一语体并且在语言中找出话语的轨迹。近年来，主题词分析被很多学者用于话语分析中，然而"一个主题词表只提供给研究者语言型式，为了回答特殊的研究问题，研究者必须进行深入的阐释"（Baker，2004：348），才能透过统计出的数据看到话语的本质。

（3）词语搭配。词语搭配研究之父 Firth（1957：12）曾说，词的意义从与它结伴同现的词中体现。词语搭配是语言学研究的重点，然而单凭人的直觉来准确掌握所有的搭配知识是不现实的，语料库使大规模词语的搭配研究成为可能。语料库分析软件测算搭配词主要有以下两种方法：1）利用索引证据、参照类联接，检查词项的搭配情况；2）采用统计测量手段，靠数据驱动研究词语搭配模式。统计测量手段一般有三种：相互信息值（MI value）、T值和 Z 值。

（4）语义韵（semantic prosody）。目前，有越来越多的学者开始对批评性话语分析和语义韵进行深入的研究。批评性话语分析能够通过语篇揭示隐含的意识形态和权力关系，而语义韵则可以根据搭配词的显著意义来判断该词所在的语境意义，从而发现说话者的意图。"语境在体现话语的意识形态方面有重要作用，不仅可以反映社会环境中的所有结构性特征，而且还跟篇章话语的产生过程、结构、解释和功能有关。语场如果涉及社会群体的目标和利益的，语篇就会出现表达群体身份、活动、价值观、立场的词汇语法，就会包含浓厚的思想意识（辛斌，高小丽，2013：3）。"语义韵可分为积极、中性和消极三类（Stubbs，1996：176）。无论积极语义韵还是消极语义韵都能反映说话者本身具有的情感色彩和意识形态特点。语义韵研究的方法主要有三种：1）建立并参照类联接，用基于数据（data – based approach）的方法研究；2）计算节点词的搭配词，用数据驱动的方法（data – driven approach）研究；3）用基于数据与数据驱动相结合的折中方法研究（卫乃兴，2002：300）。

"语料库语言学在本质上是描写性的。再大的语料库也不能覆盖人们对语言使用的全部实况。因此，基于语料库的调查检索只能告诉我们这批语料里面'有什么''有多少'，它既不能直接解答'为什么会这样'，也不能贸然断言某种语言，就是这样'……然而，每一轮的检索结果都是激活研究者的语言本能和理性知识的新一轮的过程开始。它促使研究者或设计下一轮检索，或调用其他的语料作对比，或抽样作定性分析，或开展其它方式的调查作佐证等等，由此一步步接近研究的目的（何安平，2004：127 – 128）。"

第三章　研究设计

第一节　研究问题

本课题研究基于 Fairclough 三维批评话语分析模型，借鉴 Halliday 系统功能语法和互文性理论，结合语料库语言学、比较语言学和新闻传播学等学科知识和方法，构建起从文本分析、话语实践和社会实践三个维度对关于曹妃甸发展舆情新闻标题进行定量和定性相结合的分析框架，力求解决以下三个主要问题：

1. 雄安新区设立前后各一年内国家和河北省主流官方媒体对曹妃甸发展舆情相关报道的新闻标题是否存在语言特征差异？如果存在，这些差异具体表现在哪些方面？

2. 这些新闻标题所呈现的语言特征（差异）反映出的意识形态是什么？促使其形成的社会文化因素有哪些？

3. 话语分析结果对曹妃甸发展定位有哪些借鉴作用？

第二节　研究方法

一、语料库语言学

语料库语言学（corpus linguistics）主要研究机器可读的自然语言文本的采集、存储、检索、统计、词性和句法标注、句法语义分析，以及具有上述功能的语料库在语言定量分析、词典编纂、作品风格分析、自然语言理解和机器翻译等领域中的应用（陈昌来，2012）。本课题研究将 2017 年 4 月 1 日雄安新区设立这一时间节点前后各一年内国家和河北省主流官方媒体关于曹妃甸发展舆情相关报道的新闻标题收集整理后形成专供研究使用的语料库，并基于语料库开展后续的实证研究。

二、比较语言学

比较语言学（comparative linguistics）是指把有关各种语言放在一起加以共时比较或把同一种语言的历史发展的各个不同阶段进行历时比较，以找出它们之间在语音、符号、词汇、语法上的异同与对应关系的一门学科。本书从分类系统、及物性系统、语气系统和互文性等不同视角比较 2017 年 4 月 1 日雄安新区设立这一时间节点前后各一年内国内外主流官方媒体关于曹妃甸发展舆情相关报道的新闻标题的语言特征差异，并探究差异存在的原因。

三、德尔菲法

德尔菲法，也称专家调查法，1946 年由美国兰德公司创始实行，其本质上是一种反馈匿名函询法。德尔菲法的具体实施步骤如下：

（一）确定调查题目，拟定调查提纲，准备向专家提供的资料（包括预测目的、期限、调查表以及填写方法等）。

（二）组成专家小组。按照课题所需要的知识范围，确定专家。专家人数的多少，可根据预测课题的大小和涉及面的宽窄而定，一般不超过 20 人。

（三）向所有专家提出所要预测的问题及有关要求，并附上有关这个问题的所有背景材料，同时请专家提出还需要什么材料。然后，由专家做书面答复。

（四）各个专家根据他们所收到的材料，提出自己的预测意见，并说明自己是怎样利用这些材料并提出预测值的。

（五）将各位专家第一次判断意见汇总，列成图表，进行对比，再分发给各位专家，让专家比较自己同他人的不同意见，修改自己的意见和判断。也可以把各位专家的意见加以整理，或请身份更高的其他专家加以评论，然后把这些意见再分送给各位专家，以便他们参考后修改自己的意见。

（六）将所有专家的修改意见收集起来，汇总，再次分发给各位专家，以便做第二次修改。逐轮收集意见并为专家反馈信息是德尔菲法的主要环节。收集意见和信息反馈一般要经过三四轮。在向专家进行反馈的时候，只给出各种意见，但并不说明发表各种意见的专家的具体姓名。这一过程重复进行，直到每一个专家不再改变自己的意见为止。

（七）对专家的意见进行综合处理。

在研究中，具有相关语篇分析研究经验的研究者受邀进入课题组。首先由项目主持人向课题组内各成员介绍分类系统、及物性过程类型、语气类型、互文性、研究进行所处语境等相关判断标准和依据。在对所要解决的问题征得项目组成员的意见之后，进行整理、归纳、统计，再匿名反馈给各成员，再次征求意见，再集中，再反馈，直至得到一致的意见。通过以上操作，以提高本研究的信度和效度。

第三节　研究工具

一、分词软件

本书使用的分词软件为"易词云 2.0 版"（http://www.yciyun.com/）。易词云是一款最易操作的优秀在线中文词云生成网站，具有分词功能，内含多种形状模板，不同的配色方案，可供选择。本研究借助易词云分词功能，分别对两语料库内新闻标题所涵盖的名词、动词和形容词进行筛选和词频统计，以供后续对相应高频词汇进行批评话语分析。

二、检索工具

本书运用文献资料法对国内外以往研究成果进行检索、汇总、梳理、总结和评价，为本研究提供理论和实践支持。

（一）中文检索工具

本研究使用的主要中文检索工具为中国知网的《中国期刊全文数据库》（China Academic Journals Full–text Database，简称 CJFD），该库是世界上最大的连续动态更新的中国期刊全文数据库，以学术、技术、政策指导、高等科普及教育类期刊为主，内容覆盖自然科学、工程技术、农业、哲学、医学、人文社会科学等各个领域。目前，收录国内期刊 11 410 种，全文文献总量 68 502 763 篇。CJFD 完整收录学术期刊，按类别精选文艺、文化等其他领域刊种；精选重要学术期刊，回溯至创刊年。产品分为十大专辑：理工 A（数学物理力学天地生）、理工 B（化学化工冶金环境矿业）、理工 C（机电航空交通水利建筑能源）、农业科技、医药卫生科技、哲学与人文科学、政治军事与法律、教育与社会科学综合、电子技术及信息科学、经济与管理科学。十大专辑下分为 168 个专题文献数据库。收录年限为 1915 年至今出版的期刊，部分期刊回溯至创刊。产品形式为 WEB 版（网上包库）、镜像站版、光盘版、流量计费。出版时间包括（1）日出版：中心网站版、网络镜像版，每个工作日出版，法定节假日除外；（2）月出版：网络镜像版、光盘版，每月 10 日出版。具体语料检索工具在本章第四节做详细介绍。

（二）外文检索工具

本课题研究使用的主要外文检索工具为 Glgoo 是 Google Scholar 的镜像（谷歌搜索的国内复制服务器）。Glgoo 学术搜索提供可广泛搜索学术文献的简便方法。可以从一个位置搜索众多学科和资料来源为学术著作出版商、专业性社团、预印本、各大学及其他学术组织的经同行评论的文章、论文、图书、摘要和文章。Glgoo 学术搜索可在整个学术领域中确定相关性强的研究。

三、显著性检验工具

本课题研究使用"统计产品与服务解决方案"软件 19.0（SPSS, Statistical Product and Service Solutions）作为显著性检测工具，主要涉及不同时间段内新闻标题对于及物性过程类型和语气类型选择的差异显著性研究。最初软件全称为"社会科学统计软件包"（Solutions Statistical Package for the Social Sciences），但是随着产品服务领域的扩大和服务深度的增加，SPSS 公司已于 2000 年正式将英文全称更改为"统计产品与服务解决方案"，这标志着 SPSS 的战略方向正在做出重大调整。SPSS 为 IBM 公司推出的一系列用于统计学分析运算、数据挖掘、预测分析和决策支持任务的软件产品及相关服务的总称，有 Windows 和 Mac OS X 等版本。

1984 年，SPSS 总部首先推出了世界上第一个统计分析软件微机版本 SPSS/PC +，开创了 SPSS 微机系列产品的开发方向，极大地扩充了它的应用范围，并使其能很快地应用于自然科学、技术科学、社会科学的各个领域。世界上许多有影响的报纸杂志纷纷就 SPSS 的自动统计绘图、数据的深入分析、使用方便、功能齐全等方面给予了高度的评价。

SPSS 是世界上最早采用图形菜单驱动界面的统计软件，它最突出的特点就是操作界面极为友好，输出结果美观。它将几乎所有的功能都以统一、规范的界面展现出来，使用 Windows 的窗口方式展示各种管理和分析数据方法的功能，对话框展示出各种功能选择项。用户只要掌握一定的 Windows 操作技能，精通统计分析原理，就可以使用该软件为特定的科研工作服务。SPSS 采用类似 Excel 表格的方式输入与管理数据，数据接口较为通用，能方便地从其他数据库中读入数据。其统计过程包括常用的、较为成熟的统计过程，完全可以满足非统计专业人士的工作需要。输出结果十分美观，存储时则是专用的 SPO 格式，可以转存为 HTML 格式和文本格式。对于熟悉老版本编程运行方式的用户，SPSS 还特别设计了语法生成窗口，用户只需在菜单中选好各个选项，然后按"粘贴"按钮就可以自动生成标准的 SPSS 程序。极大地方便了中、高级用户。

SPSS for Windows 是一个组合式软件包，它集数据录入、整理、分析功能于一身。用户可以根据实际需要和计算机的功能选择模块，以降低对系统硬盘容量的要求，有利于该软件的推广应用。SPSS 的基本功能包括数据管理、统计分析、图表分析、输出管理，等等。SPSS 统计分析过程包括描述性统计、均值比较、一般线性模型、相关分析、回归分析、对数线性模型、聚类分析、数据简化、生存分析、时间序列分析、多重响应等几大类，每类中又分好几个统计过程，比如回归分析中又分线性回归分析、曲线估计、Logistic 回归、Probit 回归、加权估计、两阶段最小二乘法、非线性回归等多个统计过程，而且每个过程中又允许用户选择不同的方法及参数。SPSS 也有专门的绘图系统，可以根据数据绘制各种图形。

SPSS for Windows 的分析结果清晰、直观、易学易用，而且可以直接读取 Excel 及 DBF 数据文件，现已推广到多种各种操作系统的计算机上，它和 SAS、BMDP 并称为国际上最有影响的三大统计软件。在国际学术界有条不成文的规定，即在国际学术交流中，凡是用 SPSS 软件完成的计算和统计分析，可以不必说明算法，由此可见其影响之大和信誉之高。

SPSS for Windows 由于其操作简单，已经在我国社会科学、自然科学的各个领域发挥了巨大作用。该软件还可以应用于经济学、数学、统计学、物流管理、生物学、心理学、地理学、医疗卫生、体育、农业、林业、商业等各个领域。

第四节　语料创建

本研究样本来源涉及国家、河北省、我国港澳台地区和境外四个层面，包含国内外 15 家媒体，选取标准主要是根据其政治严肃性和业内发行量。其中，国家层面选取了《人民日报》、《人民日报海外版》、《光明日报》、新华社和新华网；河北省层面选取了《河北日报》、《燕赵都市报》、河北新闻网；我国港澳台地区层面选取了香港《文汇报》；境外层面选取了新加坡《联合早报》、菲律宾《世界日报》、马来西亚《星洲日报》、美国《世界日报》、法国《欧洲时报》、新西兰《信报》。各主流官方媒体具体介绍如下：

《人民日报》（http：//www. people. com. cn/）是中国共产党中央委员会机关报。报纸于 1948 年 6 月 15 日在河北省平山县里庄创刊。时由《晋察冀日报》和晋冀鲁豫《人民日报》合并而成，为华北中央局机关报，同时担负党中央机关报职能。毛泽东同志亲笔为《人民日报》题写报名。1949 年 8 月 1 日，中共中央决定《人民日报》为中国共产党中央委员会机关报，并沿用 1948 年 6 月 15 日的期号。1992 年，《人民日报》被联合国教科文组织评为世界十大报纸之一。《人民日报》积极宣传党的理论和路线方针政策，积极宣传中央重大决策部署，及时传播国内外各领域信息。

《人民日报海外版》（http：//www. people. haiwainet. cn/）是中国共产党中央委员会的机关报，创刊于 1985 年 7 月 1 日，是中国对外开放综合性中文日报，官方网站为海外网。《人民日报海外版》奉行的宗旨是竭诚为海内外读者服务，做读者的知心朋友。主要读者对象是海外华人、华侨、港澳台同胞、中国在各国的留学生和工作人员，关心中国情况的各国朋友以及来华旅游、探亲、学术交流、从事经贸活动的各界人士。此外，也供国内党政机关、群团组织、企事业单位、学校等人员阅读。《人民日报海外报》及时准确传达中央的政策，报道改革开放和现代化建设事业，关注社会热点、难点问题，介绍国际政治、经济、科技、教育、文化，提供国内外各种信息。

《光明日报》（http：//www. gmw. cn/）创刊于 1949 年 6 月 16 日。《光明日报》是中共中央主办的以知识分子为主要读者对象的思想文化大报，是党和国家联系广大知识分子的纽带和桥梁，是广大知识分子的精神家园。《光明日报》坚持面向知识分子的独特定位，体现以教育、科技、文化、理论为宣传重点的鲜明特色。发扬知识密集性、理论前沿性、学术探索性的传统风格的《光明日报》是中共中央主办的历史悠久、独具特色的全国性、综合性日报，在国内外有着广泛的影响。半个多世纪以来，《光明日报》以其博大精深的人文内涵、敏捷权威的报道风格和高雅清新的个性品位，赢得了海内外广大读者的青睐。改革开放以来，《光明日报》把握正确导向，努力开拓，保持着积极、进取的发展势头，服务于社会主义经济建设，贴近现实与生活，贴近读者，风貌一新。《光明日报》在报道内容和版面安排上不断改革出新，体现了强烈的时代感和清新活泼的生活气息，受到社会各界的一致好评。《光明日报》读者主要分布在政府机关、企事业单位、高校等；是知识分子互相交流的学术平台，具有一定的权威性和广泛性，是企事业单位和高校有效的展示平台。

新华通讯社（http：//www.xinhuanet.com/），简称新华社，是中国国家通讯社和世界性通讯社。新华社的前身是1931年11月7日在江西瑞金成立的红色中华通讯社（简称红中社），1937年1月在陕西延安改为现名。新华社总部设在北京，在全国除台湾地区以外的各省区市均设有分社，在台湾地区派有驻点记者，在一些重点大中城市设有支社或记者站，在中国人民解放军、中国人民武装警察部队设有分支机构，在境外设有180个分支机构。新华社建立了覆盖全球的新闻信息采集网络，形成了多语种、多媒体、多渠道、多层次、多功能的新闻发布体系，集通讯社供稿业务、报刊业务、电视业务、经济信息业务、互联网和新媒体业务等为一体，每天24小时不间断用中文、英文、法文、俄文、西班牙文、阿拉伯文、葡萄牙文和日文8种文字，向世界各类用户提供文字、图片、图表、音频、视频等各种新闻和信息产品。新华社坚持围绕中心、服务大局，牢牢把握正确的政治方向和舆论导向，忠实履行"喉舌""耳目"职能，充分发挥"消息总汇"作用，努力建设在传统媒体和新兴媒体领域均占主导地位的国际一流的世界性通讯社，为协调推进"四个全面"战略布局，实现"两个一百年"奋斗目标和中华民族伟大复兴的中国梦提供有力的舆论支持。新华社全面加强国际传播能力建设，不断提升国际报道和对外报道水平，积极抢占海外新媒体和主要社交媒体平台，打造"网上通讯社"，讲述中国故事，传播中国声音，阐释中国特色，充分发挥对外宣传主力军和主阵地作用，维护国家利益，服务外交大局。

新华网（http：//www.xinhuanet.com/）是国家通讯社新华社主办的综合新闻信息服务门户网站，是中国最具影响力的网络媒体和具有全球影响力的中文网站。作为新华社全媒体新闻信息产品的主要传播平台，拥有31个地方频道以及英、法、西、俄、阿、日、韩、德、藏、维、蒙等多种语言频道，日均多语种、多终端发稿达1.5万条，重大新闻首发率和转载率遥遥领先国内其他网络媒体。新华网是全球网民了解中国的最重要窗口，致力于为全球网民提供权威及时的新闻信息服务，用户遍及200多个国家和地区，桌面端日均页面浏览量超过1.2亿，移动端日均覆盖人群超过1.4亿。新华社加快推动传统媒体和新兴媒体融合发展，新华网成为国内最知名的综合性新闻信息服务平台之一。

《河北日报》（http：//www.hebnews.cn/）创刊于1949年8月1日，系中共河北省委机关报，是河北省最具权威性且发行量最大、覆盖面积最广的大型综合性日报。《河北日报》以其权威性、指导性、可读性被称为河北第一大报。《河北日报》的宣传面覆盖京、津、晋、冀、鲁、豫、辽、内蒙古等省、自治区，辐射东北、华东和中原。发行以机关、企事业单位征订，航班、站点、报亭零售，特殊群体派送等多种方式为主。现河北日报社除主报《河北日报》外，还办有《燕赵都市报》《河北农民报》《河北商报》《杂文报》《书刊报》《现代护理报》《家庭百科报》《采写编》《杂文月刊》《花糖商情》杂志和河北日报新闻网站，形成了以党报为旗舰，系列报刊与新闻网站协同发展，可从不同层次和角度满足广大读者需求的传媒集团格局。几年来，《河北日报》在新闻改革方面做了许多有益而有效的探索。以党委满意、群众爱看、有市场竞争力为工作目标，让记者24小时都睁大眼睛，观四项基本原则、察社会变化、抓新闻改革、求版面生辉；重点打好典型报道、深度报道舆论监督、新闻评论等"四个拳头"，整个报纸，重点报道突出，精短新闻密集，评论深刻有力，深受广大读者的欢迎和热爱。

《燕赵都市报》（http：//www.hebnews.cn/）《燕赵都市报》是河北日报报业集团主办主管的社会生活类报纸，自1996年创刊以来，一直秉承着"为市井人家办报，让平民百姓爱读"的方针，坚持正确舆论导向，服务市民大众，创造良好的社会效益与经济效益。《燕赵都市报》始终实行"办报、广告、发行三位一体"运作的理念，坚持"新闻立报、内容为王"的宗旨，每月向读者报道新闻和资讯。根据河北的区位特点提出的"拇指定律""时针效应"的经营理念，为业内同行所称道。2003年，《燕赵都市报》开全国报业之先河，在石家庄与冀东分别创办了《都市时讯》与《冀东版》两个地方版。《燕赵都市报》的特点是，总汇燕赵京津十三城市新闻，集新闻与杂志于一体。初步形成"新闻总汇"。除设立"综合新闻"和"省会新闻"外，还开辟了"京津视线"，每日报道京、津、冀十三城市精彩的新闻和重要的信息。此外，广辟各种新闻资源，办好"国内新闻""国际新闻""体育新闻""文化娱乐""经济新闻"等新闻版面，每天不少于百条新闻。同时加强报道力度，注重新闻策划，走近社会热点，关注大众话题，强化舆论监督。进一步确立了《燕赵都市报》在燕赵大地主流媒体的地位，是河北省影响力最大的区域报纸之一。

河北新闻网（http：//www.hebnews.cn/）河北新闻网是河北日报报业集团的官方网站，依托河北省委机关报的独特优势，以及报业集团旗下新闻资源，立足高端、主流、权威，是具有权威性、系统性、聚合性的地方综合性门户网站。河北新闻网拥有包括新闻、资讯、社区、服务在内的12个专业频道，每个频道都拥有忠实的固定受众群体，而每个频道的受众群体又呈现出不同年龄、性别、收入、学历等特性。

香港《文汇报》（http：//www.wenweipo.com/）是一份面向香港社会各界的综合性主流大报，自1948年创刊以来，以爱国爱港为宗旨，坚持"文以载道、汇则兴邦"的理念和"包容、合作、创新、拓展"的准则，其权威性得到香港社会各界的肯定和认同。香港《文汇报》是一份面向香港全社会的综合性大报，也是一份以社会精英为读者定位的香港主流报纸，在香港每日出版十五页纸左右，除在香港发行外，还即日运销内地各省、自治区、直辖市。香港《文汇报》锐意改革，力求创新，致力成为覆盖全球华人社会、极具影响力和公信力的中文大报。香港《文汇报》以爱国爱港为办报宗旨，一贯以落实"一国两制""港人治港"为己任，新闻报道公正翔实，及时准确；新闻内容详尽丰富，生动活泼；版面时尚，色彩艳丽，印刷精美。香港《文汇报》见证了新中国诞生和发展的历史，记载了香港践行"一国两制"的历程，是香港与内地之间企业及民众讯息交流、深入了解的重要桥梁；其对中央政府方针政策的权威解读，对港澳台地区新闻的深入报道，广受读者关注。

新加坡《联合早报》（https：//www.zaobao.com.sg/）由新加坡报业控股公司出版，属新加坡主要中文综合性日报，是唯一在中国大城市发行的海外中文报纸，前身是1923年创刊的《南洋商报》和1929年创刊的《星洲日报》；1983年两报合并后共同出版《南洋·星洲联合早报》，简称《联合早报》。《联合早报》秉持其一贯的"不夸张、不渲染、不武断、不歪曲"的原则，叙事准确简洁，多用客观性语言，绝不含炒作成分，更没有媚俗之嫌，有的只是一份严肃报纸应有的稳健与厚重。尤其是《联合早报》上的评论和言论，以其国际视野、条分缕析、轻松活泼独树一帜，常常为世界其他报刊所引用。如新加坡总理李显龙在2014年8月的国庆集会讲话中，对提高人口出生率表示极大关注，《联合早报》很快对这一议题进行跟进，通过消息、社论等多种形式，及时报道相关信息，引导年轻人转变婚育观念，为提高新加坡人口出生率大造舆论。

菲律宾《世界日报》（https：//www.worldnews.net.ph/）是目前菲律宾发行量最大的中文日报，脱胎于 1974 年创办的中文报纸《东方日报》，由菲律宾知名人士吴永源、陈华岳等人，于 1981 年 6 月 1 日创办。在近 40 年的发展历程中，逐步成为最受菲律宾华人社会欢迎的报纸，目前每天的读者超过 10 万人，在菲律宾中文报纸中独占鳌头。《世界日报》不仅以满腔热情承担作为大众传媒的责任，为菲律宾华人提供优质资讯服务，推动社会发展，更不忘履行一个企业应尽的社会义务，每逢国家危机及自然灾害，都向菲律宾主流社会和华人社会提供力所能及的帮助。

马来西亚《星洲日报》（http：//www.sinchew.com.my/）创刊于 1929 年，以"正义至上·情在人间"的口号，强调服务社会的理想和传承薪火的使命。《星洲日报》每年都主办数以百计的文化、文学和教育活动，其中，鼓励华文文学创作人的《花踪》文学奖、《花踪》文艺营和文学讲座系列，已经在马来西亚华文坛奠立了崇高地位，在国际华文文坛也占据一席之地。《星洲日报》也投入大量的人力和物力主办各种讲座会，邀请国内外的学者和专业人士主讲，通过这些讲座引进新知识新观念。这类免费开放给读者参加的活动每年超过百场，吸引的参加人数达数十万人次，对马亚西亚社会知识发展和中华文化的薪火相传，作出了很大的贡献。

美国《世界日报》（https：//www.worldjournal.com/）是全美重要的中文报刊，于 1976 年创刊至今已发展成为北美地区最大的中文报纸，同时也是美国少数几家发行全国的日报之一。《世界日报》在纽约、洛杉矶、旧金山、芝加哥、德州、温哥华、多伦多等地拥有独立的发行业务。《世界日报》矢志提供读者最新、最快、最深入完整的新闻报导。为了适应华裔移民的快速成长，《世界日报》不断在内容、印刷和服务方面谋求进步。其专业的采访和编辑团队，更为读者提供兼具深度与广度的地方报导。《世界日报》一年 365 天全年无休，每日至少出版 64 个版面，至多可高达 128 个版面，内容包括当天的全球重大新闻、美加要闻、经济、政治新闻，还有最新的各地新闻，以及地方华人社区新闻。此外，《世界日报》也提供体坛焦点、影艺动态、金融、艺文、论坛、儿童世界、家园、科技资讯、医药保健、消费、工商等报道。发展至今，《世界日报》不仅获奖无数，更得到北美主流社会的肯定，肯定其在帮助新移民融入当地社会的过程中所扮演的关键性角色及卓越贡献。《世界日报》以服务所有海外华人为目标，一方面协助新移民跨越鸿沟，逐步迈向主流社会；另一方面满足其精神需求，增进生活品质，维系情感。

法国《欧洲时报》（www. oushinet. com／）创刊于 1983 年，发行覆盖欧洲，是欧洲最具影响力的中文日报。《欧洲时报》及其旗下的其他传媒的读者都是旅居欧洲的华人、华侨，还有在欧洲各国的中国留学生和中国派驻欧洲、北非各国的外交、商务机构的工作人员。除此以外，一些研究中国文化、关注中国现状及发展的外国汉学家、爱好中国文化和学习中文的外国学生也是《欧洲时报》热心的读者。《欧洲时报》问世至今，素以不懈努力探索改进报纸质量，更以竭诚服务的姿态不断贴近读者的需求。因此《欧洲时报》从来不拘一格，形式和内容永远紧跟时代。《欧洲时报》努力发扬中华文化和优秀传统，维护欧洲华人社会利益，提倡积极融入当地社会，促进和发展法国及其他欧洲国家同中国的友好关系，沟通东西方文化的交流，促进旅法、旅欧华侨、华人的团结与共同繁荣。在新闻报道上追求客观公正，恪守办报新闻道德。

新西兰《信报》（https：//www. nzmessengers. co. nz／）新西兰信报传媒集团于 2003 年 9 月，创办于新西兰南岛有着"花园城市""英格兰之外最具英伦风情的城市"之称的基督城。十几年来，信报传媒一直秉承"Seeking the Best, Always the Best"（我们确信自己与众不同）的价值主张，致力于为读者提供高质量的新闻报道和原创内容。新西兰《信报》是一份在新西兰全国发行的中文周报，辐射范围包括总部所在城市基督城，新西兰最大城市奥克兰以及首都惠灵顿。自创立以来，新西兰《信报》一路牢记初心："我们希望搭筑一个具有理性、洞察力和公信力的媒体平台，在新西兰继续传播中华文化，并不断发出真诚的声音，做成一家庄重的媒体。"在这个原则之下，经过多年的努力和积累，新西兰《信报》已经成为一份规范、专业、认真又具有清新气质的中文报纸。经过多年的发展，新西兰《信报》凭借自身专业、扎实的内容赢得了新西兰社会各界的认可。新西兰《信报》是新西兰国家图书馆、国家议会图书馆及其他各地市图书馆的馆藏报纸，也是政府多部门指定的新闻发布平台。

本课题研究自建 15 家以上国内外媒体关于曹妃甸发展舆情相关报道新闻标题的语料库，通过在各媒体官方网站搜索引擎内输入关键词"曹妃甸"进行新闻全文检索，总的时间段限制为 2016 年 4 月 1 日至 2018 年 3 月 31 日，以此获取各媒体内部符合分析条件的新闻文本；然后将上述新闻标题按照 2016 年 4 月 1 日至 2017 年 3 月 31 日和 2017 年 4 月 1 日至 2018 年 3 月 31 日两个时间段进行分类；最后将每个时间段内的新闻标题进行整理，确定没有重复项后，语料收集完成，为后续研究的顺利进行提供了翔实的材料基础和选取空间。表 1 为完成语料收集工作后两个时段内新闻标题总体情况统计：

表 1 新闻标题总体统计一览表

层面	刊物名	时间段	全文字数	标题数	标题字数
国家	《人民日报》	2016.04.01—2017.03.31	35850	14	224
		2017.04.01—2018.03.31	83508	15	236
	《人民日报海外版》	2016.04.01—2017.03.31	0	0	0
		2017.04.01—2018.03.31	4382	2	27
	《光明日报》	2016.04.01—2017.03.31	21465	10	121
		2017.04.01—2018.03.31	17990	8	104
	新华社	2016.04.01—2017.03.31	50882	33	794
		2017.04.01—2018.03.31	31676	32	653
	新华网	2016.04.01—2017.03.31	0	0	0
		2017.04.01—2018.03.31	81853	22	466
河北省	《河北日报》	2016.04.01—2017.03.31	34564	15	258
		2017.04.01—2018.03.31	772	2	29
	《燕赵都市报》	2016.04.01—2017.03.31	2657	3	77
		2017.04.01—2018.03.31	12409	12	208
	河北新闻网	2016.04.01—2017.03.31	909717	464	9543
		2017.04.01—2018.03.31	715432	482	10077
我国港澳台地区	香港《文汇报》	2016.04.01—2017.03.31	14764	8	127
		2017.04.01—2018.03.31	16768	11	154
境外	《联合早报》（新加坡）	2016.04.01—2017.03.31	1701	3	47
		2017.04.01—2018.03.31	0	0	0
	《世界日报》（菲律宾）	2016.04.01—2017.03.31	0	0	0
		2017.04.01—2018.03.31	645	1	27
	《星洲日报》（马来西亚）	2016.04.01—2017.03.31	221	1	12
		2017.04.01—2018.03.31	0	0	0
	《世界日报》（美国）	2016.04.01—2017.03.31	0	0	0
		2017.04.01—2018.03.31	972	1	15
	《欧洲时报》（法国）	2016.04.01—2017.03.31	0	0	0
		2017.04.01—2018.03.31	1927	2	38
	《信报》（新西兰）	2016.04.01—2017.03.31	0	0	0
		2017.04.01—2018.03.31	829	1	24

由表 1 可知，雄安新区设立前后各一年内国家层面主流官方媒体报道中涉及曹妃甸发展舆情的新闻文本全文总字数共计 327 606 字，新闻标题 136 个，新闻标题总字数共计 2 625 字；河北省层面主流官方媒体报道中涉及曹妃甸发展舆情的新闻文本全文总字数共计 1 675 551 字，新闻标题 978 个，新闻标题总字数共计 20 192 字；我国港澳台地区层面媒体报道中涉及曹妃甸发展舆情的新闻文本全文总字数共计 31 532 字，新闻标题 19 个，新闻标题总字数共计 281 字；境外层面媒体报道中曹妃甸发展舆情的新闻文本全文总字数共计 6 295 字，新闻标题 9 个，新闻标题总字数共计 163 字。

从以上数据中不难发现，国家和河北省层面对曹妃甸发展相关报道数量明显多于我国港澳台地区和境外层面相关报道数量。为显现区域发展与国家和河北省政府政策措施的关系，突出研究重点，本课题仅选取 2017 年 4 月 1 日雄安新区设立这一时间节点前后各一年内国家和河北省主流官方媒体关于曹妃甸发展舆情相关报道中将"曹妃甸"作为关键词检索出的新闻标题为研究语料，并由其确定 2016 年 4 月 1 日至 2017 年 3 月 31 日内含有相关新闻标题的语料库 A 和 2017 年 4 月 1 日至 2018 年 3 月 31 日内含有相关新闻标题的语料库 B。然后将每个时间段内新闻标题按照内容、来源、发布时间等具体信息进行整理，确定新闻标题栏没有重复项后，本课题研究使用的 A、B 两个语料库建立完成。经过以上步骤的筛选，符合本课题研究要求的语料数据展示如表 2：

表 2　语料库 A、B 内新闻标题统计数据一览表

语料库 （时间段）	层面	媒体名称	标题数量	字数
语料库 A （2016. 4. 1—2017. 3. 31）	国家	《人民日报》	0	0
		《光明日报》	0	0
		新华社	3	59
		新华网	0	0
	河北省	《河北日报》	0	0
		《燕赵都市报》	0	0
		河北新闻网	84	1 669

续表

语料库 （时间段）	层面	媒体名称	标题数量	字数
语料库 B （2017. 4. 1—2018. 3. 31）	国家	《人民日报》	1	13
		《光明日报》	1	26
		新华社	9	158
		新华网	4	71
	河北	《河北日报》	1	13
		《燕赵都市报》	4	68
		河北新闻网	190	4 148

本课题研究使用以雄安新区设立（2017 年 4 月 1 日）为时间节点前后各一年内国家和河北省主流官方媒体关于曹妃甸发展舆情相关报道新闻标题的语料库 A、B，具体情况如下：

（一）2016 年 4 月 1 日到 2017 年 3 月 31 日雄安新区设立前一年国内主流官方媒体关于曹妃甸发展舆情报道新闻标题的语料库 A，其中涵盖相关新闻标题总计 87 个，共 1 728 字。

（二）2017 年 4 月 1 日到 2018 年 3 月 31 日雄安新区设立后一年国内主流官方媒体关于曹妃甸发展舆情报道新闻标题的语料库 B，其中涵盖相关新闻标题总计 210 个，共 4 497 字。

第四章 曹妃甸新闻报道标题的
批评话语分析

第一节 词汇表达策略分析——关键词分析

鉴于第二章综述部分已就"批评话语分析"和"意识形态"等研究关键词做过详尽阐述，本节重点分析关键词"舆情"和"新闻标题"。

一、舆情

舆情的概念有狭义与广义之分。本课题研究拟采用广义的舆情概念，即舆情不仅局限于民众的社会政治态度，还应包括国家管理者依据民众的心声制定决策的过程（丁柏铨，2013）。舆情包含所有民众公开和不公开的意愿，舆论可以分为政府部门、媒体和民众等不同类型（王来华，2014）。当前中国客观存在两个舆论场：官方和民众。当这两个舆论场产生分歧或对立时，表明民众对国家管理者的社会政治态度出现较大的不认同、不信任状况，或者，民间舆论场出现被操纵的问题（南振中，2011）。因此，要发挥媒体在舆情汇集和分析机制中的作用，媒体必须能够如实地反映民众的社会政治态度（刘刚，2005）。

舆情指"民众的社会政治态度"（王来华，2008），即"民意"（丁柏铨，2013）；舆情研究关注的是民众的社会心理结构和变化过程（丁柏铨，2013）。西方舆情研究始于 19 世纪末、20 世纪初，以 Jean – Jacques Rousseau （1762）和 Harold Dwight Lasswell （1948）为代表的政治学视角下的舆情研究发展成熟。当前，舆情研究已经从政治学领域扩展到文化政策等公共政策问题领域。以 Elisabeth Noelle – Neumann （1974）为代表的社会心理学视角下的舆情研究，提出了"沉默的螺旋"假说理论。媒体研究层面的舆情实证研究选题广泛，如新闻报道、媒体对腐败的报道对舆论的影响等等（刘毅，2015）。

自 1999 年以来，国内舆情研究领域主要涉及社会学、信息与传播学、公共管理学等领域，主要聚焦于舆情治理、舆情传播、舆情汇集与分析机制等方面；研究方法涉及问卷调查法、内容分析法、Web 信息抓取技术、模糊德尔菲法、模糊层次分析法、网络层次分析法（ANP，Analytic Network Process）、SIR（Susceptible Infected Recovered Model）传染病模型等（毕宏音，2013）。

二、新闻标题

本课题研究将新闻标题作为研究媒介。新闻标题，即报纸、通讯社、电台、电视台传播的新闻文章的题目。具体地就报纸来讲，是指在每条新闻内容文附近，用简明扼要的能将新闻要点展示出来的那些较大字号的文字，分主标题、引题、副题、提要题、小标题、边题、通栏标题、类题、尾题等（阎家波、谢青，1987）。

随着对新闻标题语言的研究关注度不断提高，不同学科研究者的积极参与，标题语言的研究呈现出三个显著的特点：一是研究视角趋于广泛。从原本只立足于语言学、新闻学两大视野已拓宽至两大学科的许多门类，更延伸到了其他学科，比如基于心理学的新闻标题语言研究也有所涉足。二是研究方法趋于多样。在常用研究范式的基础上运用新闻传播学、社会语用学、心理学等理论探索研究标题语言的新方法，如胡范铸先生提出的用言语行为的有效性作为研究方法来研究新闻语言和新闻标题语言。三是研究内容趋于系统，如尹世超的《标题语法》（白丽娜、巢宗祺，2014）。《标题语法》是对汉语标题语法研究较经典全面的著作，是一本以通俗的问答形式撰写的学术读物，对现代汉语标题语法的研究价值与方法、标题语言的句法分类、标题用词、特殊格式及标题中标点符号的使用等进行了全方位的研究，著名语言学家陆俭明先生把它称为国内第一本研究汉语标题语言的著作（彭戴娜，2006）。

新闻标题语言研究不仅要放入社会发展和社会语境中，与新闻共变；更要充分运用现有的研究成果，如话语分析理论、认知语言学、信息论的研究成果来深入探讨新闻标题的语体、语用、跨媒介比较的系统研究，使新闻标题语言研究有更大的空间，更多的可能（白丽娜、巢宗祺，2014）。

第二节　相关报道新闻标题数量分析

　　第三章中提到，本课题研究仅选取国家和河北省层面主流官方媒体对曹妃甸发展舆情报道中以"曹妃甸"作为关键词的新闻标题作为研究语料，涉及语料库包括 2016 年 4 月 1 日至 2017 年 3 月 31 日雄安新区设立前一年国家和河北省主流官方媒体对曹妃甸发展舆情相关报道新闻标题的语料库 A，以及 2017 年 4 月 1 日至 2018 年 3 月 31 日雄安新区设立后一年国家和河北省主流官方媒体对曹妃甸发展舆情相关报道新闻标题的语料库 B，其中语料库 A 内涵盖相关新闻标题总计 87 个，共 1 728 字；语料库 B 内涵盖相关新闻标题总计 210 个，共 4 497 字。语料库 B 内新闻标题在数量上明显多于语料库 A 内新闻标题数量，由此可知，2017 年 4 月 1 日雄安新区设立后国家和河北省政府对于曹妃甸发展的关注力度并未被削减，反而呈现上升态势，该立场也为接下来的研究工作提供了明确目标和方向。不仅如此，2017 年 4 月 1 日雄安新区设立前一年内涉及曹妃甸发展舆情报道的主流官方媒体主要有国家层面的新华社和河北省层面的河北新闻网，而 2017 年 4 月 1 日雄安新区设立后一年内涉及曹妃甸发展舆情报道的主流官方媒体包含国家层面的《人民日报》、《光明日报》、新华社、新华网，以及河北省层面的《河北日报》、《燕赵都市报》、河北新闻网，涉及媒体显著增多，越来越多的媒体开始关注同属国家重大战略部署的不同区域如何协调发展，曹妃甸地区在新形势下如何改革创新、实现自我持久健康发展。在国家和河北省层面各主流官方媒体中，河北新闻网对于曹妃甸发展舆情报道数量一直且明显多于其他媒体，足以体现河北省政府对曹妃甸地区实现自身发展美好愿景及曹妃甸对周边区域协同发展的重要作用的肯定和重视。

第三节　基于 Fairclough 三维框架的批评话语分析

一、描述步骤的比较分析

　　描述是基于 Fairclough 三维模型进行批评话语分析的第一个步骤，旨在描述语篇的形式结构特征。如第二章"理论基础"中所述，Halliday 系统功能语法和 Fairclough 三维模型关系密切，元功能可以作为批评性话语分析的分析工具，尤其是用于分析三维模型的第一部分：文本层面。Fowler（1979）曾经提到，在进行批评性话语分析的过程中，及物性、情态、转换、分类等对于研究者发现话语中隐藏的意识形态，是非常重要的。在这一步骤中，本课题从分类、及物性和语气三个系统对两个语料库内新闻标题语言特征分别进行分析，继而进行比较研究。

系统功能语言学以小句为基本语法单位。Halliday 于 1985 年在《功能语法导论》（*An Introduction to Functional Grammar*）一书中明确指出，英语语篇的基本单位是小句。在汉语中，吕叔湘和邢福义语法体系中的小句指的是形式语法意义上的小句。吕叔湘（1979）首先把小句当作汉语句法当中动态的基本单位，邢福义（1996）的"小句中枢说"正式确立了小句在汉语语法体系中的地位（王文格，2010）。汉语小句的构成必须有两个必要的条件：一是有要表述的内容，这些表述的内容由一定的形式体现出来；二是要有语调（王文格，2008）。

本研究语料均为汉语新闻标题，本课题鉴于以上表述，结合汉语新闻标题的语言特征，将语料库 A、B 内新闻标题进行拆分，分别获得可分析小句108 个（语料库 A）和 234 个（语料库 B）。

（一）分类

分类是指用语言赋予外部世界秩序（Fowler et al，1979：210）。语篇的分类系统指语篇对于人物和事件的命名和描述，主要通过词汇来实现。分类是人类最基本的认知方式，语篇的分类系统往往最能反映说话人的世界观，因而也最具有意识形态意义（辛斌，2005）。认真考察语篇中对主要过程和核心人物的描述会帮助清楚了解说话人对相关事件的态度和立场。

词类是词的语法性质的分类。划分词类的目的在于说明语句的结构规律和各类词的用法。分类的依据是词的语法功能、形态和意义三方面，就汉语来说语法功能是主要依据，形态和意义是参考的依据。三者合称为词性。笔者以名词、动词和形容词这汉语实词（指有词汇意义和语法意义、能充当句法成分的词）三大类为视角研究语料库内新闻标题的分类功能。本课题研究除借助在线中文词云生成网站"易词云"（http：//www.yciyun.com/）进行统计外，也参考黄伯荣、廖旭东（2011：135 - 136）在《现代汉语》一书中对于名词、动词和形容词的区分标准。

将语料库 A 内 108 个和语料库 B 内 234 个小句分别录入在线中文词云生成网站"易词云"内,借助其分词功能进行词频统计,分别获得两个语料库内词频排名前六位的名词、动词和形容词,以及它们在所属语料库内的出现频次。由于后续章节将通过及物性系统视角对小句中的动词作具体研究,因此本节仅对语料库 A、B 中各自词频排名前六位的动词的统计结果加以展示,暂不做分析。各词性于两语料库内比较数据表 3、表 4、表 5:

表 3　语料库 A、B 内词频排名前六的动词

语料库 A		语料库 B	
动词	词频	动词	词频
建设	6	活动	33
打造	5	开展	31
发展①	4	召开	12
加速	4	共建	9
突破	4	签约	9
转移	4	并举	8

表 4　语料库 A、B 内词频排名前六的名词

语料库 A		语料库 B	
名词	词频	名词	词频
唐山	18	分行	87
项目	9	中行	54
北京	8	银行	45
公司	8	中国	42
产业	6	组织	24
京津	6	唐山	19

表 5　语料库 A、B 内词频排名前六的形容词

语料库 A		语料库 B	
形容词	词频	形容词	词频
安全	2	积极	12
正式	2	安全	4

---

①由于本课题研究更关注这些高频词在相应语料库内占总词汇比重,某高频词后词频数据仅为排序依据,且表格中出现相同次数的词汇按拼音首字母顺序排列。

续表

语料库 A		语料库 B	
形容词	词频	形容词	词频
繁荣	1	廉洁	4
新的	1	认真	3
先进	1	珍稀	3
有害	1	健康	2

名词是用来表示人或事物或时地的名称的一类词，具有指称作用。如表4所示，语料库A、B中词频排名前六位的名词中"唐山""北京"和"京津""中国"兼具专有名词和处所名词性质，"中行"属于专有名词，其他名词"项目""公司""产业""分行""银行"和"组织"均为普通名词。由于"曹妃甸"系本课题研究关键词之一，所以"曹妃甸"和"曹妃甸区"等未列为词频统计对象。且"唐山市"参与分词后词频统计并未进入前列，故本研究只统计了"唐山"的词频统计结果供后续分析研究。

"唐山"作为专有名词指河北省东部地级市，作为处所名词指曹妃甸所在空间区域，虽然"唐山"一词均以相近频次出现于两语料库内，但是相对整个语料库内新闻标题总词汇比重在雄安设立之日（2017年4月1日）后却有所下降，说明国家和河北省开始将曹妃甸作为相对独立区域加以关注。然而，国家和河北省对于曹妃甸区发展给予的优惠政策的执行，离不开唐山市的支持和协助。习近平同志在2010年7月视察唐山和曹妃甸时也指出，要努力把唐山及曹妃甸建成东北亚区域合作的窗口、环渤海地区的新型工业化基地、首都经济圈的重要支点。在国家工业和信息化部下发的《关于同意唐山暨曹妃甸为国家级信息化和工业化融合试验区的复函》等文件中一再凸显曹妃甸区在唐山市发展过程中的重要作用。总之，唐山市和曹妃甸的关系为整体和部分的关系，二者的发展相互关联、密不可分。以下例句中的新闻标题小句体现了国家和河北省透过唐山视角对曹妃甸各个层面发展问题的关注。

例句第1组：

1a. 唐山曹妃甸区水曹铁路全线开工（小句48）

1b. 唐山力求办好曹妃甸、芦汉两大协同发展示范区（小句104）

1c. 唐山曹妃甸区完成全国跨省异地住院结算工作（小句156）

语料库A内"北京"和"京津"两词占所属语料库内新闻标题总词汇比重高于语料库B，具有一定的现实背景。京津冀地区同属京畿重地，战略地位十分重要。京津冀协同发展是当前中国三大战略之一，拥有国家政策的大力支持，发展前景光明。京津冀协同发展，核心是京津冀三地作为一个整体协同发展，以疏解非首都功能、解决北京"大城市病"为基本出发点，重点在于调整优化城市布局和空间结构，构建现代化交通网络系统，扩大环境容量生态空间。早在2014年2月26日，中共中央总书记、国家主席、中央军委主席习近平在北京主持召开座谈会，专题听取京津冀协同发展工作汇报时，强调实现京津冀协同发展，是实现京津冀优势互补、促进环渤海经济区发展、带动北方腹地发展的需要。在渤海湾的沿海城市中，曹妃甸位置突出，凭借其独有的深水阔港、滨海大城、首都一小时生活圈等优势，可以说是环渤海的龙头城市。《对政协河北省第十一届委员会第三次会议第508号提案的答复》（冀发改办案字〔2015〕第181号）中明确提出河北省将进一步推进沿海地区在协同发展中率先突破，争取京津冀协同发展规划重大生产力布局向河北沿海倾斜，将曹妃甸、渤海新区、北戴河新区作为承接首都功能疏解的重点区域，全力抓好京冀曹妃甸协同发展示范区规划编制、管委会组建和项目落地等工作，推进示范建设实质启动。以上国家和河北省政府的政策倾斜，以及2017年4月1日雄安新区设立之日前相对之后属于京津冀战略部署筹划和初步开展阶段，是语料库A内频繁出现"北京"和"京津"两词占所属整个语料库内新闻标题总词汇比重高的重要原因。具体见以下各例句：

例句第2组：

2a. 曹妃甸区引进京津资源发展旅游产业（小句34）

2b. 北京制造业向曹妃甸转移（小句95）

语料库B内的"分行""中行"和"银行"，包括"银行"和"中国"的复合"中国银行"，出现频次位于前列，相关新闻报道数量开始在国家和河北省主流官方媒体关于曹妃甸发展舆情新闻报道数量中占据大比重，由此可以得知国家和河北省在雄安新区设立（2017年4月1日）这一时间节点后对于曹妃甸发展的关注重心由宏观向相对微观层面转变。中国银行是中国唯一持续经营超过百年的银行，也是中国国际化和多元化程度最高的银行。1949年以后，中国银行长期作为国家外汇外贸专业银行，统一经营管理国家外汇，开展国际贸易结算、侨汇和其他非贸易外汇业务，大力支持外贸发展和经济建设。改革开放以来，中国银行牢牢抓住国家利用国外资金和先进技术加快经济建设的历史机遇，充分发挥长期经营外汇业务的独特优势，成为国家利用外资的主渠道。雄安新区设立这一时间节点后一年的时间段内，《2017年

BrandZ™最具价值全球品牌100强》（2017 年6 月）公布，中国银行排名第94位；Brand Finance 发布2018 年度全球500 强品牌榜单（2018 年2 月），中国银行排名第18 位，以上信息也可以从侧面解释语料库 B 内涵盖"中国银行"相关内容的新闻标题数量多的表征。具体见以下各例句：

例句第 3 组：

3a. 中行曹妃甸分行多措并举实现储蓄存款快速增长（小句 179）

3b. 中国银行河北省分行曹妃甸唐海支行组织召开基层党支部组织生活会（小句 326）

除上述高频名词外，A、B 两语料库内还有其他普通名词，包括语料库 A 内的"项目""公司""产业"和语料库 B 内的"组织"，然而对这些名词只有置于原新闻标题内才能明晰其具体指称。例如在小句 1 中的"中铁航空港曹妃甸项目"，小句 40 中的"曹妃甸煤炭公司"，小句 8 中的"北京专用车产业"，以及小句 111"唐山市曹妃甸区公安局党委委员徐大志接受组织审查"中"组织"指"党组织"，由于这些名词不具有明显的意识形态意义，因此在本书中不做过多赘述。

形容词是用来表示形状、性质和状态等的一类词，根据其语法特征可分为性质形容词和状态形容词两类。通过观察表 5 得知，语料库 A、B 内词频排名前六的形容词中除语料库 A 内"有害"一词外，均属于褒义形容词。"有害"一词出自小句 36"曹妃甸口岸截获多种有害生物"，形容词"有害"作定语修饰名词"生物"，该名词短语作动词"截获"的宾语，具体指河北检验检疫局曹妃甸办事处在对一艘来自加拿大的货轮进行检验检疫后截获多种有害生物的正向事实。基于以上表述可知，国家和河北省主流官方媒体对于曹妃甸发展的新闻报道均采取较积极的态度。尤其是语料库 B 内词频排名前六的形容词更可以体现国家和河北省对于曹妃甸发展关注点的变化情况。详见以下各例句：

例句4：

中行曹妃甸分行与曹妃甸区招商局签署党建共建暨廉洁共建协议（小句 318）

例句5：

珍稀鸟类达到70 多种（小句 271）

例句6：

中国银行曹妃甸唐海支行组织"爱中行·爱健康"员工健步走活动（小

句 150)

例句 4 中，"廉洁"一词与曹妃甸党务工作相关。中国银行是国有大型银行，曹妃甸区招商局是曹妃甸中行重点争揽的行政事业客户，是曹妃甸地区对外招商的主体，长期以来，为中行客户拓展提供了有效可靠的营销信息，双方建立了紧密的银政合作关系。曹妃甸中行党委携手曹妃甸区招商局党委开展党建共建及廉洁共建，即银政党建共建，既带动了银政双方党建工作的开展与提升，也使银政双方的战略合作关系更加紧密，促进双方的共同发展。

例句 5 中，"珍稀"一词与曹妃甸生态环境有关。面积达 5.4 万公顷的曹妃甸湿地，作为全球候鸟迁徙的三大通道之一，以其独特的地理区位、丰厚的动植物资源、爱鸟护鸟文化的积淀，早已成为候鸟迁徙路线上的驿站和客栈，吸引了大批珍稀候鸟在此驻足停栖。根据曹妃甸湿地管理处巡护队调查，目前曹妃甸湿地内栖有国家一级保护鸟类东方白鹳 1000 余只，黑鹳 36 只，丹顶鹤 12 只，遗鸥 20 只及灰鹤、白琵鹭、黄嘴白鹭等国家二级、三级水鸟约 3 万只。

例句 6 中，"健康"一词关乎人民群众的切身利益，体现了国家和河北省对于民生问题的着力关注。此次活动的组织，充分调动了广大员工人人参与体育锻炼的积极性，让员工真正享受到运动健身带来的快乐，通过活动的开展，不仅锻炼了员工体魄，陶冶了员工情操，更重要的是进一步增进了员工间的相互交流和沟通，展现了大家相互支持、相互帮助的团队精神，使大家能够以更加饱满的热情投入今后的工作当中。

（二）及物性

及物性是语法研究的核心概念。Halliday 将及物性概念提升到小句层次，他（Halliday，1966）认为，及物性涉及整个小句的"内容"，涵盖过程、过程中的参与者以及与之相关的环境成分。众所周知，系统功能语言学以语言功能解释语言结构，认为语言具有三大元功能（或意义维度），即概念功能（包括经验功能和逻辑功能）、人际功能和语篇功能。因此，在系统功能语言学框架内，及物性是表达概念功能的语义系统，是关于小句表述的过程类型以及所涉及的参与者和环境成分的系统网络（何伟，2016）。

本研究选取何伟（2016）在《汉语功能语义分析》一书中通过总结前人研究成果形成的一套描述及物性系统中各过程的术语表达和界定方法，包括：动作过程（Action Process，AP），心理过程（Mental Process，MP），关系过程（Relational Process，RP），行为过程（Behavioral Process，BP），交流过程

（Communicative Process，CP）和存在过程（Existential Process，EP）。通过对语料库 A、B 内小句的及物性过程类型进行判断后获得统计结果如表 6、表 7：

表 6　语料库 A 内及物性过程类型分布

数据过程	动作	心理	关系	行为	交流	存在	总计
数量	87	3	17	0	0	1	108
百分比	80.6%	2.8%	15.7%	0%	0%	0.9%	100%

表 7　语料库 B 内及物性过程类型分布

数据过程	动作	心理	关系	行为	交流	存在	总计
数量	195	6	28	0	3	2	234
百分比	83.3%	2.6%	11.9%	0%	1.3%	0.9%	100%

如表 6、表 7 所示，从及物性系统的六个过程来看语料库 A 内的新闻标题小句，其中包含动作过程 87 个、心理过程 3 个、关系过程 17 个、存在过程 1 个，未涉及行为过程和交流过程。行动过程占所有过程的 80.6%，心理过程占 2.8%，关系过程占 15.7%，存在过程占 0.9%。同样，看语料库 B 内的新闻标题小句，其中包含动作过程 195 个，心理过程 6 个，关系过程 28 个，交流过程 3 个，存在过程 2 个，未涉及行为过程。动作过程占所有过程的 83.3%，心理过程占 2.6%，关系过程占 11.9%，交流过程占 1.3%，存在过程占 0.9%。

本课题研究将语料库 A、B 设置为分组，及物性系统的六个过程类型为指标，把相关数据录入 SPSS 19.0，获得 A、B 两组对于及物性过程类型的选择情况，如表 8 所示：

表 8　语料库 A、B 及物性过程类型交叉分组表

			过程类型						总计
			动作	心理	关系	行为	交流	存在	
语料库	A	数量	87	3	17	0	0	1	108
		百分比	80.6%	2.8%	15.7%	0%	0%	0.9%	100.0%
	B	数量	195	6	28	0	3	2	234
		百分比	83.3%	2.6%	11.9%	0%	1.3%	0.9%	100.0%
语料库		数量	282	9	45	0	3	3	342
		百分比	82.5%	2.6%	13.2%	0%	0.9%	0.9%	100.0%

表9 卡方检测 – 1

	值	自由度	双侧近似 P 值
皮尔逊卡方检测	2.271[a]	4	0.686
似然比	3.139	4	0.535
线性间的联合检验	0.085	1	0.771
有效案例数	342	—	—

a. 5 个单元格（50.0%）期望值小于 5，最小期望值为 0.95.

为了进一步验证 A、B 两组对于及物性过程类型的选择情况上有无显著性差异，对数据进行卡方检验，其显著性检验值为 0.686 > 0.05，说明 A、B 两组对于过程的选择情况上无显著性差异。

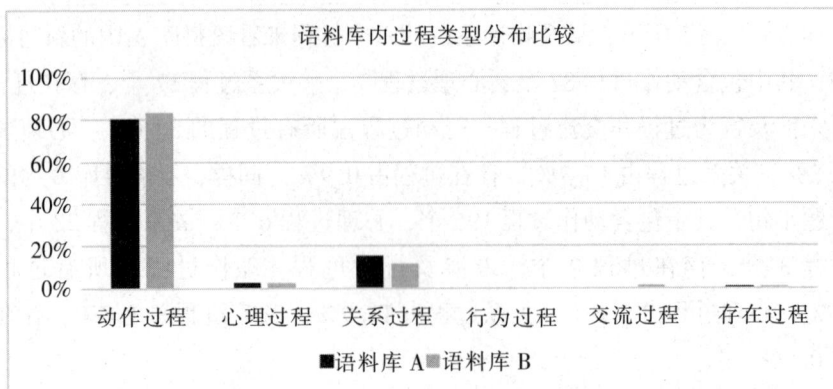

图4 语料库 A、B 内及物性过程类型分布比较

由图 4 可知，在语料库 A、B 内，新闻标题撰写者对于六种过程类型的选择均表现为：六种过程出现的频率相差甚远，动作过程（A：80.6%、B：83.3%）所占比例最高，其次是关系过程（A：15.7%、B：11.9%）和心理过程（A：2.8%、B：2.6%）。

动作过程用于描述做某事的过程（doing）或者某件事发生的过程（happening）。简单来说，动作过程可分为两类，一类是物质动作过程（material action process），另一类是社会动作过程（social action process）。动作过程小句涉及许多参与者角色（Participant Role），包括施事（Agent）、受事（Affected）、创造物（Created）、范围（Range）、方式（Manner）、程度（Degree）、方向（Direction）以及其他复合参与者角色（Compound Participant Role）。胡壮麟（1994）认为，物质世界是第一性的，人类的活动是人类存在的根本保证（胡壮麟，1994：30）。因此，在新闻标题的撰写中，作为及物性系统中最主要的过程类型的动作过程经常用来描述客观世界中发生的事情，且成为各大媒体撰稿人的首选。

例句第 7 组：

7a. 海事部门多项举措助力曹妃甸"世界新港"建设（小句 80）

7b. 曹妃甸倾力推进"一港双城"建设（小句 294）

动词"建设"的意思是"创立新事业""增加新设施"[①]。对来自语料库 A、B 的小句 80 和小句 294 分别进行标注，可获得两个使役动作过程，它们的语义结构是：

7a. 海事部门多项举措［Agent］助力［Process］［［曹妃甸［Agent］"世界新港"［Created］建设［Process］］］

7b. 曹妃甸［Agent］倾力推进［Process］［［（Agent）"一港双城"［Created］建设［Process］］］

在第 7 组例句中，动作过程作为一个嵌入事件由施事通过使役过程引起，成为小句过程的结果。两个小句中都将"曹妃甸"作为"建设"过程的施事，创造物都包含"（曹妃甸）港"，施事通过创造产生了创造物，而且根据汉语的语言特点出现了宾语前置现象以起强调作用。2016 年 12 月 22 日上午，曹妃甸海事处召开新闻发布会，对外发布 2016 年曹妃甸海事部门在港口建设、提升港口竞争力等方面的工作内容。曹妃甸海事部门多措并举促进曹妃甸港由集疏大港向综合贸易大港转变，全面助推"世界新港"建设。2018 年 1 月 20 日，曹妃甸区召开区委二届二次全会，会议提出，在"一港双城"建设中，曹妃甸将对港口总体规划进行提升，以建设世界一流大港的标准，科学划分港口功能区；大力发展港口物流贸易，不断降低物流成本，提高服务质量，继续建设陆路港，积极参与"一带一路"建设，并力争到 2020 年港口吞吐量达到 5 亿吨，进入世界大港行列，成为国家主要港口等多项政策主张，一如既往促进曹妃甸港建设工作。港口经济本身具有丰富的经济效益，它能够减少资源浪费，实现资源的循环利用，实现可持续发展；可以带动周围形成产业集群，并且引领经济从粗放型向集约型转化，同时促进产业结构升级，优化产业布局结构；可以加强区域之间的经济联系，带动经济腹地的发展等，拥有以上重要作用使之成为国民经济发展中的关键部分和新闻媒体一直关注的焦点。

---

①该释义来源于商务印书馆出版，中国社会科学院语言研究所词典编辑室编《现代汉语词典》第七版。

关系过程反映的是两个事物之间的逻辑关系，是关于"什么是什么、像什么、在哪、拥有什么、与什么相关"的一个过程类型。关系过程一般有两个参与者角色，即"某物被看作'是'另一物。换句话说，某种关系在两个相互独立的实体之间建立起来"（Halliday，1994/2000：119）。本研究采取何伟（2016）为代表的分类方式，即关系过程可以分为六类：归属过程（Attributive Process）、识别过程（Identifying Process）、位置过程（Locational Process）、方向过程（Directional Process）、拥有过程（Possessive Process）和关联过程（Correlational Process）。载体的长、宽、高、重量、深度、厚度等特征可以作为关系过程中的归属过程中的载体的一个属性，一般由静态动词或性质词组表达，例如：

例句第 8 组：

8a. 上半年签约项目 27 个（小句 30）（2016/7/17）

8b. 京津开工项目 44 个（小句 3）（2016/10/25）

8c. 曹妃甸上半年签约京津项目 41 个（小句 112）（2017/7/27）

8d. 6 月至 9 月中旬曹妃甸区共签约项目 153 个（小句 254）（2017/10/31）

例句第 8 组中各个小句均为省略过程成分"达"的关系过程，表示其接近方面的程度意义。他们的语义配置结构分别为：

8a. 上半年签约项目 ［Carrier］（达 ［Process］）27 个 ［Attribute］

8b. 京津开工项目 ［Carrier］（达 ［Process］）44 个 ［Attribute］

8c. 曹妃甸上半年签约京津项目 ［Carrier］（达 ［Process］）41 个 ［Attribute］

8d. 6 月至 9 月中旬曹妃甸区共签约项目 ［Carrier］（达 ［Process］）153 个 ［Attribute］

从这组例句中可以看出，这些过程成分均可以用表达确认、判断关系的"是"来替代，主要起搭起载体和属性之间的桥梁的作用。这些小句涉及的背景为曹妃甸承接京津产业转移。自 2014 年京津冀协同发展上升到国家战略以来，唐山打好"沿海""京津"两张牌，全面加速承接京津产业转移和非首都功能疏解。唐山主动对接、服务京津，精准推进平台建设，全力将京冀曹妃甸协同发展示范区、津冀协同发展示范区、唐山国家高新区、海港开发区打造成综合性承接平台。依托港口优势、区位优势、工业用地优势，曹妃甸开发区成为唐山承接京津产业转移最重要的区域。近来，曹妃甸区按照"以资源换产业、以市场换项目”的思路，立足未来发展需要，引进一批大项目、好项目，打造发展亮点。区内各园区（功能区）明确定位、突出主业，充分发挥龙头企业辐射带动作用，大力开展以商招商，推动上下游产业链项目向曹妃甸集聚，打造强势产业集群。在承接京津转移项目的同时，加强与北京市教育、医疗、文化、体育、旅游等领域合作。曹妃甸新城建成了保信集团北京职教城、北京景山学校曹妃甸分校、北京市友谊医院、安贞医院等，形势总体持续向好。

（三）语气

语言的结构是为了反映语言的功能而存在的，语言的功能则是受制于语言的结构而实现的。语气作为一种语法范畴，必须有对应的语法形式，也就是说，决定一种语言的语气范畴时，要同时考虑意义和形式（齐沪扬，2002）。Leach 和 Swatwick（1985）在《交际英语语法》（*Communicative English Grammar*）一书中，讨论到语气时，认为语气就是言者的感情和态度，而且言者要以此去影响闻者的态度和行为。贺阳 1992 年在《中国人民大学学报》第 5 期上发表了《试论汉语书面语的语气系统》一文，可以说是国内语法文献中对汉语语气系统研究意义深远的一篇论文。论文根据形式与意义相结合的原则，为汉语的自然语言理解提供了一份语气清单，以及相应的书面识别标志。首先，贺阳给出了语气的定义：语气是通过语法形式表达的说话人针对句中命题的主观意识。从语义上看，语气是对句中命题的再表述，表述的内容或是说话人表达命题的目的，或是说话人对命题的态度、评价等，或是与命题有关的情感；从形式上看，语气要通过语法形式来加以表现，这个语法形式必须是封闭的。

贺阳认为，在汉语书面语中，句子的语气主要是通过上述形式标志来表达的。根据这些形式标志和语气的不同意义领域，他把汉语的语气系统分作三个子系统，即功能语气系统、评判语气系统和情感语气系统。由于说话人表述命题时，除了要表明自己的说话目的，往往还要表明自己对命题的评判以及由命题所引发的情感，因此，在具体句子中，功能、评判、情感三种语气并不互相排斥，而是可以同现在一个句子之中。功能语气系统表示句子在言语交际中所具有的言语功能，表示说话人使用句子所要达到的某种交际目的，包括陈述语气（Indicative Mood，IM）、疑问语气（Interrogative Mood，I'M）、祈使语气（Imperative Mood，I'M）和感叹语气（Exclamatory Mood，EM）。通过对语料库 A、B 内小句进行分析判断后，得到以下数据：

表 10 语料库 A 内语气类型分布

语气数据	陈述	疑问	祈使	感叹	总计
数量	105	0	0	3	108
百分比	97.2%	0%	0%	2.8%	100%

表 11 语料库 B 内语气类型分布

语气数据	陈述	疑问	祈使	感叹	总计
数量	222	0	1	11	234
百分比	94.9%	0%	0.4%	4.7%	100%

如表 10、11 所示，语料库 A 内包含使用陈述语气的小句 105 个，占比97.2%；使用感叹语气的小句 3 个，占比 2.8%，未涉及使用疑问语气和祈使语气的小句。语料库 B 内包含使用陈述语气的小句 222 个，占比94.9%；使用祈使语气的小句 1 个，占比 0.4%；使用感叹语气的小句 11 个，占比4.7%，未涉及使用疑问语气的小句。

本研究将语料库 A、B 设置为分组，语气的四个类型为指标，把相关数据录入 SPSS 19.0，获得 A、B 两组对于语气类型的选择情况，如下表所示：

表 12 语料库 A、B 语气类型交叉分组表

			语气类型				总计
			陈述	疑问	祈使	感叹	
语料库	A	数量	105	0	0	3	108
		百分比	97.2%	0%	0%	2.8%	100.0%
	B	数量	222	0	1	11	234
		百分比	94.9%	0%	0.4%	4.7%	100.0%
语料库		数量	327	0	1	14	342
		百分比	95.6%	0%	0.3%	4.1%	100.0%

表 13 卡方检测 - 2

	值	自由度	双侧近似 P 值
皮尔逊卡方检测	1.172[a]	2	0.557
似然比	1.518	2	0.468
线性间的联合检验	0.889	1	0.346
有效案例数	342	—	—

a. 3 个单元格（50.0%）期望值小于 5，最小期望值为 0.32。

为了进一步验证 A、B 两组对于语气类型的选择情况上有无显著性差异，对数据进行卡方检验，其显著性检验值为 0.557 > 0.05，说明 A、B 两组对于语气类型的选择情况上无显著性差异。

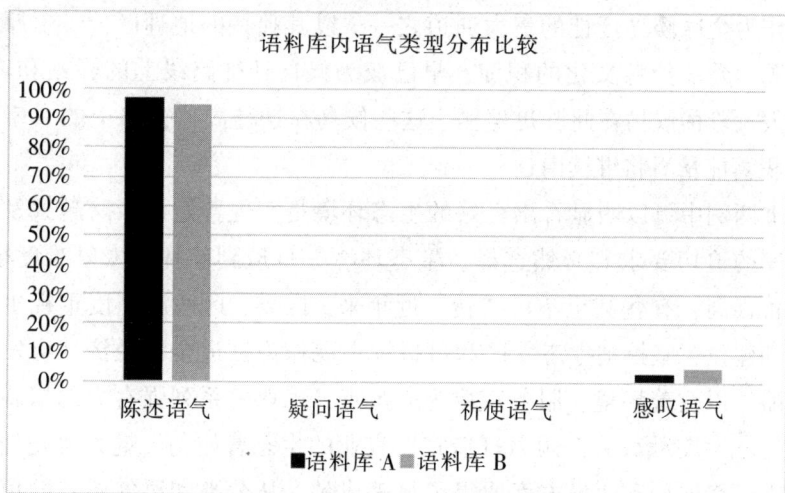

图 5 语料库 A、B 内语气类型分布比较

从图 5 中可以看出，在语料库 A、B 内，使用陈述语气的小句数量显著多于使用其他语气的小句数量，其次才是数量占比极少的感叹句，语料库 B 内还出现了语料库 A 内没有的使用祈使语气的小句 1 个，这与新闻标题具有标题简明扼要地介绍新闻内容和代表编辑部评价新闻内容的功能有关。因此，本课题研究主要对使用陈述语气和感叹语气的小句进行分析。

陈述语气主要是用来叙述或说明某件具体事实的，其言语功能主要是给予信息，语法结构一般为主谓结构，也就是谁、在什么时间、什么地点、做了什么事。因此，陈述语气更适合做新闻标题，即通过短短的一句话传达事件的核心内容。因为陈述语气的言语功能是提供信息，所以标题中陈述语气占比是最高的，在新闻标题中使用陈述语气可以给读者以客观的感觉，增强读者的认同感。本课题研究主要从语料库 A、B 内中出现的使用陈述语气且有关生态环境的小句进行分析，例如：

例句 9：

伤愈丹顶鹤在曹妃甸湿地重回蓝天（小句 106）

例句 10：

曹妃甸湿地环境改善引来大批珍稀候鸟（小句 263）

例句 9 传达的信息为：2017 年 3 月 27 日，大清河野生动物救助收容站的田志伟和曹妃甸湿地保护站的工作人员一起放飞了一只因受伤而得到救护的国家一级保护动物丹顶鹤。能够成功放飞丹顶鹤，不仅有保护价值，同时它的科研价值也十分珍贵。例句 10 传达的信息为：面积达 5.4 万公顷的曹妃甸湿地，作为全球候鸟迁徙的三大通道之一，以其独特的地理区位、丰厚的动植物资源、爱鸟护鸟文化的积淀，早已成为候鸟迁徙路线上的驿站和客栈，吸引了大批珍稀候鸟在此驻足停栖。这些候鸟在迁徙高速公路上的"幸福服务区"积蓄能量后将继续南迁。

以上两例中可以明显看出良好的生态环境是实现曹妃甸区跨越式发展和长治久安的迫切要求和必然选择。生态环境一旦遭到破坏，恢复难度很大，付出代价很高，有些甚至不可逆转。近年来，区委、区政府高度重视生态环境保护和建设，坚持把生态立区和可持续发展作为推进全区经济社会发展的重大战略，以改善环境、服务京津为立足点，采取一系列强有力的措施，全面提升区域发展承载力，倾力打造宜居宜业的生态曹妃甸、魅力曹妃甸，在推进生态环境保护和建设方面取得了显著成效。从分类和语气系统的角度对语料库中的小句进行研究后可以看出，曹妃甸生态环境的开发已经引起了国家和河北省的高度重视，尤其是湿地资源的充分利用问题。

一般来说，汉语的句子都可以带有一定程度的感情，感叹语气表示说话者通过交流来表达个人情感，它可以表示快乐、惊讶、悲哀、愤怒、厌恶、恐惧等浓厚的感情。有的学者根据感叹句有没有带标记，将感叹句分为有标记感叹句和无标记感叹句，或者叫显性感叹句和隐性感叹句，作者参考句类的划分标准判断本研究中涉及的小句语气类型。显性感叹句有它特定的语调、语气词以及相应的句法结构；而隐性感叹句则必须借助于语境才能判断出来。相对而言，新闻标题中的感叹语气没有通常行文中的感叹句那么多的形式标记。本书主要针对语料库 A、B 中出现的使用感叹语气且有标记词"这样"和"口号类"小句进行分析，例如：

例句 11：

北京曹妃甸国际职教城建设侧记："智慧城市"这样建（小句 16）

例句 12：

校企联动凝聚青年力量（小句 258）携手共建奏响节水之歌（小句 259）

例句 11 中"这样"是典型的感叹语气的标记，这里用于强调曹妃甸致力于打造一座"绿色环保、科技智慧、和谐共享"的"科教之城、创新之城、典范之城"，一座"国际化、现代化、生态化、智慧化的产业新城"，即"中国海港第一职教城"的北京曹妃甸国际职教城。在中国经济社会发展进入新的历史阶段，中共中央明确提出了建设节约型社会，就是要在社会生产、建设、流通、消费的各个领域，在经济和社会发展的各个方面，切实保护和合理利用各种资源，提高资源利用效率，以尽可能少的资源消耗获得最大的经济效益和社会效益。这是关系到我国经济社会发展和中华民族兴衰，具有全局性和战略性的重大决策。

例句 12 以此为背景，用口号的表达，对 2017 年 10 月 27 至 28 日曹妃甸供水公司团支部联合华北理工大学人文法律学院团委共同开展的以"校企起手共谱和谐新篇章，节水惜水同创美丽曹妃甸"为主题的大型节水公益宣传活动进行了生动的描述，以这样的形式对此事件进行报道，足以说明国家和河北省政府对于建设资源节约型社会的决心和对节约和保护资源问题的强烈呼吁。

二、阐释步骤的比较分析

阐释是基于 Fairclough 三维模型进行批评话语分析的第二个步骤，旨在阐释语篇与交际过程之间的关系。Fairclough（1992b：82）指出，意识形态存在于文本之中，文本的形式和内容承载着意识形态过程和结构的印记。在话语实践中新闻标题的话语互文性具有社会意识形态意义的介入成分，话语生产者和接受者可能会自觉或不自觉地、直接或间接地受到其互文性的影响和制约。"每一种体裁或语式都有自己的语义潜势（meaning potential），代表着不同社会群体或阶层的利益，适合于表达不同群体的立场观点或意识形态。"（辛斌，2000a：15）。

本课题研究采用刘晨红（2006）在《新闻标题的互文研究》一文中的研究视角，对语料库 A、B 内新闻标题的互文性进行比较分析。

（一）新闻标题内的互文

新闻标题分为单一标题和复式标题。复式标题是指一个完整的标题由两部分组成，可以是引题和主题，也可以是主题和副题。主题是标题中最主要的部分，说明最重要的事实或思想，字号最大。引题又名"肩题""眉题"，是位于主题之前的辅助性标题，其主要作用是引出主题，揭示新闻的思想意义或交代背景、说明原因、烘托气氛。副题又名"子题"，是位于主题之后的辅助性标题，主要是对主题作补充和解释（吴珏，2019）。标题内的互文，指标题内部的两个组成部分是相对独立的语句，但又互相呼应，相互渗透，彼此牵连表达一个完整的意义，也就是说整个标题意义的表达和理解涉及它内部的两个组成部分，脱离了其中的任何一部分都不能全面、准确地表达和理解它的意义（刘晨红，2006）。经过对语料进行分析，语料库 A、B 内涉及新闻标题内部互文性使用样本展示如下：

表 14　语料库 A 内涉及新闻标题内部互文性样本

样本序号	新闻标题
样本 15	北京曹妃甸国际职教城建设侧记："智慧城市"这样建
样本 24	"波特曼"轮靠泊杂货码头——曹妃甸实业公司实现外贸出口业务新突破
样本 34	首都名医来到家门口——北京友谊医院专家团曹妃甸区坐诊
样本 45	唐山市公布 9 月份空气质量排名　曹妃甸最好开平垫底
样本 51	打造西北地区新的出海口　曹妃甸港首个西北内陆港在包头设立
样本 53	情系曹妃甸 为党徽添彩——记河北港口集团港口工程公司　曹妃甸第一项目部合同员王怡涵
样本 74	发起设立京冀协同发展基金从"山"到"海"首钢扎根曹妃甸
样本 76	推动北京制造业向曹妃甸转移，打造 5 个智能工厂或互联工厂

表 15　语料库 B 内涉及新闻标题内部互文性样本

样本序号	新闻标题
样本 98	唐山曹妃甸："鱼菜共生"生态种养
样本 171	中行曹妃甸分行"送教上门"为企业通关业务开展专题培训
样本 186	唐山曹妃甸农信社李明侠：小小窗口给予贴心服务
样本 225	曹妃甸：四大班子领导下基层宣讲党的十九大精神

由表 14 和表 15 所示，语料库 A 内涉及新闻标题内部互文性样本数量为 8 个，占该语料库内新闻标题总数的 9.2%；语料库 B 内涉及新闻标题内部互文性样本数量为 4 个，占该语料库内新闻标题总数的 2%。由此可见，各主流官方媒体新闻标题撰写者在 2017 年 4 月 1 日雄安新区设前一年内对互文手法的使用频率明显高于后一年。

例句第 13 组（样本 24）：

标题："波特曼"轮靠泊杂货码头

副题：曹妃甸实业公司实现外贸出口业务新突破

例句第 14 组（样本 34）：

标题：首都名医来到家门口

副题：北京友谊医院专家团曹妃甸区坐诊

例句第 15 组（样本 74）：

引题：发起设立京冀协同发展基金从"山"到"海"

标题：首钢扎根曹妃甸

例句第 16 组（样本 186）：

引题：唐山曹妃甸农信社李明侠

标题：小小窗口给予贴心服务

例句第 17 组（样本 225）：

引题：曹妃甸

标题：四大班子领导下基层宣讲党的十九大精神

以上五组例句都是由引题和主题或主题和副题构成，整个标题意义的理解和表达必须涉及某两个部分的叠加。

第 13 组例句中副题里的"新突破"概括出了主题"'波特曼'轮靠泊杂货码头"这一事件对于实业公司外贸出口业务发展的现实意义，也体现了唐山曹妃甸实业公司在竞争激烈的市场环境下，积极探索、不断进取的开拓精神。

第 14 组例句中主题里的"首都名医"和"家门口"在副题里分别被确指为"北京友谊医院专家团"和"曹妃甸区"，同时"来到家门口"也确指是"到曹妃甸区坐诊"，可以看出，伴随着京津冀协同发展战略的深入实施，我省患者享受北京优质医疗资源将会呈现越来越方便的趋势。

第 15 组例句中主题里的"曹妃甸"和引题里的"海"形成呼应，从"山"到"海"指从北京城西的石景山，到渤海之滨的曹妃甸。"首钢扎根曹妃甸"，即企业外迁，它是疏解北京非首都功能的重要一环，也是京津冀产业合作的重头戏。首钢完成从"山"到"海"的跨越，率先疏解了北京非首都核心功能，同时也极大促进了曹妃甸的发展。

第 16 组例句中主题里"小小窗口"实际上是引题里曹妃甸农商银行柳赞支行柜员"李明侠"的工作岗位的缩影，其实是"李明侠"为客户"给予贴心服务"，表现出了"李明侠"虽身处平凡的工作岗位，但始终保持着良好的工作状态，以一名合格员工的标准严格要求自己，选择了在平凡的岗位上默默地奉献青春的美好品质。

第 17 组例句中引题里"曹妃甸"圈定了引题里"四大班子领导"即唐山市委常委、曹妃甸区委书记孙贵石，区委副书记、区长张贵宝，区人大常委会主任韩建民，区政协主席王晓谦等区四大班子领导干部，凸显他们深入基层，宣讲党的十九大精神，在推动党的十九大精神在全区迅速传播中的带头作用。

(二) 新闻标题外的互文

标题外的互文指一个新闻标题与它文字之外的知识或话语互相联系的现象。一个新闻标题的形成总有标题以外的知识和话语的"影子"，而且这些知识和话语没有以文字的形式出现在当下的标题中，或者只是话语的一部分出现在标题中，而且新闻标题意义的理解必然涉及此标题以外的知识和话语，唯有激活头脑中这些知识和话语，才能全部理解和接受标题传达的意义（刘晨红，2006）。经过对语料进行分析，语料库 A、B 内涉及新闻标题外部互文性使用样本展示如下：

表16　语料库 A 内涉及新闻标题外部互文性样本

样本序号	新闻标题
样本 15	北京曹妃甸国际职教城建设侧记："智慧城市"这样建
样本 31	曹妃甸布局"一带一路"
样本 35	曹妃甸与安贞医院共建"合作医院"
样本 46	曹妃甸将打造"世界一流"石化基地
样本 52	曹妃甸区"七化一体"创新政务服务　促进项目建设和市场繁荣
样本 55	曹妃甸 LNG 码头接卸"洋气"进京
样本 61	唐山曹妃甸区实行"车位式"管理小摊点
样本 65	唐山曹妃甸区"智慧监管"保安全
样本 77	曹妃甸区争当"三个走在前列"排头兵

表17　语料库 B 内涉及新闻标题外部互文性样本

样本序号	新闻标题
样本 92	曹妃甸"绿色"火电工程加紧建设
样本 96	曹妃甸"绿色"火电工程稳步推进
样本 98	唐山曹妃甸："鱼菜共生"生态种养
样本 110	中行河北省曹妃甸分行走进"田间地头"助居民激活健康卡
样本 116	想客户之所想　急客户之所急　中行曹妃甸分行为当地中小企业成长注入"金融活水"
样本 120	中国银行曹妃甸分行组织开展"三违反"、"三套利"行为专项自查活动
样本 125	中国银行曹妃甸分行积极推进"两学一做"学习教育常态化
样本 134	中国银行曹妃甸分行召开"两学一做"学习教育制度化常态化专题研讨学习会

样本序号	新闻标题
样本 157	曹妃甸：桥来桥往好风景
样本 160	中国银行曹妃甸分行支农助小闯出"新路子"
样本 173	中行曹妃甸分行召开"两学一做"学习教育常态化制度化推进会
样本 184	泰康人寿曹妃甸支公司周玉兰：赠人玫瑰手有余香
样本 187	中国银行曹妃甸分行助农"出实招"扶小"出实力"
样本 211	路港携手　共建双赢——国投曹妃甸港与大秦车务段曹妃甸西站"路港联创"党建活动纪实
样本 229	一切为了释放市场主体活力——曹妃甸区行政审批局深入推进"放管服"改革纪实
样本 250	曹妃甸倾力推进"一港双城"建设
样本 251	曹妃甸区六农场 开展"三考三创三评"党建特色活动
样本 252	曹妃甸港将实施"西北（腹地）战略"
样本 262	曹妃甸港疏港矿石运输 2019 年全部实现"公转铁"
样本 288	中国银行曹妃甸唐海建设大街支行为客户找回"遗失"存款
样本 291	曹妃甸区积极营造"四最"营商环境

由表 16 和表 17 所示，语料库 A 内涉及新闻标题外部互文性样本数量为 9 个，占该语料库内新闻标题总数的 10.3%；语料库 B 内涉及新闻标题外部互文性样本数量为 21 个，占该语料库内新闻标题总数的 10%。由此可见，各主流官方媒体新闻标题撰写者在 2017 年 4 月 1 日雄安新区设后一年内对互文手法的使用频率高于后一年，但差异略小，且数值上基本接近。

例句 18（样本 77）：

曹妃甸区争当"三个走在前列"排头兵

例句第 19 组（样本 116）：

想客户之所想　急客户之所急　中行曹妃甸分行为当地中小企业成长注入"金融活水"

例句 20（样本 160）

中国银行曹妃甸分行支农助小闯出"新路子"

例句 21（样本 184）：

泰康人寿曹妃甸支公司周玉兰：赠人玫瑰手有余香

例句 22（样本 291）：

曹妃甸区积极营造"四最"营商环境

例句 18 中"三个走在前列"源自习近平总书记 2016 年 7 月 28 日亲临唐山视察并发表重要讲话时对唐山这座城市的发展提出的美好希冀，即希望在唐山广大干部群众共同努力，争取在转变发展方式、调整经济结构、推进供给侧结构性改革等方面走在前列。据此，唐山市曹妃甸区第二次党代会提出，未来五年，曹妃甸将以推进京津冀协同发展战略为重要任务，扎实推进港、产、城建设，在建设东北亚地区经济合作窗口中担起重担，在建设环渤海新型工业化基地中挑起大梁，在建设首都经济圈战略支点中当好先锋，努力成为"三个走在前列"的排头兵。

例句 19 中，"金融活水"源自 2014 年 3 月 5 日，李克强在十二届全国人大二次会议上做政府工作报告时所讲，"让金融成为一池活水，更好地浇灌小微企业、'三农'等实体经济之树"，李克强用"水"和"树"妙喻金融和实体经济之间的关系，道出了金融改革和发展的本质要求。由此说明，中行曹妃甸分行认真贯彻落实国家扶持中小企业发展战略，以支持地方经济建设为己任，积极探索多元化服务中小企业发展之路，通过盘活信贷存量，优化信贷增量等持续引入"金融活水"，全力支持地方中小企业做大做强。

例句 20 中"新路子"的理解需要借助新闻标题本身之外的新闻语篇，即中行曹妃甸分行成功为区内某水产养殖户叙做一笔 100 万元"政银保"贷款业务，实现此项业务在河北省中行系统零的突破，打响了该行服务实体经济、支农助小、扶持小微企业成长的第一枪，进一步丰富了该行服务小微企业成长产品种类，更为该行全面助力地方经济社会发展找到了一个新方法。同样，例句 22 中"四最"的理解也需要借助新闻语篇，包括"审批事项最少　收费标准最低　办事效率最快　服务水平最优"。

例句 21 中，新闻标题撰写者使用谚语"赠人玫瑰手有余香"来描述"泰康人寿曹妃甸支公司周玉兰"的美好品质和优良的工作作风，该方式属于间接引用，一种非常典型的互文手法。一般来说，所引用的文本原本就具有特定的含义，但是在新的语言环境下延伸出新的意义，从而与被引用的原文本构成互文关系，以此吸引受众的注意、引发联想，实现新闻标题的价值。

综上所述，通过以上研究发现，雄安新区设立（2017 年 4 月 1 日）前一年中样本对于新闻标题内外的互文性使用频率均高于后一年中对于新闻标题内外的互文性使用频率。就新闻标题内部的互文性而言，语料库 A 的对应值（9.2%）高于语料库 B 的对应值（2%）。对于新闻标题之外的互文性，语料库 A 的对应值（10.3%）接近语料库 B 的对应值（10%）。透过以上数值可以推断出，国家和河北省政府希望借助新闻媒体对于舆论的引导作用，激发企业或个人持续关注趋于多样和复杂化的曹妃甸发展问题的积极性，使其不止从新闻标题本身粗糙了解国家和河北省政府对于曹妃甸发展的政策动向，而是深入阅读新闻正文以获得更为细节化的信息，为自身及区域发展投入精力、贡献力量。下一节将着重阐述曹妃甸发展舆情研究的相关政治、经济和社会文化语境。

三、解释步骤的分析

解释是基于 Fairclough 三维模型进行批评话语分析的第三个步骤，旨在解释交际过程与社会语境之间的关系。Fairclough（2003）认为，话语和社会结构之间存在一种动态辩证关系，社会结构语既是话语实践的条件，又是话语实践的一个结果。话语一方面建构了社会事实，而另一方面这些被话语建构的社会事实在制度化、习俗化的过程中又成为社会结构中的一部分，成为规制话语实践的结构性力量。社会实践有着各种方向，如经济的、政治的、文化的、意识形态的（Fairclough，1995a）。话语作为意识形态的实践从权力关系的各种立场建立、培养、维护和改变世界的意义（Fairclough，1992b）。因此，在探究新闻标题背后隐藏的意识形态时，必须考虑与其相关的政治、经济、社会文化等因素的影响。本节从上述政治、经济和社会文化三个方面对曹妃甸发展舆情研究的相关语境作具体说明。

（一）政策语境

曹妃甸区于 2012 年 7 月经国务院批准成立，位于唐山南部沿海，总面积 1943 平方千米，常住人口 26 万，下辖曹妃甸工业区、南堡开发区、曹妃甸新城和垦区四大功能板块。

开发建设曹妃甸是党中央、国务院作出的重大战略决策，是河北省和唐山市加快沿海开发开放的重大战略举措。曹妃甸开发建设从 1992 年开始谋划论证。2003 年 3 月，以通岛公路开工建设为标志，正式拉开开发建设序幕。主要经历了三个阶段，第一阶段（2003 年至 2006 年）：为开发建设准备阶段，主要完成了 19.5 千米的通岛路建设；第二阶段（2006 年至 2009 年）：为吹沙造地和大外网建设阶段，期间首钢完成搬迁并于 2007 年 7 月开工；第三阶段（2009 年至今）：为基础设施完善和产业聚集阶段，自此开始大规模开发建设。

自 1992 年开发建设以来，已有 70 多位党和国家领导人先后到曹妃甸视察指导工作。2010 年 7 月，习近平同志视察唐山和曹妃甸时指出：要努力把唐山及曹妃甸建成东北亚区域合作的窗口、环渤海地区的新型工业化基地、首都经济圈的重要支点。

国家、河北省更是从各个方面对曹妃甸的发展给予政策上的支持，并且"曹妃甸的开发与建设"在国家发展规划中日益显现更加突出的地位。2005 年 10 月，曹妃甸被列为国家第一批发展循环经济试点产业园区。2008 年 1 月 25 日，国务院正式批准了《曹妃甸循环经济示范区产业发展总体规划》，这是国家就循环经济批准的首个园区产业总体规划，同时也标志着曹妃甸的开发建设正式作为国家战略全面启动。2009 年 3 月，国家工业和信息化部下发《关于同意唐山暨曹妃甸为国家级信息化和工业化融合试验区的复函》，批准唐山暨曹妃甸为国家级信息化和工业化融合试验区。2011 年 11 月，国务院批准实施《河北沿海地区发展规划》（以下简称《规划》）。依据《规划》，河北沿海地区的战略定位包括环渤海地区新兴增长区域、京津城市功能拓展和产业转移重要承接地、全国重要新型工业化基地等。这标志以曹妃甸区为核心的河北沿海地区经济发展正式上升为国家战略。曹妃甸区同时还拥有东北亚一体化、京津冀都市圈、环首都都市圈等战略优势。长期以来，国家、河北省和唐山市以及社会各界人士对曹妃甸区的发展高度重视，给予很多优惠政策并付出了大量心血和努力。2012 年 7 月 11 日，国务院批准同意撤销唐海县，设立唐山市曹妃甸区——河北省唯一的副地级区。2012 年 7 月 23 日，国务院《关于同意设立曹妃甸综合保税区的批复》（国函〔2012〕90 号）下发河北省人民政府、海关总署，至此，河北省首家综合保税区——曹妃甸综合保税区正式获得国务院批准设立。2013 年 1 月，国务院正式批准设立曹妃甸国家级经济技术开发区。曹妃甸经济技术开发区实行现行国家级经济技术开发区政策，规划面积为 14.48 平方千米。入区企业可享受税收、进出口、信贷方面等国家级优惠政策。2013 年 8 月 7 日，住房和城乡建设部公布 2013 年度国家智慧城市试点名单，唐山市曹妃甸区入选国家智慧城市试点。2014 年，国家《石化产业规划布局方案》将曹妃甸列为中国七大石化产业基地之一，明确提出"优化京津冀地区石化产业布局，建设河北曹妃甸石化产业基地"；2015 年，《京津冀协同发展规划纲要》对曹妃甸提出明确定位，即打造世界一流石化基地，建设国家原油战略储备库。2015 年 6 月，国家发改委正式批准曹妃甸工业区全面开展中日韩循环经济示范基地建设，明确了"实现动静脉产业有机衔接、循环经济模式推广、关键技术孵化与运用、商贸活动与教育展示"四大功能。在国家和省、市的正确领导和大力支持下，经过十多年发展，曹妃甸已累计投入资金近 5000 多亿元，开发建设取得巨大成就。

（二）经济语境

鉴于本书研究时间跨度从 2016 年 4 月 1 日至 2018 年 3 月 31 日，故统计 2017 年和 2018 年年初河北省和唐山市对上一年经济运行状况的统计作为经济语境，以供分析参考。

2016 年，面对严峻复杂的形势和艰巨繁重的任务，在河北省委、省政府正确领导下，河北省各级各部门认真贯彻落实习近平总书记系列重要讲话精神，牢固树立和贯彻新发展理念，以供给侧结构性改革为主线，坚持稳中求进工作总基调，统筹抓好稳增长、调结构、治污染、抓改革、惠民生各项工作，国民经济运行总体平稳、稳中向好、动力增强，经济总量迈上新台阶，转型升级取得新进展，动能转换实现新突破，人民生活得到新改善，社会事业有了新发展，实现了"十三五"的良好开局。初步核算，2016 年，河北全省生产总值实现 31827.9 亿元，比上年增长 6.8%。其中，第一产业增加值 3492.8 亿元，增长 3.5%；第二产业增加值 15058.5 亿元，增长 4.9%；第三产业增加值 13276.6 亿元，增长 9.9%。第一产业增加值占全省生产总值的比重为 11.0%，第二产业增加值比重为 47.3%，第三产业增加值比重为 41.7%，比上年提高 1.5 个百分点。

2017 年，在河北省委、省政府正确领导下，河北省各地各部门深入贯彻落实党的十九大精神，以习近平新时代中国特色社会主义思想为统领，全面贯彻落实省委九届五次、六次全会精神，坚持稳中求进工作总基调，牢固树立新发展理念，以供给侧结构性改革为主线，着力推动转型升级、动力转换和质量提升，经济运行稳中有进、稳中向好。初步核算，河北全省地区生产总值 35964 亿元，按可比价格计算，比上年增长 6.7%。其中，第一产业增加值 3507.9 亿元，增长 3.9%；第二产业增加值 17416.5 亿元，增长 3.4%；第三产业增加值 15039.6 亿元，增长 11.3%。

2016 年，面对错综复杂的经济形势和艰巨繁重的改革发展稳定任务，唐山全市人民在市委、市政府的坚强领导下，认真落实"四个干"工作机制，积极做好稳增长、调结构、促改革、惠民生、优环境各项工作，深入推进结构性改革，经济呈现企稳向好的态势，民生事业持续进步，经济社会发展迈入新的阶段，实现了"十三五"良好开局。全年地区生产总值 6306.2 亿元，比上年增长 6.8%。其中，第一产业增加值 599.0 亿元，增长 3.5%；第二产业增加值

3411.2 亿元，增长 5.1%；第三产业增加值 2296.0 亿元，增长 10.2%。按常住人口计算，全年人均地区生产总值 80617 元（按年平均汇率折合 12137 美元），增长 6.2%。全员劳动生产率为 140990 元/人，比上年提高 7.1%。三次产业增加值结构由上年的 9.3∶55.1∶35.6 调整为 9.5∶54.1∶36.4。沿海增长极、中心城市、县域经济三大经济板块地区生产总值分别为 570.5 亿元、2369.7 亿元、3366.0 亿元，比上年分别增长 8.0%、8.0%、5.6%。

2017 年，是唐山发展进程中不寻常的一年，全市上下以迎接十九大、贯彻十九大精神为主线，全面落实习近平总书记对唐山工作的重要指示和省委对唐山发展的目标要求，全力推进供给侧结构性改革，经济发展呈现稳中向好、稳中提质新格局，步入加速转型升级、迈向高质量发展的良性轨道，民生事业持续进步，经济社会保持平稳健康发展，为率先全面建成高质量小康社会和现代化沿海强市奠定了坚实的基础。初步核算，全年地区生产总值 7106.1 亿元，比上年增长 6.5%。其中，第一产业增加值 600.7 亿元，增长 2.2%；第二产业增加值 4081.4 亿元，增长 4.2%；第三产业增加值 2424.0 亿元，增长 10.9%。三次产业增加值结构为 8.5∶57.4∶34.1。按常住人口计算，全年人均地区生产总值 90290 元（按年平均汇率折合 13373 美元），增长 5.8%。沿海增长极、中心城市、县域经济三大经济板块地区生产总值分别为 665.9 亿元、2641.9 亿元、3798.3 亿元，分别增长 8.4%、6.8%、5.9%。

曹妃甸区成立以后，根据自身的产业定位和资源特点，不断加快发展步伐。图 6 是曹妃甸区 2012 年—2018 年地区生产总值相关统计数据。

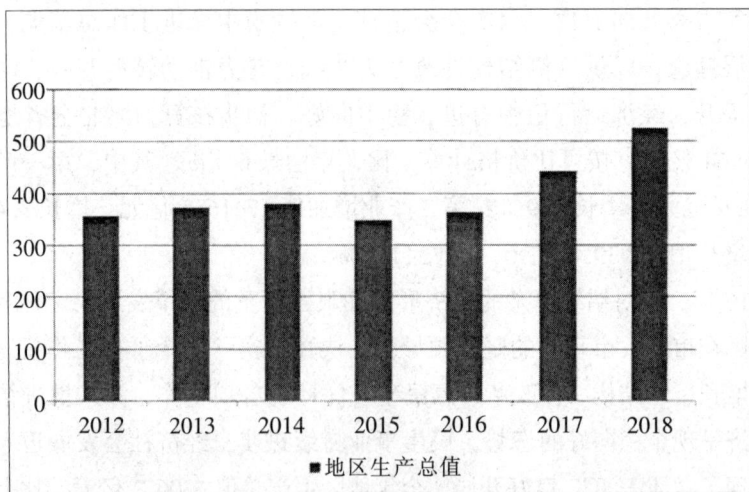

图 6　曹妃甸区 2012 年—2018 年地区生产总值统计表（单位：亿元）

（三）社会文化语境

曹妃甸区成立时间虽短但历史文化源远流长，因唐太宗及其曹姓妃子的爱情故事而得名，后人建有曹妃甸廊，塑曹妃金身像，雕像面向的方向为传说中李世民离开的方向。曹妃甸岛上有一座专门用来引航的古灯塔，虽然经历了多次重建，但是"古井甘泉"的奇妙景观，"法本禅师燃指化灯"的故事仍在流传。此外，在孙中山先生绘制的北方大港规划蓝图上，曹妃甸也被进行了明显标注。曹妃甸的历史文化是丰富而多元的。由熬盐煮碱、渔猎谋生的渔盐文化，垦荒植稻、开渠引水的农垦创业文化，"北方沙家浜"红色文化，评剧民俗文化，名人文化，妈祖文化，湿地文化，港口文化等组成的多元文化，为曹妃甸增添了浓重的历史文化色彩，这些也是曹妃甸向外界输出的丰富文化名片。

曹妃甸生态环境优美独特。曹妃甸拥有全国第二大国有农场，水上农业特色鲜明。曹妃甸还有一大宝贵的自然资源——湿地，总面积达 540 平方千米，被国际湿地组织称为"北方独有、全国罕见"。这里是天然的野生动植物种基因库和国际性珍稀候鸟迁徙地，空气中负氧离子含量很高，是城市居民梦寐以求的天然氧吧。此外，距离曹妃甸工业区约 3 海里的龙岛，沙质细腻，海水碧蓝清澈，地热资源丰富，极具旅游开发价值。

曹妃甸区域内涵盖大量教育资源，包括华北理工大学、唐山工业职业技术学院、曹妃甸职业技术学院、唐山海运职业学院、河北科技学院、北京景山学校曹妃甸分校等。华北理工大学，简称华北理工，位于河北省唐山市，是一所以工、医为主，理、经、管、文、法、艺多学科协调发展，具有留学生教育、研究生教育、本科教育、继续教育等全方位教育层次的省属重点骨干大学、省重点支持的国家一流大学建设高校。学校为国家安全生产监督管理总局、国家国防科技工业局与河北省人民政府三方共建高校，入选教育部卓越工程师教育培养计划、卓越医生教育培养计划、国家级大学生创新创业训练计划、新工科研究与实践项目。唐山工业职业技术学院，是经河北省政府批准建立的普通高等院校，是国家示范骨干高职院校立项建设单位，国家首批现代学徒制试点单位。学院与河北省唐山市技师学院实行一体化管理，托管唐山市职业教育中心，培养应用型高级技术人才，毕业生同时获专科学历证书和高级职业资格证书。2019 年 12 月，被教育部、财政部列入第三类高水平专业群建设单位（B 档）。曹妃甸职业技术学院是经河北省人民政府批准设立，教育部备案的全日制普通高等学校。是中国唯一由联合国教科文组织设立"世界职业技术教育培训基地"的国际化院校。学院坐拥"北京出海口，首都新空间"的区位优势，校区位于美丽的渤海之滨，紧邻华北理工大学，傍依溯河，面朝渤海，环境优美，气候宜人。北京景山学校曹妃甸分校教学工作由北京景山学校全面托管，小学、初中教材、教学方法与总校同质化。分校按照本校的教学和管理方式，与本校实现课堂同步，共享北京优质教育资源。高中在不能实现同城化的情况下，参考河北省教育大纲，根据协同发展进展和教育同城化进程适当调整。尤其是，华北理工大学、唐山实验中专等院校不仅能为企业提供大量科技人才，同时可为企业免费定单式培训职工，量身打造专门人才，为企业发展提供强有力的科技、人才支撑。

曹妃甸区由于是新建城市，本地人口获益颇多，许多人因此从农村迁至城市，生活条件得到极大的改善；而外来人口主要是进行投资项目建设或是看好本地发展而来的，对曹妃甸发展比较看好，因此，整体社会环境比较安定。

第五章　基于舆情研究的曹妃甸
发展定位及策略研究

本研究关注曹妃甸发展舆情，针对关于曹妃甸发展舆情的新闻标题进行了定量统计和定性分析相结合的批评话语分析，旨在分析雄安新区设立（2017 年 4 月 1 日）这一时间节点前后各一年内国家和河北省主流官方媒体关于曹妃甸发展舆情新闻报道中新闻标题的语言特征和这些新闻标题所呈现语言特征背后反映出的意识形态，以及形成这些意识形态的社会文化因素。

第一节　本研究的主要结论

本课题研究根据雄安新区设立（2017 年 4 月 1 日）这一时间节点前后各一年创建了 A、B 两个语料库，将两个语料库内新闻标题置于 Fairclough 三维模型的文本、话语实践和社会实践的三个维度中，结合 Halliday 系统功能语法和互文性理论，从分类、及物性、语气和标题内外互文性四个视角对两个语料库内新闻标题的语言特征分别进行了分析和比较研究。单纯从两个语料库内新闻标题数量来说，2016 年 4 月 1 日至 2017 年 3 月 31 日的相关新闻标题数量明显少于 2017 年 4 月 1 日至 2018 年 3 月 31 日，说明国家和河北省对于曹妃甸发展问题的关注并未减少，反而报道数量上有所增加。在分类系统方面，本研究对两个语料库内名词、动词、形容词进行了词频统计，并着重对词频排名前六位的名词和形容词进行比较分析后发现，国家在重视曹妃甸区域项目建设的同时也开始明显关注企业生存与文化发展和人民生活质量等市场和民生相对微观的层面。

在及物性系统和语气系统方面，使用 SPSS 19.0 对统计结果进行卡方检验，得到的结论是语料库 A、B 内新闻标题对于过程和语气类型的选择这些语言特征上并没有显著性差异。而且，通过之前统计数据图和表可明显发现，在及物系统的六个过程中，动作过程和关系过程占比最大，说明两个语料库内新闻标题均是用以描述客观世界和阐释事物之间的关联，即曹妃甸发展过程的大事件和由区域发展带来其他问题的逻辑关联，而且研究发现这些问题都是伴随着曹妃甸自身发展朝正向进步的；在语气系统的四个类型中，陈述语气和感叹语气占比最大，说明两个语料库内新闻标题除了在陈述事实外，也在通过语言抒发情感、发出呼吁，在曹妃甸注重发展速度的同时调动一切可调动的积极因素，促进区域内部和外部均能实现协调发展。以上特征都与新闻标题本身的语用功能有关，用以陈述新闻事实或代表某一方表达观点。

在话语实践维度的互文性方面，从新闻标题内部和外部挖掘其对于互文手法的使用情况研究后发现，雄安新区设立（2017年4月1日）这一时间节点前，无论是新闻标题内部还是外部的互文性使用频率，都高于一年后的使用频率。通过比较分析，读者在阅读新闻标题时，尤其是在理解大量出现在新闻标题中的缩略语时，需要调动自己的知识储备，深入阅读新闻正文，做具体了解。总之，互文性的运用为新闻标题的进一步批判性分析提供了一个动态的视角，使语篇解读不再局限于固有的文本。通过激活读者的认知模式，拓展新闻标题的表意空间，达到理解新闻标题内容的目的。

通过对社会实践这个维度进行分析后发现，国家和省政府从政策、经济和社会文化方面均对曹妃甸发展给予了优惠倾斜，政策上京津冀协同发展、"一带一路"等战略部署的扶持，经济上河北省政府和唐山市政府的带动、社会文化上对教育、医疗、生态等方面的关注，这一部分为整个研究提供了具体语境和分析空间。总之，雄安新区设立前后的相应时间段内语料库内新闻标题语言特征总体变化不大，国家和河北主流官方媒体对于曹妃甸发展的关注度一直持续，只是关注视角有倾斜而已，如何在优势环境中实现自身全方位可持续发展和相应具体举措仍是曹妃甸政府需要探索的问题。

第二节　国家和河北省层面对于曹妃甸发展定位的调整

2010年7月和2016年7月，习近平总书记两次亲临唐山视察，作出了"三个努力建成""三个走在前列"的重要指示，立足唐山的区位特点和发展优势，以深邃的战略眼光和宏阔的全局视野，指明了唐山发展的奋斗目标和实现路径，为我们做好工作提供了根本遵循和行动指南。重温总书记重要讲话精神，反复研读"三个努力建成"重要指示内容，对我们进一步提高思想认识，坚定发展信心，推动实际工作具有重要的现实指导意义和长远历史意义。

"三个努力建成"是曹妃甸扩大对外开放的根本遵循。总书记指示，要把唐山建成东北亚地区经济合作的窗口城市。曹妃甸作为全市对外开放的先行区，必须毫不动摇地率先落实总书记要求，以扩大经济合作为目标，进一步解放思想，更新观念，牢固树立对外开放意识，落实各项开放举措，不断扩大对外开放成果。在各项政策红利的叠加下，曹妃甸也迎来了发展的黄金期和重要战略期。

（一）全国首个以新设方式设立的国家级开发区——曹妃甸经济技术开发区

曹妃甸经济技术开发区是中华人民共和国商务部确定的国家级经济技术开发区之一。2013 年 1 月国务院正式批准设立曹妃甸国家级经济技术开发区。这是自 2010 年 1 月国务院正式启动省级开发区升级国家级开发区以来，全国首个以新设方式设立的国家级开发区，这也标志着实施举全省之力打造曹妃甸和渤海新区两大增长极以来，河北沿海地区发展又迈出了坚实的一步。

根据批复，曹妃甸国家级经济技术开发区规划面积为 14.48 平方千米，实行现行国家级经济技术开发区政策。曹妃甸毗邻京津冀城市群，北距唐山市 80 千米，距北京市 220 千米，西距天津 120 千米，东距秦皇岛 170 千米，产业布局集中，经济腹地广阔，物产丰富，物流发达，面对我国南北资源互补、经济融合走势，曹妃甸港区的开发建设，将构造新的区域优势，开辟新的产业空间，打造新的经济增长点。

曹妃甸港区位于唐山市南部 70 千米南堡地区曹妃甸岛，曹妃甸岛为一带状沙岛，古滦河入海冲积而成，至今已有 5500 多年的历史，因岛上原有曹妃庙而得名。距离大陆岸线约 20 千米，从甸头向前延伸 500 米，水深达 25 米，甸前深槽水深达 36 米，是渤海最深点。由曹妃甸向渤海海峡延伸，有一条水深达 27 米的天然水道，直经海峡，通向黄海。水道与深槽的天然结合，构成了曹妃甸建设大型深水港口得天独厚的优势。这里 30 米水深岸线长达 6 千米之多，且不冻不淤，是渤海唯一不需要开挖航道和港池即可建设 30 万吨级大型泊位的天然港址。

（二）河北自贸试验区曹妃甸片区

国务院印发《中国（山东）、（江苏）、（广西）、（河北）、（云南）、（黑龙江）自由贸易试验区总体方案》（以下简称《总体方案》）。《总体方案》指出，在山东、江苏、广西、河北、云南、黑龙江等 6 省区设立自由贸易试验区，是党中央、国务院作出的重大决策，是新时代推进改革开放的战略举措。要以习近平新时代中国特色社会主义思想为指导，全面贯彻党的十九大和十九届二中、三中全会精神，坚持新发展理念，坚持高质量发展，主动服务和融入国家重大战略，更好服务对外开放总体战略布局，把自贸试验区建设成为新时代改革开放的新高地。

《总体方案》提出了各有侧重的差别化改革试点任务。河北自贸试验区围绕建设国际商贸物流重要枢纽、新型工业化基地、全球创新高地和开放发展先行区，提出了支持开展国际大宗商品贸易、支持生物医药与生命健康产业开放发展等方面的具体举措。《中国（河北）自由贸易试验区总体方案》明确，自贸试验区的实施范围 119.97 平方千米，涵盖四个片区：雄安片区 33.23 平方千米，正定片区 33.29 平方千米（含石家庄综合保税区 2.86 平方千米），曹妃甸片区 33.48 平方千米（含曹妃甸综合保税区 4.59 平方千米），大兴机场片区 19.97 平方千米。

2019 年 8 月 31 日上午，中国（河北）自由贸易试验区曹妃甸片区挂牌仪式举行。曹妃甸片区是河北自贸区唯一的临海片区，其中，包括综合保税区全部的 4.59 平方千米、新城 CBD 区域的 2.74 平方千米、装备园区 16.58 平方千米、临港商务区 2.1 平方千米、中日园区 0.65 平方千米、新兴园区 2.37 平方千米、其他 0.08 平方千米，共计 33.48 平方千米。东至曹妃甸新城绿珠河西岸、青裳河西岸，南至纳潮河北岸线、三号港池岸线，西至新兴产业园区高新大街，北至曹妃甸工业区北边路、曹妃甸新城新港大道。以此为标志，唐山曹妃甸改革开放站在了全国新一轮改革开放的最前沿，获得了创新竞进突破的更大空间。高标准高质量推进自由贸易试验区曹妃甸片区建设，努力打造河北自贸区建设的曹妃甸样板，全力构建新时代改革开放新高地。

曹妃甸片区重点发展国际大宗商品贸易、港航服务、能源储配、高端装备制造等产业，建设东北亚经济合作引领区、临港经济创新示范区。形成全方位、宽领域、多层次、内外融通的大开放格局。目前，曹妃甸累计建有矿石、煤炭、原油、LNG、散杂、件杂、集装箱、木材等生产性泊位 101 个，通过能力 4.7 亿吨，开通国内外贸易航线 110 余条，可直达日、韩、美、英等

70 多个国家和地区。

·开展国际大宗商品贸易。依托现有交易场所，依法依规开展矿石、钢铁、煤炭、木材、天然气、粮食、食糖等大宗商品现货交易；建设大宗商品期货保税交割仓库、跨境交易平台；开展矿石混配业务，完善仓储、分销、加工及配送体系。

·加快临港产业发展。设立多式联运中心，培育发展航运企业；设立航运保险机构和国际船舶备件供船公共平台、设备翻新中心和船舶配件市场；开展平行进口汽车试点；建设国际海运快件监管中心。

·发展国际能源储配贸易。开展成品油和保税燃料交割、仓储，允许区内企业开展不同税号下保税油品混兑调和，建设液化天然气（LNG）储运设施，完善配送体系。

·支持装备制造产业开放创新。建设国家进口高端装备再制造产业示范园区，试点数控机床、石油钻采产品等高附加值大型成套设备及关键零部件进口再制造，放宽高端装配制造产品售后维修进出口管理，适当延长售后维修设备和备件返厂期限；允许进口入境期限不超过一年的二手研发专用关键设备。

高标准高质量推进自由贸易试验区曹妃甸片区建设，全力打造新时代改革开放新高地，具有重大的现实意义和深远的历史意义。中国（河北）自由贸易试验区曹妃甸片区的设立，是进一步落实习近平总书记关于"努力把唐山建成东北亚地区经济合作窗口城市、环渤海地区新型工业化基地、首都经济圈重要支点"指示精神的重要抓手，也是唐山和曹妃甸进一步落实习近平总书记"争取在转变发展方式、调整经济结构、推进供给侧结构性改革等方面走在前列"要求的关键一招。

（三）河北省首家综合保税区——曹妃甸综合保税区

2012 年 7 月 23 日，国务院《关于同意设立曹妃甸综合保税区的批复》（国函〔2012〕90 号）下发河北省人民政府、海关总署，至此，河北省首家综合保税区——曹妃甸综合保税区正式获得国务院批准设立。按照国务院批复，曹妃甸综合保税区规划面积 4.59 平方千米，有关税收、外汇政策按照《国务院关于设立洋山保税港区的批复》（国函〔2005〕54 号）的有关规定执行。

曹妃甸综合保税区位于唐山市曹妃甸区的中心位置、曹妃甸工业区东北部，规划面积 4.59 平方千米，具有配套岸线 3.3 千米，可建设 11 个 5~7 万吨级泊位，距唐山市 80 千米，距北京市 200 千米，距天津市 100 千米，交通便利，工业基础雄厚，腹地优势明显。作为我国目前开放层次最高、优惠政策最多、功能最齐全、手续最简化的海关特殊监管区，曹妃甸综合保税区以保税仓储、国际中转、国际配送、国际采购、转口贸易、研发设计、出口加工、商品展示、检测维修、港航服务十大功能为依托，凭借国家支持性优惠政策，重点发展保税物流业、国际贸易和出口加工业。

曹妃甸综合保税区集保税区、保税物流园区和出口加工区等各类型海关特殊监管区域的政策优势于一身，在海关监管、外汇管理和进出口管理上基本达到了国内最为齐全、最为便捷和最为开放的程度，主要体现在：对境外运入区内的企业加工出口所需的原材料及区内存储货物实行保税；国内货物进入综合保税区视同出口，实行退税；保税货物在区内存储无期限限制；区内企业进出境贸易项下的外汇支出，无需办理收付汇结汇手续；区内企业不实行加工贸易银行保证金台账和合同核销制度等。

（四）曹妃甸——"一带一路"的重要支点

曹妃甸港位于唐山南部沿海、渤海湾中心地带。这里水深岸陡、不冻不淤，为渤海湾唯一不需开挖航道和港池即可建设 30 万至 40 万吨级以上大型泊位的"钻石级"港址。由海而生、因港而兴，是世界一流的临港产业聚集地，位优、水深、港阔、地广，面朝"东北亚"、背靠"三北"、毗邻京津，拥有深水岸线 116 千米，是重要的能源与原材料集疏和贸易大港、拉动西北物流的重要引擎，在国际物流、经贸交往中扮演着越来越重要的角色。

早在 20 世纪初，孙中山先生就在其著名的《建国方略》中首提"于直隶湾最近深水之点"建设："北方大港"。

曹妃甸港凭借独特的深水港址、优质的岸线资源、强劲的发展态势、完善的港口功能，已经具备成熟的矿石、煤炭、钢材、集装箱、原油等大宗货种作业条件，是重要的能源与原材料集疏、贸易大港，以水路、铁路、公路"三路"并进，成为国家"一带"与"一路"的重要交汇点、拉动西北物流的重要引擎，在国际物流、经贸交往中扮演着越来越重要的角色。

曹妃甸已经成为"一带一路"上新的重要坐标点。

根据"一带一路"走向，陆上依托国际大通道，以沿线中心城市为支撑，以重点经贸产业园区为合作平台，共同打造新亚欧大陆桥、中蒙俄、中国—中亚—西亚、中国—中南半岛等国际经济合作走廊；海上以重点港口为节点，共同建设通畅安全高效的海上运输大通道。曹妃甸港作为贯通亚、澳、非、欧的区域物流节点及资源配置中心的优势地位将不断提升，辐射范围也大为延展。

随着蒙冀铁路、临哈铁路的建成通车，作为国内西北地区重要出海口以及"一带一路"亚欧大通道的东方桥头堡的曹妃甸港区，已与内蒙古、新疆铁路网实现全线贯通，并可通过第一、第二亚欧大陆桥直达欧洲。尤其首列中欧班列开通后，一举打通了德国、俄罗斯、比利时的国际集装箱班列出海通道，国际物流枢纽作用日益突出。目前，曹妃甸港区企业正在着力拓展内蒙古策克等内陆港建设，推动在比利时、德国建设集铁集港中心和海外仓腹地建设，推进中欧班列稳定运行，加快开通韩国、东南亚等外贸"直航线"航线。此外，曹妃甸在形成公路、铁路、海运多式联运体系的基础上，还正在加快推进大宗货物运输"公转铁"和通用机场建设，加速形成海陆空立体交通网络，为港口物流贸易加工产业的大发展提供了强力支撑。

曹妃甸港要帮助"一带一路"沿线的国家和地区融入海洋经济，形成经济要素的聚集效应，为内陆地区提供高效的能源、原材料装配服务，从而将曹妃甸港打造成国际化的能源原材料枢纽港。利用好曹妃甸港的天然优势，将曹妃甸港发展好、建设好，为我们的国家以及"一带一路"建设发挥好曹妃甸港的积极作用。

曹妃甸，既是"一带一路"的重要支点，更是河北、唐山向海图强的"一港双城"战略的主阵地。作为国内"三北"腹地的深水出海口，曹妃甸区坚持以贸兴港、港产联动，深入实施"大港口、大通道、大贸易"战略。大港口连通着大通道，大通道支撑着大贸易。处在"一带一路""一港双城"最前沿的曹妃甸区，正以更加昂扬的姿态、更加坚实的脚步，向世界一流综合贸易大港加速迈进。

（五）经国务院批准河北省在曹妃甸设立首个跨境电商综合试验区

国务院发布《关于同意在北京等22个城市设立跨境电子商务综合试验区的批复》，包括唐山市在内的全国22个城市设立跨境电商综合试验区。河北省首个跨境电子商务综合试验区落户唐山。

2012年，唐山市设立了河北省首个综合保税区曹妃甸综合保税区。依托曹妃甸综合保税区，唐山市不断研究开展跨境电商业务，规划建设跨境电商产业园。

唐山获批第三批跨境电商综合试验区后，按照国务院常务会议要求，进一步深化外贸领域"放管服"改革，以跨境电商为突破口，在物流、仓储、通关等方面进一步简化流程、精简审批，完善通关一体化、信息共享等配套政策，推进包容审慎有效的监管创新，推动国际贸易自由化、便利化和业态创新。

（六）国家级石化产业基地

2008 年，国务院批准《曹妃甸循环经济示范区产业发展总体规划》，将石油化工列入曹妃甸主导产业；2014 年国家《石化产业规划布局方案》将曹妃甸列为中国七大石化产业基地之一，明确提出"优化京津冀地区石化产业布局，建设河北曹妃甸石化产业基地"；2015 年《京津冀协同发展规划纲要》对曹妃甸提出明确定位，即打造世界一流石化基地，建设国家原油战略储备库。2017 年 12 月 19 日，环保部出具了《关于曹妃甸石化产业基地总体发展规划环境影响报告书的审查意见》，标志曹妃甸国家级石化产业基地建设取得重大突破。2018 年，河北省政府批复《曹妃甸石化产业基地总体发展规划》，按照规划，到 2030 年，曹妃甸石化产业基地将形成年产 4000 万吨炼油、400 万吨乙烯、550 万吨芳烃的规模，承接京津冀石化产业转移，满足华北地区、环渤海地区对清洁能源和石化产品的需求，带动区域性产业及经济发展。

作为全国七大石化产业基地之一，曹妃甸石化基地将承接京津冀石化产业转移，促进产业调整和升级，按照原油加工和轻烃加工两条主线，以炼油、乙烯、芳烃一体化发展为基础，以轻烃加工制烯烃为补充，以清洁能源、有机原料和合成材料为主体，以化工新材料和精细化工为特色，发展基础炼化和石化深加工产业，在规模、质量、效益、环保安全等方面协调发展，形成多产品链、多产品集群的世界一流、大型、现代化的临港石化产业基地。按照这一规划，到 2030 年，基地将形成年产 4000 万吨炼油、400 万吨乙烯、550 万吨芳烃的规模。

在配套方面，曹妃甸石化产业基地规划建设 30 万吨级原油码头 4 座、10 万吨级 LNG 码头 4 座、5 万吨级液体化工码头 35 座，每年可满足 8000 万吨原油、2000 万吨 LNG 和 6000 万吨液体化学品的进出。目前，1 座 30 万吨级原油码头和 1 座 10 万吨级 LNG 码头已经全面投入运营，迁曹、水曹铁路接入国家铁路网，在基地西侧边缘布线并将建设化学品工业站，实现公路、水铁联运，为陆海贸易创造极为便利的条件。同时，基地全面实施了以道路、管网、河道、电力等为重点的基础设施和以污水处理、管廊、消防、供热等为重点的公用配套工程建设，起步区 32 平方千米的基础设施基本配套，可满足各类化工项目生产需求。

（七）京津冀协同发展的战略功能区，曹妃甸战略地位突出

曹妃甸战略地位突出，是京津冀协同发展的战略功能区。开发建设曹妃甸是党中央、国务院作出的重大战略决策，先后有 70 多位党和国家领导人来曹妃甸视察。

2010 年 7 月，习近平总书记视察唐山、曹妃甸时指出：要努力把唐山、曹妃甸建成东北亚地区经济合作窗口城市、环渤海地区新型工业化基地和首都经济圈重要支点。

2011 年 10 月，国务院批复的《河北沿海地区发展规划》，明确提出打造曹妃甸河北沿海经济增长极。

2014 年 7 月，京冀两地签署《共同打造曹妃甸协同发展示范区框架协议》，明确在共建现代产业发展试验区、曹妃甸中关村高新技术产业基地等七个方面进行重点合作，这是唯一一个由京冀两地政府共同推动的协同发展示范区。

2015 年 4 月，习近平总书记亲自谋划制定的《京津冀协同发展规划纲要》，将京冀曹妃甸协同发展示范区列为四大战略合作平台之首，充分彰显了曹妃甸在京津冀协同发展战略布局中的特殊地位。

党的十九大以来，河北省委九届六次全会提出打造曹妃甸新的增长极，把曹妃甸确定为唐山市"一港双城"建设的核心承载区。随着上述战略的深入实施，更多临港产业正加速向曹妃甸转移，中央、省、市一大批有含金量的政策也集中在曹妃甸先行先试，为协同发展提供了重大战略支撑。

随着京津冀协同发展的深入推进，曹妃甸步入产业大发展的新阶段。

（八）中日唐山曹妃甸生态工业园

中日唐山曹妃甸生态工业园位于河北省唐山市曹妃甸工业区，规划面积60 平方千米，该园区借鉴中新苏州工业园建设模式，由中日两国合作开发建设，立足环渤海，面向东北亚乃至全世界，吸引日本企业和各国先进企业入园，以聚集节能环保、绿色、低碳、循环经济、减灾防灾等领域的技术、产品、装备、服务、应用示范为主要产业特色，积极发展低碳的高新技术产业，是世界领先的节能、环保、低碳、绿色增长的产业开发区和可持续发展的示范园区，也是中日战略互惠关系的重要经济合作平台和东北亚经济一体化的孵化平台。开发建设中日唐山曹妃甸生态工业园，是学习借鉴国际先进经验、引进日本在节能环保等领域的先进技术、推进中日在循环经济和低碳经济领域的交流与合作、加快唐山曹妃甸开发建设的重大举措，对于提升中日战略

互惠关系的水平、实现绿色增长和可持续发展的示范效应、推进东北亚经济一体化进程，具有深远的战略意义。

（九）曹妃甸生态旅游度假区

2019年6月14日，曹妃甸生态旅游度假区被河北省文化和旅游厅公布为河北省省级旅游度假区。

曹妃甸生态旅游度假区，总面积约13.6平方千米，包括曹妃湖景区、渤海国际会议中心、多玛乐园、慧钜文化创意产业园、曹妃甸湿地公园俱乐部、曹妃湖体育公园、游客中心等区域。度假区依托湿地、温泉、自然生态、特色美食、民俗文化等禀赋资源和京津唐秦的区位、交通、客源等优势，着力打造"中国北方最具特色的滨海湿地康养度假区"，曾荣获河北省旅发大会优秀新业态项目、中国最佳度假休闲旅游目的地、中国美味蟹王黄金产地、河北省十佳旅游风景区、大中华区最美生态旅游景区等多项荣誉。

（十）省级自然保护区

曹妃甸湿地总面积540平方千米，其中省级湿地和鸟类自然保护区110平方千米。湿地内野生动植物资源达1200余种，其中野生植物63科164属238种，鸟类17目52科307种，是澳大利亚至西伯利亚鸟类迁徙的重要驿站和栖息场所，被国际湿地组织称为"开发潜力巨大、不可多得的湿地保护区"。曹妃甸湿地是集鸟类保护、湿地体验、科普教育、商务会所、运动休闲、文化创意、生态居住为一体的高端旅游休闲度假社区，成为新区靓丽的城市名片。湿地珍贵鸟类唐海湿地和鸟类自然保护区是2004年5年9月，经河北省人民政府批准建立的省级自然保护区。唐海湿地是大自然赋予人间的佳境，是鸟类繁衍生息的乐园。据国际湿地组织调查，湿地范围内有野生植物238种、鸟类307种，其中国家一级保护鸟类有丹顶鹤、白鹳、黑鹳、金雕等9种，国家二级保护鸟类42种。

（十一）曹妃甸——民俗文化

天妃宫，又称天后宫、娘娘庙，在闽、粤、港、台亦称之为妈祖庙。

蚕沙口天妃宫，位于渤海沿岸溯河入海口处的蚕沙口村，与天津、蓬莱的天后宫并称我国北方三大妈祖庙。

天妃即妈祖，姓林名默，祖籍福建省莆田湄州屿。生于北宋建隆元年（960年）三月二十三日，逝于雍熙四年（987年）九月九日。

妈祖自幼聪颖，勤奋好学，且水性不凡。一生在民间治病救灾，扶危济困，护海助航，被人们尊奉为神，建祠祭祀。之后，又相传屡屡显圣，履海救船，呵护漕运。宋元明清各代，历受朝廷敕封：初为"夫人"，后为"天妃"，再为"天后"，封号屡加；随之，妈祖庙，起莆田，出福建，渐次在两广、在江浙、在上海、在天津、在冀辽、在齐鲁，沿海地域，均建庙宇。

　　元代大兴海运，崇尚海神，而天妃传说广泛传播于民间，又有此封祀，各地陆续建起了天妃庙。天妃庙不仅遍及南北沿海，而且影响到不少国家。随着海运、远洋发展，千百年来，华人漂洋过海，安全地到达世界各个角落，海客皆信仰仗妈祖神祇庇护，纷纷感恩而修庙。妈祖遂传到台湾、香港、澳门、日本以及东南亚国家，欧美的巴黎、巴西、挪威、丹麦、加拿大、墨西哥、美国均多供奉妈祖。凡有华人的大小埠头，几乎都有妈祖庙宇，全世界共有马祖庙 1560 多座。

　　天妃的传说维系了海内外华裔情结，反映了人民的良好愿望，进而形成了妈祖文化。

　　蚕沙口天妃宫，与闽、粤、台、港的天妃宫同源，始建于元代。

　　蚕沙口，曾是古代海运入京东辽西的必经之海河转运码头和天然避风港湾。史载，元至元二十一年（1284）元世祖忽必烈下诏疏浚滦河，大开海运。于是盛产漕米、竹纸、杂品的江浙商贾、闽粤粮船纷纷驶舟北上。蚕沙口南滨渤海，村西所傍之被称为"铜帮铁底运粮河"的溯河，北连滦河，西通直沽，而成为海河转运的知名码头，是当时江南诸镇商船行河北必达之地。又因蚕沙河口为渤海湾中之湾，浪缓滩平，故，江南商船、米槽"海运多避风于此"（见《读史方舆纪要》）故又是蜑声海客之中的天然避风港。

　　古代行船，海浪滔滔，风险莫测。商贾海客自南方出，多焚香祈祷于当地天妃宫，以求平安。及船漂洋过海，或一路顺风，或于惊涛中侥幸脱险，得避风于蚕沙口时，莫不感戴于天妃神灵庇护。故许愿"重修庙宇，再塑金身"者亦非少数。据考，蚕沙口天妃宫与对面的蚕沙古戏楼均系北上南人同当地渔民集资筹料所建。

　　原天妃宫坐落于蚕沙口村西，坐北朝南，同对面的蚕沙古戏楼相望，成为沿海少见的古建筑群。始建以来，历经明永乐、清乾隆年间和民国十年三次扩建修葺，殿堂巍峨，神像俨然，蔚为壮观。

　　天妃宫正殿，正位塑三位女神像。主神为天妃（妈祖），两侧为送子娘娘、子孙娘娘。大殿两厢把门屹立青龙、白虎二神将，身高丈八，盔甲鲜明，金刚怒目，威风凛凛。在正殿中东西两侧还供奉关公、海龙王、火神、药王、千里眼、顺风耳、平浪将军、赶鱼郎等神像。

天妃宫分正殿和后殿。后殿为观音圣母殿，殿前有一古槐，干如巨虬，冠如巨伞，郁郁苍苍，荫罩殿外，当时，这百里盐碱的不毛之地，竟有此古树葱茏，是为奇观。殿内，南海大士观音菩萨坐下金毛巨犼，手持甘露净瓶，慈眉善目，栩栩如生。观音两侧，侍立着善财童子和红孩儿。与各地的"倒座观音"不同，这里的观音坐北面南，相对大海。其原因，另有一番传说。

蚕沙口天妃宫整个庙宇山门高大，殿堂布局奇特，院内晨钟暮鼓，香烟缭绕，气象万千。反映出古代高超的建筑艺术和人们对平安吉祥的希冀。

历代先民们于水旱病疫、天灾人祸中，呼苍天，天不垂怜，央官府，官不恤民。无奈，只有烧香许愿祈求神灵护佑。于是，就有了神佛。有了神佛，就有了庙宇。有了庙宇，就有了庙会。

蚕沙口天妃宫庙会是每年农历三月二十三（马祖神诞）。平日里当地渔民，南来船客，四邻百姓，香火不断。到了庙会，更是空前繁华。

庙会的"迎献"，形成演戏"酬神"，庙会的规模，形成万民商市。尤其于天妃宫对面，有宏伟奇谲的蚕沙古戏楼和戏楼上轮番上演的名班好戏，更使庙会名气平添。每年逢天妃庙会，沿海渔民收船晒网，周围州县甚至外省民众、士绅、商贾、艺人纷纷赶庙会于此。人如云屯，车似齿密，热闹非凡。

（十二）曹妃甸——曹妃文化

一个区域的名字每天被广泛地提及，本身就是一种强烈的文化符号。自从 2012 年 7 月 11 日国务院正式批复撤销唐海县成立唐山市曹妃甸区，曹妃文化，便成为我们这个区域的一种独有的地域文化。

根据相关史料及大量的民间传说，唐王李世民东征高丽时，曾带一曹姓妃子在此岛停留，曹妃病逝于此。稗史传闻中，曹妃乃本地（今属原河北唐海县境）一渔家女子，名曹娴，胜于平州沿海龙王庙（今唐海七农场境内），成长于曾家湾，先习文，后练武，下海打鱼，巧遇李世民，三见三别，产生爱情。唐王选为妃子，远嫁长安，后随唐王东征高丽，省亲故里，身染重病，魂断沙岛。曹娴侍奉唐王，深受宠幸，唐王遂封为妃，并降旨在岛上修建曹妃殿，后香火日隆。经过 1895 年、1936 年两次大风暴潮，年久失修的曹妃殿倾圮无存。曹妃甸因人而成名，因势而受宠。曹妃的名字已与曹妃甸这一片热土不可分割，成了这片土地上地理景观与人文景观的一个永久性标记。

曹妃甸肇始于曹妃甸岛。曹妃甸岛居于唐山市南部 70 千米，原系南部海域一带状小岛。孙中山《建国方略》中，"兹拟建筑不封冻之深水大港于直隶湾中"，北方大港（正处于曹妃甸岛），与他谋划的东方大港（上海港）、南方大港（广州港）相互辉映。1992 年，曹妃甸进行建港的可行性研究和论证。2003 年，曹妃甸真正意义上开发建设。2012 年，曹妃甸港区口岸正式开放，综合保税区获批，批准设立国家经济技术开发区，在行政管理上撤销唐海县，设立曹妃甸区。

另有一沙岛，因处于双龙河、青龙河入海的地方，此处还有老龙沟，呈蛟龙入海之势，无名岛恰呈"L"形，遂名龙岛。龙岛像仙女丢到海面上的一方金色罗帕，簇拥于朵朵无垠浪花之间。曹妃甸岛乃曹妃的化身，龙岛则喻为一朝天子，两岛遥遥相望，潮声如泣如诉，似隐喻着爱情中的"等待"这一凄美主题——地老天荒。如今，曹妃甸建设风生水起，注重与周边海滨海岛错位发展的龙岛开发也方兴未艾。南有"天涯海角"，北有"地老天荒"，传达了坚贞不渝、咫尺天涯、漫漫无期的理想主义爱情。"为伊消得千年尽，只为抚你眉间愁，更有多少凄凉，无处话离伤。"

（十三）曹妃甸——农垦文化

守望文化原点具有不可推卸的历史责任，曹妃文化、妈祖文化、农垦精神等文化原点是曹妃甸的文化之源，曹妃甸文化是丰富而丰饶的，历史悠远、底蕴丰厚。

1956 年，北纬 39 度线上，数万农垦大军战天斗地，在一片"斥卤不毛"的渤海之滨，建设了国营柏各庄农场。数万农垦大军以誓让荒滩变粮仓的壮举，聚集了来自四面八方的建设者，披星戴月，用勤劳智慧、汗水热血创造出了人间奇迹，谱写了改天换地的壮丽篇章，"碧波迷人眼，稻菽千里香"，见证了人定胜天的传奇与魔幻。资料记载，当时农垦区的稻米产量占河北省三分之一。

1982 年，国务院正式批准柏各庄农垦区改建唐海县，唐海县实行县管农场体制，仍保留"国营柏各庄农场"名称。"农垦精神"不是简单的一本书，简单的一部纪录片，而是深入骨髓的精神实质。在这片绿色生机的土地上，这片蔚蓝的海湾一畔，早早注定是被歌咏的传奇，战天斗地的农垦人，注定是传奇的一部分。

"农垦精神"是弥足珍贵的精神财富，其内核主要是抓牢 50 年农场史和曹妃甸十年开发建设的纽带，深化、提炼，使"农垦精神"深入人心，转化成曹妃甸文化中的内质性力量，将研究、挖掘、整理工作进行得更全面和深入，使农垦精神与城市建设、旅游产业结合起来，传承农垦精神，创新农垦文化，升华人文内涵。

补充：北纬 39 度，是寒暑交界的地带，是一个富裕且神秘的地带。这条纬度上有北京、纽约、芝加哥、罗马、希腊等众多繁华的国际化都市，一座座世界名城像一颗颗珍珠，点缀其间；这里造就了爱琴海、地中海、日本海、青海湖等享誉全球的自然胜景；葡萄酒、人参从这里出发，走向全世界；这条纬度也是世界公认的最好的海珍品原产地。

第三节 曹妃甸未来发展定位、趋势研究及政策建议

2020 年 4 月 16 日，唐山市委、市政府出台《关于支持中国（河北）自由贸易试验区曹妃甸片区高水平创新发展的意见（试行）》（以下简称《意见》），通过系列推动体制机制创新、加快重点产业聚集、完善配套保障政策、加强组织实施等专项政策，加速自贸区曹妃甸片区率先发展、实现突破。

《意见》指出，以习近平新时代中国特色社会主义思想为指导，以"三个努力建成"重要指示为引领，以制度创新为核心，以深化改革为动力，主动融入国家重大战略，更好地服务对外开放总体战略布局，凝聚全市力量，抓住重点、攻克难点、打通堵点、形成亮点，加速推动投资便利化、金融国际化、贸易自由化、产业高端化，推进重点产业突破、重大项目聚集、经济外向度提升，努力将片区建成体制机制改革先行区、东北亚经济合作引领区和临港经济创新示范区。

《意见》指出，深入推动改革创新，推进体制机制创新上，国家、省、市重大改革举措率先在片区试点，实现创新红利最大化。实现片区高水平创新发展，加速重点产业聚集。《意见》还就如何完善配套保障政策和加强组织实施，在强化资金支持、统筹要素保障、落实"飞地政策"加速项目聚集、加强金融支撑、打造人才高地、强化统筹协调、严格督导落实、建立激励机制等方面出台了系列创新政策与举措。

（一）立足沿海资源优势，挖掘海洋潜力，以临港做文章助推海洋经济发展进入了新阶段

21 世纪是海洋的世纪。习近平总书记指出："纵观世界经济发展的历史，一个明显的轨迹，就是由内陆走向海洋，由海洋走向世界、走向强盛。"唐山最大的优势在海洋，最大的潜力也在海洋，曹妃甸就是最大的突破口和引爆点。

海洋象征着开放，走向海洋是曹妃甸发展的必然选择。发展海洋经济，曹妃甸畅达全球的沿海优势突出。曹妃甸港是全国 4 个可停泊 40 万吨级巨轮的港口之一，110 条航线通达 70 多个国家和地区，内陆港覆盖"三北"腹地，国际班列直达蒙古国、连通中东欧，是"一带一路"的重要枢纽。曹妃甸依托港口辐射优势，加快建立多式联运中心、国际海运快件监管中心和国际船舶备件供船公共平台，加强与中东欧、日韩等国家创新合作，打造东北亚经济合作窗口和开放型经济合作的"桥头堡"。

发展海洋经济，离不开基础雄厚的临港产业的支撑。自 2003 年开发建设以来，精品钢铁、现代石化、临港贸易等优势产业在曹妃甸聚链成群，首钢、华润、五矿等百余家国内外 500 强企业落户，曹妃甸已经由昔日的一叶沙岛成长为生产总值 600 亿元、全部财政收入 120 亿元的新型工业化基地。按照河北自贸试验区曹妃甸片区产业定位，曹妃甸将全力推动国际大宗商品贸易、港航服务、能源储配、高端装备制造等产业开放发展，打造国家进口高端装备再制造产业示范园区、国际商贸物流重要枢纽。到 2022 年，曹妃甸主导产业主营业务收入突破 2300 亿元，比 2018 年翻一番。

平台集中、政策红利叠加，为曹妃甸发展海洋经济插上了腾飞的翅膀。中日韩循环经济示范基地、国家级石化产业基地、综合保税区、跨境电商综试区已成为曹妃甸多块"金字招牌"。当前，曹妃甸正探索自贸＋综保＋跨境电商新模式，拓展矿石混配、能源储配及钢铁、木材等大宗商品交易，提升跨境贸易、投融资结算便利化水平，致力打造总量万亿级、税收百亿元的国际商贸物流产业集群。

此外，为深入挖掘海洋资源禀赋，发挥海洋优势，发展海洋经济，曹妃甸规划建设了"自由贸易制造承载区、海洋装备制造承载区、海洋化工承载区、滨海旅游业承载区"四大集中承载区，全力打造具有较强国际竞争力的现代海洋经济集聚区。

（二）打造河北自贸区建设的曹妃甸样板

中国（河北）自贸区曹妃甸片区是四个片区中唯一的沿海片区，使得曹妃甸获得了创新竞进突破的新空间，站在了全国新一轮改革开放的最前沿。曹妃甸片区要聚焦"建设东北亚经济合作引领区、临港经济创新示范区"功能定位，发挥深水大港、土地富集、平台众多等比较优势，把握"探索新模式、打造新平台、培育增长极"这一目标任务，选准自贸区突破竞进的引爆点，努力走出一条具有唐山特色的自贸区发展新路。

打造河北自贸区建设的曹妃甸样板，必须瞄准建设东北亚经济合作引领区、临港经济创新示范区的功能定位，以制度创新为核心，开掘释放自贸区激活力、促开放的综合带动效应。特别要强化创新不是管出来的而是靠放出来的理念，发挥沿海深港等比较优势，以自贸区为引爆点探索与开放战略相匹配、与国际通行规则相衔接的新体制新模式，努力形成可复制可推广的唐山曹妃甸经验。要发挥畅达全球的沿海优势，聚力构建开放型经济新体制，在推进东北亚经济合作上先行引领。依托港口辐射优势，加快建立多式联运中心、国际海运快件监管中心和国际船舶备件供船公共平台，加强与中东欧、日韩等国家创新合作，打造东北亚经济合作窗口和开放型经济合作的"桥头堡"。要发挥基础雄厚的产业优势，聚力探索产业开放发展新模式，在培育壮大临港经济上创新示范。全力推动国际大宗商品贸易、港航服务、能源储配、高端装备制造等产业开放发展，打造国家进口高端装备再制造产业示范园区、国际商贸物流重要枢纽。要发挥平台集中的政策优势，聚力推动贸易转型升级新实践，大胆探索自贸＋综保＋跨境电商新模式，拓展矿石混配、能源储配及钢铁、木材等大宗商品交易，提升跨境贸易、投融资结算便利化水平，打造总量万亿级、税收百亿元的国际商贸物流产业集群，在打造开放发展先行区上担当重任。

未来曹妃甸片区将立足优势互补，连接辽宁、天津，形成统一对外开放窗口，发挥好区域协同效应和各自产业优势，打造抢占科技发展制高点的新兴产业集群，形成新的区域经济增长极，促进环渤海地区的加速崛起。

借助蒙冀铁路和深水大港优势，随着中欧班列的开通和蒙古国出海口的建设，通过发展多式联运体系，优化环渤海区域功能，可将曹妃甸建成内向京津、外联东北亚及俄罗斯远东地区大通道，推动大宗商品、高端装备制造业、新型贸易业态以及国际物流与航运服务集聚，加强我国与"一带一路"沿线国家特别是俄、蒙、欧的经贸合作，形成全方位、宽领域、多层次、内外融通的大开放格局。

曹妃甸片区还将是唐山市建设"东北亚地区经济合作的窗口城市"的引领区。随着东北亚经济日趋活跃，建设曹妃甸片区，通过创新贸易便利化和投资自由化措施，能够有效吸引东北亚特别是日韩企业来唐山投资兴业，发展新兴贸易业态，构建中日韩三国合作的产业链，有力推进唐山地区对外贸易的发展。

围绕功能定位，加快转变政府职能，打造国际一流营商环境；深化投资领域改革，深入推进投资自由化便利化，完善投资促进和投资保护机制；推动贸易产业升级，提升贸易便利化水平，支持开展国际大宗商品贸易，建设国际商贸物流重要枢纽；深化金融领域开放创新；推动高端高新产业开放发展，支持装备制造产业开放创新；推动京津冀协同发展，推动区域产业协同创新，促进要素跨区域流动，走出一条有序承接北京非首都功能疏解和产业转移、建设一批战略性新兴产业和高技术产业基地的自主创新道路，总结一批具有曹妃甸特色、符合唐山实际、可操作性强的经验做法，形成一批可复制、可推广的改革创新成果，为唐山地区深化改革、扩大开放、加快发展探索路径、创造经验，推动形成京津冀协同开放、区域错位、各具特色的发展格局。

在开展国际大宗商品贸易方面，未来，曹妃甸片区将依托现有交易场所，开展矿石、钢铁、煤炭、木材、天然气、粮食、食糖等大宗商品现货交易。建设大宗商品期货保税交割仓库、跨境交易平台。开展矿石混配业务，完善仓储、分销、加工及配送体系，完成曹妃甸国际大宗商品贸易新跨越。

在加快临港产业发展方面，曹妃甸片区将设立多式联运中心，培育发展航运企业。设立航运保险机构和国际船舶备件供船公共平台、设备翻新中心和船舶配件市场。开展平行进口汽车试点。建设国际海运快件监管中心，促进曹妃甸由集疏大港向贸易大港转变。

发展国际能源储配贸易。曹妃甸片区将开展成品油和保税燃料油交割、仓储，允许区内企业开展不同税号下保税油品混兑调和。建设液化天然气（LNG）储运设施，完善配送体系，促成曹妃甸国际能源储配贸易新发展。

支持装备制造产业开放创新。未来，曹妃甸片区将建设国家进口高端装备再制造产业示范园区，试点数控机床、石油钻采产品等高附加值大型成套设备及关键零部件进口再制造。放宽高端装备制造产品售后维修进出口管理，适当延长售后维修设备和备件返厂期限。允许进口入境期限不超过一年的二手研发专用关键设备，实现曹妃甸高端制造产业新突破。

唐山曹妃甸改革开放站在了全国新一轮改革开放的最前沿，高标准高质量推进自由贸易试验区曹妃甸片区建设，努力打造河北自贸区建设的曹妃甸样板，全力构建新时代改革开放新高地，既是光荣使命，也是唐山和曹妃甸未来发展的重大机遇。

（三）践行京津冀协同发展国家战略，打造京冀协同发展示范区

曹妃甸作为京冀两地共同打造的协同发展示范区，践行京津冀协同发展

国家战略，落实习近平总书记"三个努力建成"重要指示，曹妃甸已经成为河北沿海经济发展的增长极，京津冀聚焦、海内外青睐的创业宝地。河北自贸区曹妃甸片区作为唯一沿海片区，综合大港、土地富集、空间广阔等比较优势将更加彰显，国家级石化产业基地、综合保税区、跨境电商试验区等政策红利将提速释放，推动曹妃甸步入产业集聚、活力迸发、跨越发展的新阶段。

早在 2014 年 7 月，京冀《共同打造曹妃甸协同发展示范区框架协议》签署，决定在曹妃甸新城共同打造宜居宜业的现代化新城。随后，在曹妃甸新城核心区域，规划了 4.6 平方千米的北京（曹妃甸）现代产业发展试验区、产城融合先行启动区。经过调研，曹妃甸新城制定了"产促城、城兴产，产城融合"的发展方略，推动大数据产业、科技创新产业、智能装备产业发展。

作为承接北京非首都功能疏解和产业、人口转移的主平台，曹妃甸新城在先行启动区引入以首钢集团为主体的平台公司，在区域内投资开发，未来还将打造京冀协同发展创新中心、首钢现代服务集聚区。

以产城融合先行启动区为载体，曹妃甸新城按照"互联网＋城市"的发展理念，围绕万物互联、云计算、区块链等新技术的应用推广，规划建设了具有自主知识产权的"大数据产业园"和"创新产业平台"。

作为京津冀协同发展战略重要平台和唐山市"一港双城"建设核心承载区，进一步加速产业集聚，积极疏解北京非首都功能，加快曹妃甸新城的规划建设，努力成为"三个走在前列"示范区、"三个努力建成"排头兵和建设国际化沿海强市主力军。如今的曹妃甸，正加快推进港口、产业、教育、城市融合发展，在努力把唐山建成东北亚地区经济合作窗口城市、环渤海地区新型工业化基地、首都经济圈重要支点进程中发挥着越来越重要的作用。

（四）聚集先进要素，积极融入世界经济大循环

曹妃甸片区将助推唐山进一步加快全面开放，聚集先进要素，积极融入世界经济大循环。唐山是一座深植开放基因的沿海城市。从 1878 年洋务运动在唐山建煤矿、兴铁路至今，扩大开放始终是唐山发展的灵魂和路径。曹妃甸作为唐山的开放前沿，不仅拥有中日韩循环经济示范基地、国家级石化产业基地、河北省首个综合保税区、跨境电商综试区等国家级"金字招牌"，随着此次自贸片区的获批，更站在了全国新一轮扩大开放的最前沿。通过扩大外商投资领域、建设新型贸易监管体系和放宽资本运营管理准入条件等试验，实现投资自由化、贸易便利化、金融国际化"三大提升"。以曹妃甸片区为先

导，在更深层次、更宽领域、更多渠道参与国际分工合作，吸引聚集资金、人才、管理、品牌、货物等国内外先进生产要素，构建起陆海内外协调联动、与世界经济联系更加紧密的新时代全面开放新格局，加快建成东北亚经济合作的引领区。

（五）打造创新竞进的示范引领区

进一步深化改革，释放平台红利，打造创新竞进的示范引领区。建好曹妃甸片区，不是打造政策洼地而是建成创新高地，不是简单优化程序而是开展首创性探索，不是靠管而是靠放。曹妃甸片区应大胆自主创新，勇闯改革"深水区"，深度开掘释放自贸试验区对全市激活力、促开放的综合带动效应。在具体实践中，将重点实现"三个转变"。主要包括：将曹妃甸片区的创新试验成果，有步骤、分阶段地进行复制推广，促进功能叠加、资源共享和优势互补，实现创新成果由单点突破向全域协同转变；加大政府机构特别是海事、海关、边检等口岸联检单位的"放管服"改革力度，强化事中事后监管，以放权简政、提效降费激发市场主体活力动力，实现政府职能由重监管向重服务转变；进一步加大外资管理、贸易监管、金融开放等领域的制度创新，加快形成更加规范化、透明化、国际化、法治化和统一开放、竞争有序的现代市场体系，实现营商环境由政策引导向制度创新转变。

（六）深度参与"一带一路"建设　打造"一带一路"重要航运枢纽

利用深水大港优势，曹妃甸深度参与"一带一路"建设，建设"大港口"，发展"大贸易"，开辟"大通道"，做好"大服务"，以港口带动曹妃甸腾飞，引领唐山以陆向海、通达世界。目前，曹妃甸正全面提升港口能级，推进迁曹线扩能改造，建设汉南线，快速推进编组站、集装箱专用线等工程，加快装车线系统扩能建设，推动大宗货物运输实现"公转铁"，构建科学合理的海铁联运体系；设立内陆港，常态化运营中欧班列，成为"一带一路"重要航运枢纽。打造3000万吨LNG、2亿吨铁矿石、3亿吨煤炭、5000万吨原油、5000万吨精品钢材、500万方木材六大物流贸易中心，统筹打造港口金融中心和信息中心，大力发展供应链金融和离岸金融服务，发布进口铁矿石价格指数、动力煤离岸价格指数、进口煤炭价格指数、食糖价格指数，打造国家原油、食糖战略储备基地；建立铁矿石、煤炭、食糖期货中心和交割中心，构建开放型经济新体制。利用整车汽车、肉类、水果口岸资质和跨境电商综试区，做大国际贸易。探索邮轮母港经济，吸引邮轮公司开通航线，将曹妃甸作为母港注册地。加快自贸区申报，持续深化与天津港合作，打造世界自由贸易港群。

（七）打造现代产业聚集区，当好环渤海新型工业化基地的示范区

产业是曹妃甸开放开发的根本任务，当下的曹妃甸，精品钢铁、现代化工、装备制造等主导产业框架基本形成，新材料、新一代信息技术、人工智能等战略性新兴产业方兴未艾，临港产业正在加快聚集。贯彻新发展理念，围绕唐山"4＋5＋4"现代产业体系，结合曹妃甸实际，做强主导产业、做大新兴产业、做优生产性服务业，引领动能转换、绿色发展。做强精品钢铁、现代化工、装备制造三大主导产业。建成环渤海最大的精品钢材基地、重型装备生产基地和世界一流的临港石化基地、海洋化工基地，推动传统产业迈向中高端。

做大新材料、新一代信息技术、高端装备制造、节能环保、新能源汽车五大新兴产业，做优现代物流、现代金融、现代旅游、研发设计四大生产性服务业，发展融资租赁，建设运营好相关数据产业园、产业研究院和国家级新材料研究院，为高质量发展厚植根基、注入动力。

（八）做强临港产业，建设国际一流综合贸易大港

曹妃甸岛前500米水深达25米，是环渤海范围内唯一不需开挖航道和疏浚维护即可建设30万吨至40万吨级大型泊位的钻石级港址。曹妃甸全力打造世界一流综合贸易大港，由集疏大港向综合贸易大港转身。围绕港口经济贸易功能、集疏运通道、政策体制创新3个方面激发港口发展活力。

在海上，曹妃甸港凭借港口优势，通过40万吨巨轮积极参与"21世纪海上丝绸之路"建设。曹妃甸港开拓对外新航线，积极开发日韩、东南亚等地区的货源市场，开辟日韩直通航线。

在陆上，曹妃甸凭借便捷的铁路公路网络，向北通过蒙冀、大秦铁路与"丝绸之路经济带"相连。2018年6月底通车的唐曹铁路未来将与京唐城际铁路相连，贯通后76分钟可达北京。依托蒙冀、大秦铁路，曹妃甸可直达蒙古国、西伯利亚，直至欧洲。曹妃甸港已开通包头、二连浩特、乌兰察布、石嘴山、阿拉山口、满洲里6个内陆港的航线，建成以曹妃甸港为中转港、以大陆桥为纽带、联通亚欧的新型贸易大通道。曹妃甸水路、铁路、公路"三路"并进，致力于服务"买全球、卖全球"的贸易大格局。

（九）港口业务向上下游产业延伸

做强港口，以建设世界一流大港为标准，提升港口规划，科学划分功能区，合理布局项目，以优质资源聚集临港产业，精准发力，大规模走出去、

高水平请进来、大视野谈合作，大力发展港口贸易，着力推动大宗商品交易平台项目建设，加快引进各类港口贸易企业，加快推动曹妃甸港由集疏大港向综合贸易大港转型升级。曹妃甸港在已建成的矿石、煤炭、钢材、木材、原油、LNG、集装箱、液体化工等不同种类码头基础上，积极谋划汽车滚装码头、旅游码头、综合补给码头等更多类型的码头项目。打造矿石、煤炭、钢材、LNG、木材、原油六大商品交易中心。曹妃甸港业务正逐步由传统装卸仓储服务向上下游产业延伸，形成加工、商贸、物流、金融、信息等整体互动链条。

（十）全面打造曹妃甸高质量发展之路

全面推进曹妃甸高质量发展，围绕加快"三个努力建成"步伐、实现"两个率先"目标，按照"一港双城"战略部署，坚持世界眼光、国际标准、唐山特色，走港产城一体化发展之路，全面推进曹妃甸高质量发展，把曹妃甸打造成开放创新包容、宜居宜业宜游的现代化滨海新城，打造成全域覆盖、全面统筹、全方位推进的新发展理念示范之城，以质为先、结构优化、绿色循环的现代产业聚集之城，以港布产、以产兴城、以城促港的港产城融合发展之城，海碧岸绿、湾美滩净、蓝绿交织的生态宜居品质之城，开放包容、改革突破、活力迸发的创新驱动引领之城，从而在建设东北亚地区经济合作窗口城市中发挥引领作用，在建设环渤海地区新型工业化基地中发挥示范作用，在建设首都经济圈重要支点中发挥集聚作用。

曹妃甸的发展一直得到了党中央、国务院的亲切关怀和省委、省政府的大力支持，拥有重大平台、天然深水良港、产业基础良好、海洋资源丰富、自然条件优越、基础设施完善、产教城融合等诸多得天独厚的比较优势。同时，面临着"一带一路"建设、环渤海地区加速崛起、京津冀协同发展、"一港双城"建设等重大机遇。把握住重大战略机遇，为打造曹妃甸现代化滨海新城注入强劲动力，实现借力崛起、跨越发展，推动曹妃甸步入高质量发展阶段。

以习近平新时代中国特色社会主义思想为指导，坚持新发展理念，坚持高质量发展，坚持以世界眼光、国际视野、战略思维谋划曹妃甸发展，围绕建设现代化产业聚集区、世界一流综合贸易大港、生态宜居品质之城，深入落实"一港双城"战略，走港产融合、产城融合、港城融合、城市与自然融合发展之路，把曹妃甸加快打造成开放创新包容、宜居宜业宜游的现代化滨海新城。

全面推进曹妃甸高质量发展，打造现代化滨海新城，要坚持港产城一体化发展，推动曹妃甸大发展、快发展、高质量发展。重点要突出港口功能提升，在加快建设世界一流综合贸易大港上取得新突破；要突出提升产业聚集度，在加快构建现代产业体系上开拓新实践；要突出宜居宜业宜游，在彰显滨海新城特色上展示新风貌；要突出改革开放创新，在激发曹妃甸内生动力上探索新路径。一座高质量发展的现代化滨海新城必然在渤海湾强势崛起。

（十一）加快曹妃甸"四大中心"建设发展

曹妃甸片区将助推唐山进一步发挥沿海有港优势，促进陆海统筹，加快建设环渤海地区重要增长极。唐山最大的优势是沿海，最核心的资源是港口。而曹妃甸片区作为河北自贸试验区中唯一的沿海片区，更是唐山滨海临港资源优势最为集中、最为突出的区域。随着曹妃甸片区的建设发展，做深做实经略海洋文章，积极推进贸易、能源、金融、航运、制造等产业的深度多维融合，加快"四大中心"建设发展。主要包括：以矿石、钢铁、煤炭、木材等为重点，集仓储、交易、加工于一身的大宗商品交易中心；以成品油、保税燃料油的交割、仓储和 LNG 接卸储运为重点的国际能源加工储配中心；以船舶经纪、检测检验、航运金融、融资租赁、供应链金融等现代高端港口后服务业为重点的北方航运服务中心；以海洋装备、重型装备、智能装备和新能源汽车等为重点的新型高端装备制造中心。通过创新推动"四大中心"建设发展，未来唐山将加快形成以曹妃甸为核心、沿海地区为重点，辐射带动全域的现代临港产业集群和经济创新示范区。

（十二）凸显人文和绿色建设理念 打造生态宜居品质之城

按照唐山市"一港双城"战略布局，谋划推进以曹妃甸新城为起步区、以国际旅游岛和龙岛为支撑，面积 200 平方千米、人口 200 万的创新开放包容、宜居宜业宜游的现代化滨海新城。加快规划修编，实现城市全域化，做到多规合一、陆海统筹、联动发展，在新起点上实现高水平的港产城一体化发展。加快完善基础设施，启动天津滨海新区到曹妃甸沿海城际高铁建设，实现 20 分钟抵津、1 小时入京。开工建设国际公寓、通用机场，谋划推进游艇小镇和游艇码头，发展滨海娱乐休闲、生态旅游，做大游艇产业，建立滨海康养基地，实现租售结合的房地产业持续健康发展，全域城市 300 米见绿、500 米见园，蓝绿空间占比大于 70%。加快产教城融合发展，加强湿地修复力度，保护海洋生态空间，实现蓝绿交织、海碧物丰、岸美滩净，全面彰显曹妃甸"大美海洋"的多姿多彩。

进入新时代，站上新起点，曹妃甸坚持以"三个努力建成"引领航向，深入落实"一港双城"战略，走港产城融合发展之路，以新时代改革开放再出发的坚定执着，加快打造开放创新包容、宜居宜业宜游的现代化滨海新城。

（十三）全力推动文化旅游产业融合高质量发展

曹妃甸新城文旅资源富集。吃，有虾美蟹肥、河豚鱼香；玩，有多玛乐园、龙岛戏水；更有南部工业游、北部研学游……曹妃甸新城将富集的文旅资源与发展的地产业连接起来，衍生出健康娱乐、会展酒店等具有竞争新优势的新兴产业集群。

在滨海西区，建设童乐园、亲子农庄以及独具特色的沙滩岸线，打造对外展示的亮丽风景线；在滨海东区，以海洋文化为主题，用包括旅游度假、健康养生、湖心营地等在内的产业链，构建大型国际滨海休闲生态区。

与此同时，依托稻田、河湖、鱼鸟、海岛、温泉等自然旅游资源，及渔盐、农垦、妈祖等历史文化资源，曹妃甸全力推动文化旅游产业融合高质量发展。旅游产业由"景区旅游"向"全域旅游"发展模式转变，"景、镇、村、路"四位一体的旅游发展新格局逐步形成，加快打造京津冀知名的滨海休闲旅游目的地。

加快旅游产业聚集和辐射，进行精品旅游项目提标，打造旅游核心吸引物，完善提升曹妃甸生态旅游度假区旅游产品和公共服务设施。优化服务和环境质量，强化"新、奇、特"核心竞争力，持续对产品进行精雕细琢，研发研学旅游产品，强力拓展营销方式和渠道。

充分利用南部海滨、海岛及海洋文化、妈祖文化、渔俗文化等特色资源，重点开发妈祖文化旅游区、海湾森林公园、沙滩浴场、休闲渔业等新业态旅游产品。

提质休闲农业和乡村旅游，大力发展特色餐饮、特色民宿和水上游乐项目，研发文创产品，丰富旅游业态，加大招商引资力度，擦亮全国乡村旅游重点村金字招牌。完善中国盐生植物园、十里荷乡、渔蟹稻乡园等旅游基础设施和服务功能，着力打造集农耕体验、观光采摘、科普教育、休闲旅游等为一体的休闲农业和乡村旅游点。

加快文旅产业融合发展，盘活曹妃甸深水大港、综合保税区、海水淡化等工业旅游资源，开发工业观光、研学旅游等旅游产品。大力发展具有时尚和消费引领的项目，不断壮大体育旅游发展，扩大旅游的活跃度和影响力。将蚕沙口妈祖庙会非遗文化植入旅游业态，让非遗"活"起来，深入研究

"非遗+展会""非遗+演艺""非遗+庙会文化"等跨界模式。打造独具特色的美食文化旅游名片。

塑造特色旅游品牌形象，精心打造旅游精品线路。丰富旅游业态、串联产品成线，把生态湿地游、妈祖文化游、海滨海岛游、港口工业游、研学体验游、魅力乡村游打造成精品线路。大力开发文创产品和旅游商品。做大做强曹妃甸文创基地，支持旅游景区开设文创产品、旅游商品专卖店或代售点，开发优质文旅产品，提高市场化、产业化、品牌化水平，打造一批高质量旅游购物基地。

来自曹妃甸的"礼物"——曹妃甸特色文化旅游商品展示：

曹妃湖大米：曹妃湖大米是曹妃甸区国家地理标志保护产品、河北省名牌产品。生长期运用生物、物理方法根治病、虫、草、害。从收粒、磨制到储藏，均在全封闭式进口米机设备内完成，无菌室内包装。它以晶莹剔透、微量元素丰富、米饭油性、黏性、香怡可口等特点而享誉南北。

河豚：曹妃甸海域河豚是国家地理标志保护产品，且种类众多，即使罕见的豹圆豚和刺河豚也曾有发现。它具有肉嫩细腻、味鲜绵厚等特点，蒸、煮、炖、生食均保持肉汁鲜美，令人回味悠长。

湿地河蟹：曹妃甸湿地河蟹是国家地理标志保护产品、河北省名牌产品。因出产地域而得名。《永平府志》和《滦县志》等史料均有记载。2012年北京"蟹岛杯"螃蟹品鉴大赛获"美味蟹王"称号。有诗这样称赞：肥蟹未剥馋涎落，手指粘腥洗也香。

布艺：曹妃甸手工布艺玩偶，独具匠心，现已形成布艺系列，注册"清水湾手创"商标。作品曾被指定为赠予英国交流团来青岛访问礼品，且远销日本、俄罗斯、澳大利亚、加拿大等国。

面塑：曹妃甸手工面塑属非物质遗产传承。在参加马来西亚等国大型艺术展时，曾被外国游客赞誉为代表"中国的雕塑"、是"立体的画、无声的戏"。蒙冀辽文化博览会上，面塑作品"大唐曹妃"荣获一等奖。

红木微雕：代表作为北京故宫太和殿缩影，以1∶100比例用红木微雕手艺做成。成百上千道工序，全靠手工精打细磨，制作之精细，堪比镂云裁月；人文之精美，可谓镂骨铭心。在幽静的微观世界展现独特魅力，令人洗濯心尘。

海产品：曹妃甸海产品均为原生态产品，海水养殖的鱼、虾、蟹全部采用鲜活饵料投喂，为无公害绿色产品。海产品加工独具特色，鲜冻对虾、烘干对虾、礼品虾、优质海米、海参、贝类、鱼类、鲜虾酱、虾油等多达二十多种。鲜、干水产品，品尝后回味无穷。

大米皂：大米皂是曹妃甸区开发的一项纯天然手工艺品。大米富含维生素 A、B、E、氨基酸和盐酸，能防止肌肤干燥、衰老，抗色素沉着。大米皂用大米和纯植物油脂混合制成，具有滋润美白、保湿补水、柔嫩皮肤等功效，被称作保养肌肤的"营养皂"。

窑变金圈釉：窑变金圈釉，是瓷器在烧制过程中通过窑变温度，使釉色发生不确定自然变化而得，属宋代八大名瓷之一。其中以曜变、油滴、兔毫最为珍贵。此产品极为名贵，有极高的收藏价值。曜变金圈釉产品配色凝重典雅，釉面晶莹光润，朵朵晶花错落有致，自然天成一幅美丽诱人的画面。

刻瓷：手工刻瓷艺术品是用刻刀、小锤微雕而成。它集书法、美术、篆刻为一体，在瓷器上如细线流水凿出逼真的画面。风景千姿百态，人物、动物形象传神。一品在手，传承百代。

（十四）唱响曹妃甸文化，打靓曹妃甸文化品牌

2005 年 2 月，国家正式批准首钢东迁曹妃甸。以此为标志，一场大规模的以现代大港口、大工业为主的开发建设高潮风起云涌。伴随着开发建设的兴起，曹妃甸不仅成为一个环渤海、环京津及唐山市新的开发区、新增长极的经济名片，也理所当然地成为一张靓丽的文化名片。在经济上不仅实现总量的增加，而且建立了以循环经济区开展综合改革的先行试点并积累了宝贵经验。国内外媒体广泛而全面地报道了为人们津津乐道的"曹妃甸速度"和"曹妃甸精神"。

"曹妃甸精神"是一种有特定内涵的文化符号。它的基本内容是"锲而不舍、勇于开拓的创业精神，精心谋划、审慎决策的科学精神，心系大局、团结互助的协作精神和真抓实干、艰苦奋斗的奉献精神"。它在曹妃甸这块"黄金宝地"上生成，又在曹妃甸这块希望的土地上延伸开去，激励着人们去创造更加美好的未来。

一种精神或者一种文化现象的产生，必然有其源远流长的历史渊由和波澜壮阔的时代背景。唐山是有着悠久历史、光荣传统和创造精神的沃土，冀东文化在中华文明史上占据厚重的板块并闪烁着耀眼的特质。尤其在近代，唐山开风气之先，为中国的现代工业文明做出了重大贡献。在这里诞生了第一桶机制水泥，第一座机械化矿井，第一条标准轨距铁路，第一台蒸汽机车和第一件卫生洁具，这几个"第一"使唐山享有"近代中国工业的摇篮"的

美誉。伴随着工业成长和社会进步而生成的人文精神，也日益彰显出它光芒四射的活力，这就是以爱国主义为核心价值取向，以开拓进取、无私奉献为时代特征，主线连贯，主题鲜明且一脉相承的新唐山人文精神。

什么是曹妃甸文化的内涵和特质呢？这就是：以冀东传统地域文化为根脉，以颂扬创业精神为主线，以反映波澜壮阔的改革建设成就为主要内容，以文学为主体，革命的现实主义和浪漫主义相结合，多形式、全方位、多角度的记录唐山曹妃甸地区的经济社会和人文现状，从而高扬旗帜、激励斗志，科学发展、促进和谐。具体体现在：

1. 地域特色鲜明。以滦河入海口和沿海潮间带为依托形成的村镇，任历史长河的冲刷、积淀，使这里的人们具有广阔的胸襟和视野，以捕鱼、耕作为谋生手段而派生出来的文化，既有海洋的宽广，亦有农耕的乐趣。

2. 开放包容融化。曹妃甸水陆兼通，既是历代漕运的水路码头，更是陆地联运的集散之地，同时也是九河下梢、关里关外的东西走廊。因此这里得风气之先，汇四方货物，集八方文化，从明清乃至近现代亦有大批移民迁入，其开放性、包容性之大，不言而喻。

3. 紧扣时代主题的创新与提高。曹妃甸地区的人民吃苦耐劳、无私奉献、创新精神极强，在时代风云的变幻之中，他们亦是紧紧地扣住时代的主题，敢为人先，勇于创造，营造出丰富的物质成果和独树一帜的精神财富。并赋予鲜明的时代特色和地域印记，生生不息，传承提升，成为世代坚守的高地和精神哨所。

唱响曹妃甸文化，打靓曹妃甸文化品牌。唐山经过百年工业化进程的艰难探索，经过1976年唐山大地震的浴火重生、凤凰涅槃般的洗礼，已成为一座英雄的城市，感恩的城市，充满大爱的城市。南方冰冻，唐山13位农民兄弟的义举感动三湘，影响全国；汶川、玉树大地震，唐山的救援队第一时间到达灾区，捐款、捐物，救死扶伤，以无私奉献与回报赢得广泛尊重。这些是我们唐山、是曹妃甸的光荣，是我们必须永远珍惜的精神财富。"爱人者，人恒爱之"，我们一定要把这炽热的爱心传递下去，让社会主义核心价值观在我们的手中、在我们的笔下熠熠生辉，给人间以温暖，促社会以和谐。

唱响曹妃甸文化，打靓曹妃甸文化品牌，必须兼收并蓄，开拓创新。曹妃甸文化首先是开放包容的文化，又必须是昂扬向上、弃旧图新的文化。要把古今中外一切优秀的文化成果，不同流派、不同文化背景的东西拿来我用，取精用宏，去伪存真，在吸收继承中提炼精髓，在激浊扬清中明辨是非，在开拓创新中拓野提质。只有这样，曹妃甸文化才能真正成为一种有生命力的、雅俗共赏的特色文化；唯有海纳百川的胸襟，才能保证其生生不息、源远流长，做大做强、长盛不衰。

唱响曹妃甸文化，打靓曹妃甸文化品牌，必须大手笔、高站位做好规划，提升影响力。瞄准未来、谋划长远，以高起点的文化产业规划引领发展，使文化成为拉动曹妃甸经济社会发展的"又一组高速机车"。

余 论

第一节　研究启示

一、理论启示

本课题研究基于 Fairclough（1989）提出的三维批评话语分析模型，借鉴系统功能语言学和互文性理论，并结合了新闻传播学、社会经济学等其他相关学科知识，建立了从文本分析、话语实践和社会实践三个维度对雄安新区设立（2017 年 4 月 1 日）前后各一年内国家和河北省主流官方媒体报道关于曹妃甸发展舆情的汉语新闻标题定量和定性整体分析框架，充分体现了语言学与其他人文学科之间的相互融合，对未来学者在汉语和英语相关研究都将有所启发和帮助。

二、实践启示

本课题研究紧跟国家政策走向，有利于发挥媒体舆情汇集和分析机制的作用，可以发挥线上线下中央和省媒体引导舆论的作用，塑造良好的区域政府形象、增强区域政府感召力与凝聚力。

第二节　研究不足与展望

由于受到研究者水平和所收集语料等因素的限制，本课题研究尚存在一些不足之处。如果对这些不足之处进行改善，那么会对未来的相关研究具有一定的帮助作用。第一，本研究主要从 Fairclough 的社会文化视角对曹妃甸发展舆情进行研究，未来研究的分析框架可以进一步多元化；第二，由于篇幅限制本研究主要从词汇表达策略、语法等方面对语料库内新闻标题进行了分析和比较研究，未来的研究可以尝试其他方面，进一步丰富相关研究的结果与讨论；第三，尽管研究者采用了多人判断的方式和统一的判断标准提高了评估者信度，但是在具体操作过程中还是或多或少地存在着研究者个人的主观性。未来的相关研究需要在这一方面找到更加有效的方法，将研究者判定主观性减到最低程度；第四，本研究只是重点关注新闻语篇的标题部分，未来的研究可以在本研究的分析框架基础上，对新闻语篇正文等内容进行考察；第五，本研究的语料来源仅限国内外中文媒体，未来的研究可以将语料语种的选取从中文拓展至英文等其他语种。

参考文献

[1] Abdi, R. , & Basaratie, A. 2016. A critical analysis of the representation ofYemen crisis in ideologically – loaded newspaper headlines [J]. GEMA On-line © Journal of Language Studies, (3): 37 – 52.

[2] Baker, P. 2004. Querying keywords [J]. Journal of English Linguistics, 32: 346 – 359.

[3] Baker, P. & T. McEnery. 1996. A Corpus – based approach to discourses of refugees and asylum seekers in UN and newspaper texts [J]. Journal of Language and Politics, (2): 197 – 226.

[4] Baker, P. & T. McEnery. 2005. A corpus – based approach to discourses of refugees and asylum seekers in UN and newspaper text [J]. Language and Politics, (4): 197 – 226.

[5] Baker, P. et al. 2008. A useful methodological synergy? Combining critical discourse analysis and corpus linguistics to examine discourses of refugees and asylum seekers in theUK press [J]. Discourse and Society, 19: 273 – 306.

[6] Bell, A. 1991. The language of news media [M]. Oxford: Oxford University Press.

[7] Benoit, W. L. & Andrew A. K. 2006. A functional analysis of 2004 Ukrainian presidential debates [J]. Argumentation, 20 (2): 209 – 225.

[8] Bhatia, A. 2006. Critical discourse analysis of political press conferences [J]. Discourse and Society, 17 (2): 173 – 203.

[9] Blommaert, J. 2005. Discourse: A critical introduction [M]. Cambridge: Cambridge University Press.

[10] Bukhari, S. 2015. Comparative study of Urdu and English newspaper headlines ofPakistan: different representation, same news [J]. International

Journal of Humanities and Social Science, (10): 218 – 227.

[11] Cap, P. 2006. Legitimization in Political Discourse: A Cross – disciplinary Perspective on the Modern US War Rhetoric [M]. Newcastle: Cambridge Scholars Press.

[12] Cap, P. 2008. Towards the proximization model of the analysis of legitimization in political discourse [J]. Pragmatics, 40: 17 – 41.

[13] Cap, P, 2010. Axiological aspects of proximization [J]. Pragmatics, 42: 392 – 407.

[14] Cap, P. 2013. Proximization: The Pragmatics of Symbolic Distance Crossing [M]. Amsterdam: John Benjamins.

[15] Cap, P. 2014. Applying cognitive pragmatics to Critical Discourse Studies: A proximization analysis of three public space discourses [J]. Journal of Pragmatics, 70: 16 – 30.

[16] Chilton, P. 2005. Missing Links in Mainstream CDA: Modules, Blends and the Critical Discourse Analysis [M]. Amsterdam: JohnBenjamins.

[17] Chilton, P. & Ilyin M. 1993. Metaphor in political discourse: The case of the Common European House [J]. Discourse & Society, 4 (1): 7 – 31.

[18] Chilton, P. & Schäffner, C. 1997. Discourse and politics [A]. In van Dijk (ed.) . Discurse as social Interaction [C]. London: Sage. 206 – 230.

[19] Chilton, P. & Schäffner, C. 2002. Politics as Text and Talk: Analytic Approaches to Political Discourse [M]. Amsterdam: John Benjamins Publishing.

[20] Chouliaraki, L. & Fairclough, N. 1999. Discourse in Late Modernity: Rethinking Critical Discourse Analysis [M]. Edinburgh: Edinburgh University Press.

[21] Coe, K. & Neumann, R. 2011. Finding foreigners in American national identity: Presidential discourse, people and the international community [J]. International Journal of Communicaiton, 5: 819 – 840.

[22] Cohen, L. , Manion, L. & Morrison, K. 2018. Research Methods in Education (8th ed.) [M]. London/New York: Routledge.

[23] de Beaugrande, R. , & Dressler, W. 1981. Introduction to Text Linguistics [M]. London: Longman.

[24] Fairclough, N. 1989. Language and Power [M]. London/New York: Longman.

[25] Fairclough, N. 1992a. Critical Language Awareness [M]. London/New York: Longman.

[26] Fairclough, N. 1992b. Discourse and Social Change [M]. Cambridge: Polity Press.

[27] Fairclough, N. 1992c. Intertextuality in Critical Discourse Analysis [J]. Linguistics and Education, (6): 77 – 92.

[28] Fairclough, N. 1995a. Critical Discourse Analysis: The critical study of language [M]. London: Longman.

[29] Fairclough, N. 1995b. Media Discourse [M]. London: Edward Arnold.

[30] Fairclough, N. 2000a. New Labour, New Language? [M]. London: Routledge.

[31] Fairclough, N. 2000b. Discourse, Social Theory, and Social Research: The Discourse of Welfare Reform [J]. Journal of Sociolinguistics, (4): 167 – 168.

[32] Fairclough, N. 2003. Analyzing Discourse: Text Analysis for Social Research [M]. London: Routledge.

[33] Fairclough, N. 2010. Critical Discourse Analysis: The Critical Study of Language (2nd ed.) [M]. London: Person Education.

[34] Fairclough, N., & Wodak, R. 1997. Critical Discourse Analysis [A]. In T. van Dijk. Discourse as social interaction [C]. London: Sage. 258 – 284.

[35] Firth, J. R. 1957. Papers in Linguistics 1934 – 1951 [M]. London: Oxford University Press.

[36] Flowerdew, J. 1991. Pragmatic modifications on the " representative " speech act of defining [J]. Journal of Pragmatics, 15: 253 – 264.

[37] Flowerdew, J. 1996. Discourse and Social Change in Contemporary Hongkong [J]. Language in Society, 25 (4): 557 – 586.

[38] Flowerdew, J. 1997a. The discourse of colonial withdrawal: A case study in the creation of mythic discourse [J]. Discourse and Society, 8: 453 – 447.

[39] Flowerdew, J. 1997b. Reproduction resistance and joint production of lan-

guage power: A Hongkong case study [J]. Journal of Pragmatics, 27: 315 -337.

[40] Flowerdew, J. 2004. Identity politics and Hongkong's return to Chinese sovereignty: Analyzing the discourse of Hongkong's first chief executive [J]. Journal of Pragmatics, 36: 1551 – 1578.

[41] Foucault, M. (ed. Colin Gordon). 1980. Power/Knowledge: Selected Interviews and Other Writings [M]. New York: Pantheon Books.

[42] Fowler, R. 1986. Linguistic Criticism [M]. Oxford: Oxford University Press.

[43] Fowler, R. 1991. Language in the News: Discourse and Ideology in the Press [M]. London: Routledge.

[44] Fowler, R. et al. 1979. Language and Control [M]. London: Rout – ledge & Kegan Paul.

[45] Gabrielatos, C. & P. Baker. 2008. Fleering, sneaking, flooding: a corpus analysis of discursive constructions of refugees and asylum seekers in the UK Press 1996 – 2005 [J]. Journal of Eng [46] lish Linguistics, (1): 5 -38.

[47] Halliday, M. A. K. 1966/1976. Some notes on "deep" grammar. In Halliday, M. A. K. System and Function in Language: Selected Papers by M. A. K. Halliday [M]. London: Oxford University Press.

[48] Halliday, M. A. K. 1970. Language Structure and Language Function [M]. In Lyons (ed.), New Horizons in Linguistics. London: Penguin.

[49] Halliday, M. A. K. 1973. Explorations in the Functions of Language [M]. London: Edward Arnold.

[50] Halliday, M. A. K. 1978. Language As Social Semiotic: The Social Interpretation of Language and Meaning [M]. London: Edward Arnold.

[51] Halliday, M. A. K. 1985. An introduction to Functional Grammar [M]. London: Edward Arnold.

[52] Halliday, M. A. K. 1994/2000. An introduction to Functional Grammar (2nded.) [M]. London: Arnold/Beijing: Foreign Language Teaching and Research Press.

[53] Halliday, M. A. K., & Matthiessen, C. M. I. M. 2004/2008. An intro-

duction to Functional Grammar（3rded.）［M］. London：Arnold/Beijing：Foreign Language Teaching and Research Press.

［54］Hamilton. 2001. Handbook of discourse analysis［C］. Oxford：Blackwell. 352 – 371.

［55］Hardt – Mautner, G 1995. 'Only connect'：Critical Discourse Analysis and Corpus Linguistics（UCREL Technical Paper 6）［Z］. Lancaster：University of Lancaster.

［56］Hodge, B. , Kress, G. , & Jones, G. 1979. The ideology of management［A］. In Fowler et al. Language and control［C］. London：Routledge. 81.

［57］Hodge, R. & Kress, G. 1988. Social Semiotics［M］. Cambridge：Polity Press.

［58］Hunt, S. 2011. The Discour sal Construction of Female Physical Identity in Selected Works in Children's Literature［D］. Rhodes University, Grahamstown, South Africa.

［59］Jaworska, S. & R. Krishnamurthy. 2012. On the F word：A corpus – based analysis of the media representation of feminism in British and German press discourse 1990 – 2009［J］. Discourse and Society, （4）：401 – 431.

［60］Keong, Y. C. , Naim, S. , & Zamri, N. D. M. 2014. Online news report headlines of educationMalaysia global services［J］. Jurnal Komunikasi：Malaysian Journal of Communication, （2）：159 – 182.

［61］Kirsten Malmkjaer. 1991. The linguistics encyclopedia［M］. London：Routledge.

［62］Krishnamurthy, R. 1996. Ethnic, racial and tribal：The language of racism? ［A］. C. R. Caldas – Coulthard & M. Coulthard（eds. ）. Texts and Practices：Readings in Critical Discourse Analysis［C］. London：Routledge. 129 – 149.

［63］Kristeva, J. Semeiotike. 1969. Recherches pour une semanalyse［A］. Paris：Seuil（translated as Desire in Language：a Semiotic Approach to Liter – ature and Art［C］. edited by L. S. Roudiez, translated by A. Jardine, T. A. Gora and L. S. Roudiez）. Oxford：Blackwell.

［64］Lakoff, R. 1990. Talking power：The Politeness of Language［M］, New York：Basic Books.

[65] Levanova, A. 2004. Ideological Premises in Political Discourse Generation: An Example fromRussia [A]. In T. A. van Dijk (ed.). Communicating Ideologies [C]. Frankfurt: Peter Lang Gmbh. 439 – 462.

[66] Leech G. , & Svartvik J. 1985. A communicative grammar of English [M]. Singapore: Longman.

[67] Liambo, E. Y. , & Triyono, S. 2018. Ideology in translating news headline: A Critical Discourse Analysis point of view [A]. In Proceedings of the International Conference of Communication Science Research (ICCSR 2018) [C]. Atlantis: Atlantis Press. 241 – 245.

[68] McEnery, A. , R. Xiao & Y. Tono. 2006. Corpus – based Language Studies: An Advanced Resource Book [M]. London: Routledge.

[69] McNair, B. 1995. An Introduction to Political Communication [M]. London: Routledge.

[70] Marijana Dragaš. 2011. Gender Relations in Daily Newspaper Headlines: the Representation of Gender Inequality with Respect to the Media Representation of Women (Critical Discourse Analysis) [J]. Studia Humana, 67 – 78.

[71] Martin, J. R. , Matthiessen, C. M. I. M. , & Painter, C. 2010. Deploying Functional Grammar [M]. Beijing: The Commercial Press.

[72] Min S. J. 1997. Constructing ideology: A critical linguistic analysis [J]. Studies in the Linguistic Sciences, (2): 147 – 166.

[73] Nyanta, D. , Ankrah, G. K. , & Kwasi, O. 2017. Gendered discourse: A Critical Discourse Analysis of newspaper headlines inGhana [J]. World Wide Journal of Multidisciplinary Research and Development, (6): 25 – 31.

[74] Qian Y. F. 2008. Discursive Constructions around Terrorism in the People's Daily and The Sun before and after 9. 11 [D]. England: Lancaster University.

[75] Ricento, T. 2003. The Discursive Construction of Americanism [J]. Discourse and Society, 14 (5): 611 – 637.

[76] Richardson, John E. 2007. Analyzing Newspapers: An Approach from Critical Discourse Analysis [M]. New York: Palgrave Macmillan.

[77] Sajjad F. 2013. Critical Discourse Analysis of News Headline about Imran Khna's Peace March towards Wazaristan [J]. Iosrjournals Org, 7 (3): 18

-24.

[78] Sarfo, E. & Krampa, E. A. 2012. Language at war: A critical discourse a-nalysis of speeches of Bush and Obama on terrorism [J]. International Jour-nal of Social Sciences and Education, 3 (2).

[79] Scott, M. 2004. WordSmith Tools Version 4 [M]. Oxford: OUP.

[80] Sipra, M. A. & Rashid, A. 2013. Critical Discourse Analysis of Martin Lu-ther King's Speech in Socio - Political Perspective [J]. Advances in Lan-guage and Literary Studies, 4 (1): 27 -33.

[81] Stubbs, M. 1996. Text and Corpus Analysis [M]. Oxford: Blackwell Pub-lishers.

[82] Stubbs, M. 1997. Whorfs Children: Critical Comments on Critical Discourse Analysis [A]. In A. Ryan & A. Wray (eds.) . Evolving Models of Lan-guage [C]. Clevedon: Multilingual Matters.

[83] Stubbs, M. 2001. Computer - assisted text and corpus analysis: Lexical co-hesion and communicative competence [A]. In D. Schif&in, D. Tannen & H. Hamilton (eds.) . The Handbook of Discourse Analysis [C], Oxford: Blackwell. 304 -320.

[84] Taiwo R. 2007. Language, Ideology and Power Relations in Nigerian News-paper Headlines [J]. Nebula: 218 -245.

[85] Thompson, G. 2000. Introducing Functional Grammar [M]. Beijing: For-eign Language Teaching and Research Press.

[86] Thompson, J. B. 1990. Ideology and modern culture [M]. Cambridge: Policy Press.

[87] Torkington, K. , & Ribeiro, F. P. 2019. 'What are these people: mi-grants, immigrants, refugees?': Migration - related terminology and repre-sentations in Portuguese digital press headlines [J]. Discourse, Context & Media, 27: 22 -31.

[88] van Dijk, T. A. 1981. Studies in the Pragmatics of Discourse [M]. The Hague: Mouton.

[89] van Dijk, T. A. 1993. Principles of Critical Discourse Analysis [J]. Dis-course & Society, 4 (2): 249 -283.

[90] van Dijk, T. A. 1995. Discourse semantics and ideology [M]. Newbury

Park，CA：Sage Publications Inc.

［91］van Dijk，T. A. 1997. What is political discourse analysis ［J］. Belgian Journal of Linguistics，11 (1)：11–52.

［92］van Dijk，T. A. 1998a. Ideology：A Multidisciplinary Approach ［M］. London：Sage Publications.

［93］van Dijk，T. A. 1998b. News as Discourse ［M］. New Jersey：Lawrence Erlbaum Associate.

［94］van Dijk，T. A. 2001. Critical Discourse Analysis ［A］. In D. Schiffiin，D. Ihnnen，& H.

［95］van Dijk，T. A. 2005. War rhetoric of a little ally：Political implicatures and Aznars legitimatization of the war in Iraq ［J］. Journal of Language and Politics，4 (1)：65–91.

［96］van Leeuwen. T. A. 2008. Discourse and Practice：New Tools for Critical Discourse Analysis ［M］. Oxford：Oxford University Press.

［97］van Dijk，T. A. 2009. Critical discourse studies：A sociocognitive approach ［J］. Methods of Critical Discourse Analysis，2 (1)：62–86.

［98］van Leeuwen，T. & Wodak，R. 1999. Legitimizing immigration control：a discourse – historical analysis ［J］. Discourse Studies，1 (1)：83–118.

［99］Widdowson，H. G 1995. Discourse Analysis：A Critical View ［J］. Language and Literature，(3)：157–172.

［100］Wilson，J. 1990. Politically Speaking：the Pragmatic Analysis of Political Language ［M］. Oxford：Blackwell.

［101］Wodak，R. 1989. Language, Power and Ideology：Studies in political discourse ［M］. Amsterdam：Benjamins.

［102］Wodak，R. 2001. The discourse – historical approach ［A］. In R. Wodak，& M. Meyer. Methods of Critical Discourse Analysis ［C］. London：Sage Publications. 63–94.

［103］白丽娜，巢宗祺. 2014. 空间的制约与语言的表达——基于汉语报刊新闻标题的考察 ［J］. 语言文字应用，(3)：142.

［104］曹健，秦荣环，孙会清，杜鑫. 2015. 曹妃甸信息保障体系 SWOT 分析及构建策略研究 ［J］. 情报探索，(9)：64–67.

［105］车俊峰. 2017. 新闻标题的批评话语分析：以中美主流报纸关于南海问

题报道的新闻标题为例 ［D］. 呼和浩特：内蒙古师范大学.

［106］陈昌来. 2012. 应用语言学导论 ［M］. 北京：商务印书馆.

［107］陈丽江. 2006. 中国的批评语言学研究综观 ［J］. 外语教学，（06）：31 – 35.

［108］陈丽江. 2007. 文化语境和政治话语 ［D］. 上海：上海外国语大学.

［109］陈明芳，张献. 2011. 从新闻标题及事件报道看话语的霸权意识——基于 CNN 对 3·14 西藏事件报道的批评话语分析 ［J］. 西安石油大学学报（社会科学版），20（03）：98 – 102.

［110］陈群. 2006. 报纸标题的标点修辞 ［J］. 修辞学习，（6）：39 – 40.

［111］陈爽. 2012. 英语新闻标题的批评性话语分析——理论评述和实例分析 ［J］. 赤峰学院学报（自然科学版），28（02）：200 – 201.

［112］陈晓月. 2014.《人民日报》《南方周末》《南方都市报》中农民工相关新闻的批评话语分析 ［D］. 武汉：华中师范大学.

［113］陈中竺. 1995. 批评语言学述评 ［J］. 外语教学与研究，（1）：21 – 27.

［114］楚军，周军. 2006. 报纸新闻标题的功能研究 ［J］. 四川外语学院学报，（4）：89 – 93.

［115］崔瑞国. 2012. 新闻标题的批评话语分析 ［J］. 海外英语，（20）：225 – 226.

［116］崔少芳. 2017. 对中国及英美主流媒体"习马会"报道的批评话语分析 ［D］. 呼和浩特：内蒙古师范大学.

［117］戴炜华，高军. 2002. 批评语篇分析：理论评述和实例分析 ［J］. 外国语，（6）：42 – 48.

［118］丁柏铨. 2013. 自媒体时代的舆论格局与舆情研判 ［J］. 天津社会科学，（6）：37 – 43.

［119］丁建新，廖益清. 2001. 批评话语分析评述 ［J］. 当代语言学，3（1）：305 – 310.

［120］董又能. 2010. 英文新闻标题的批评话语分析 ［J］. 新闻爱好者，（12）：116 – 117.

［121］窦卫霖. 2011. 中美官方话语的比较研究 ［M］. 上海：上海外语教育出版社.

［122］窦卫霖，陈丹红. 2009. 对中美国家领导人演讲中的互文性现象的批评性话语分析 ［J］. 外语与外语教学，（11）：12 – 15.

［123］窦卫霖，杜海紫，苏丹．2012．中美政府国防白皮书与国家身份的构建［J］．华东师范大学学报（哲学社会科学版），3：12．

［124］杜炜．2018．曹妃甸工业园区循环经济产业链构建研究［D］．成都：西南交通大学．

［125］方中华．2014．曹妃甸甸头深槽灾害地质因素研究及稳定性分析［D］．青岛：中国海洋大学．

［126］高丽娟．2010．从网络新闻标题看跨文化传播意识的差异［J］．求索，（1）：193 – 194．

［127］高玉华．2011．从批评话语分析角度探析新闻英语标题的互文性［J］．聊城大学学报（社会科学版），（2）：176 – 177．

［128］龚文静，龚旻，李红霞．2015．英语新闻标题与导语的批评性话语分析——以美国 CNN 英语新闻标题和导语为例［J］．长春理工大学学报（社会科学版），28（4）：110 – 114．

［129］关恩娣．2012．对《中国日报》与《纽约时报》关于日本大地震报道的批评话语分析［D］．南京：南京师范大学．

［130］郭金英．2017．天津自贸区媒体形象建构—以《天津日报》相关报道的话语分析为例［J］．话语研究论丛，（1）：96 – 107．

［131］郭振宇．2016．曹妃甸港港口物流发展战略研究［D］．秦皇岛：燕山大学．

［132］何安平．2004．语料库语言学与英语教学［M］．北京：外语教学与研究出版社．

［133］何伟等．2016．汉语功能语义分析［M］．北京：外语教学与研究出版社．

［134］贺阳．1992．试论汉语书面语的语气系统［J］．中国人民大学学报，（5）：59 – 66．

［135］胡安奇，肖坤学．2019．2018 年国内批评话语分析研究综述［J］．天津外国语大学学报，（5）：135 – 148．

［136］胡聪，于定勇，赵博博．2014．围填海工程对海洋资源影响评价：以曹妃甸为例［J］．城市环境与城市生态，（1）：42 – 46．

［137］胡开宝，李晓倩．2015．语料库批评译学：内涵与意义［J］．中国外语，12（1）：90 – 100．

［138］胡雯．2009．费尔克拉夫话语分析观述评［J］．牡丹江大学学报，18

（6）：63 – 65.

[139] 胡晓静. 2019. 国内批评话语分析的研究现状及发展趋势 ［J］. 河南
工业大学学报（社会科学版），（2）：86 – 92.

[140] 胡壮麟. 1994. 语篇的衔接与连贯 ［M］. 上海：上海外语教育出版社.

[141] 胡壮麟. 2005. 系统功能语言学概论 ［M］. 北京：北京大学出版社.

[142] 胡壮麟. 2013. 语言学教程（第四版）［M］. 北京：北京大学出版社.

[143] 黄伯荣，廖旭东. 2011. 现代汉语（增订五版·下册）［M］. 北京：高
等教育出版社.

[144] 黄冠，刘伟民. 2018. 曹妃甸冷链运输需求分析研究 ［J］. 中国物流与
采购，（21）：48 – 49.

[145] 黄国文. 2000. 系统功能语言学在中国20年回顾 ［J］. 外语与外语教
学，（5）：50 – 53.

[146] 黄国文，徐珺. 2006. 语篇与话语分析 ［J］. 外语与外语教学，（10）：
1 – 6.

[147] 黄敏. 2008. 事实报道与话语倾向—新闻中引语的元语用学研究 ［J］.
新闻与传播研究，（2）：10 – 16.

[148] 黄念然. 1999. 当代西方文论中的互文性理论 ［J］. 外国文学研究，
（1）：15 – 21.

[149] 惠长征. 2006. 英语政治新闻报道的批评性话语分析 ［D］. 曲阜：曲
阜师范大学.

[150] 纪卫宁. 2006. 二十五年的风雨历程——批评话语分析国内外发展概
况评述 ［J］. 聊城大学学报（社会科学版），（5）：113 – 114, 122.

[151] 纪卫宁，辛斌. 2009. 费尔克劳夫的批评话语分析思想论略 ［J］. 外国
语文，25（6）：21 – 25.

[152] 纪玉华. 2001. 批评话语分析：理论与方法 ［J］. 厦门大学学报（哲学
社会科学版），（3）：149 – 155.

[153] 纪玉华，陈燕. 2007. 批评话语分析的新方法：批评隐喻分析 ［J］. 厦
门大学学报，（6）：42 – 48.

[154] 贾胜韬. 2015. 曹妃甸工业园区地表景观格局变化预测分析 ［D］. 兰
州：兰州交通大学.

[155] 江晓红. 2003. 批评话语分析的有效工具——功能语法 ［J］. 学术交
流，（7）：132 – 135.

[156] 靳光瑾，肖航，富丽，章云帆．2005．现代汉语语料库建设及深加工 [J]．语言文字应用，(2)：111-120．

[157] 赖良涛．2018．批评话语分析的意识形态观述评 [J]．福州大学学报 (哲学社会科学版)，32 (4)：60-66．

[158] 赖彦．2009．新闻标题的话语互文性解读——批评话语分析视角 [J]．四川外语学院学报，25 (S1)：78-82．

[159] 李发根，刘明．2008．批评话语分析模式探析 [J]．外语与外语教学，(8)：18-20．

[160] 李刚．2019．基于 SWOT 分析的曹妃甸热力公司发展战略探析 [J]．中国市场，(32)：29-30．

[161] 李桔元．2008．互文性的批评话语分析——以广告语篇为例 [J]．外语与外语教学，(10)：16-20．

[162] 李桔元，李鸿雁．2014．批评话语分析研究最新进展及相关问题再思考 [J]．外国语 (上海外国语大学学报)，37 (4)：88-96．

[163] 李文荣．2017．"雄安新区"战略下曹妃甸发展研究 [J]．港口经济，(7)：43-46．

[164] 李文中．2003．基于英语学习者语料库的主题词研究 [J]．现代外语，26 (3)：264-293．

[165] 李洋．2017．基于语料库的新闻报道批评话语分析—以《纽约时报》和《中国日报》建立亚洲基础设施投资银行为例 [D]．长春：东北师范大学．

[166] 李圆．2018．"我的梦·中国梦"演讲比赛的批评话语分析 [D]．武汉：中国地质大学．

[167] 李战子，高一虹．2002．功能语法与批评性话语分析的结合点——第28届国际系统功能语法大会述评 [J]．外语研究，(3)：78-79．

[168] 李振伟．2015．基于京津冀一体化的曹妃甸港港口物流竞争力研究 [D]．青岛：中国海洋大学．

[169] 廖益清．1999．批评视野中的语言研究——Fairclough 批评话语分析理论述评 [J]．山东外语教学，(2)：2-6．

[170] 廖益清．2000．批评话语分析综述 [J]．集美大学学报 (哲学社会科学版)，(1)：76-82．

[171] 廖益清．2008．评判与鉴赏构建社会性别身份——时尚话语的批评性

分析 ［J］. 外语学刊，(6)：71－75.

[172] 廖益清，丁建新. 1999. 批评视野中的语言研究 ［M］. 广州：中山大学出版社.

[173] 林晶. 2019. 多模态批评话语分析：理论探索、方法思考与前景展望 ［J］. 解放军外国语学院学报，(5)：31－39.

[174] 林亚军. 2008. Fairclough 的话语观：引进与诠释 ［J］. 外语学刊，(5)：69－72.

[175] 刘辰. 2018. 中美媒体有关南海争端报道的体裁互文性对比研究 ［D］. 南京：南京师范大学.

[176] 刘晨红. 2006. 新闻标题的互文研究 ［J］. 西北第二民族学院学报（哲学社会科学版），(3)：85－89.

[177] 刘程，刘芳. 2018. 加拿大 12 所孔子学院揭牌新闻报道话语分析 ［J］. 文化与传播，(2)：55－60.

[178] 刘大伟. 2016. 群文阅读教学的三个问题 ［J］. 教学与管理，(31)：39－41.

[179] 刘立华. 2007. 系统功能语言学与批评话语分析：回顾与前景展望 ［J］. 西安外国语大学学报，(2)：5－9.

[180] 刘立华. 2008. 批评话语分析概览 ［J］. 外语学刊，(3)：102－109.

[181] 刘立华. 2011. 传播学研究的话语分析视野 ［J］. 国际新闻界，33(2)：31－36.

[182] 刘连军. 2014. 曹妃甸湿地旅游产业发展战略研究 ［D］. 天津：河北工业大学.

[183] 刘琳，饶英. 2008. 英语新闻语篇互文性研究 ［J］. 西安外国语大学学报，(1)：10－14.

[184] 刘明. 2016. 及物分析、作格分析及其在批评话语分析中的应用 ［J］. 外国语，(5)：66－74.

[185] 刘晓，刘婉昆. 2019. 新时期我国中等职业教育要不要发展？如何发展?：对当前中职存留发展问题热议的批评话语分析 ［J］. 中国职业技术教育，(6)：5－13.

[186] 龙日金，彭宣维. 2012. 现代汉语及物性研究 ［M］. 北京：北京大学出版社.

[187] 吕叔湘. 1979. 汉语语法分析问题 ［M］. 北京：商务印书馆.

［188］吕万英．2005．英语新闻标题批评性分析［J］．广东外语外贸大学学
报，(3)：49－52．

［189］马春倩，徐静珍．2017．曹妃甸＋"网约车"出行模式的实证研究
［J］．环渤海经济瞭望，(10)：36－39．

［190］马庆株．1992．汉语动词和动词性结构［M］．北京：北京语言学院出
版社．

［191］牟晓芳．2010．从批评视角看新闻媒体的意识形态倾向［D］．济南：
山东师范大学．

［192］诺曼·费尔克劳夫．2003．话语与社会变迁［M］．北京：华夏出版社．

［193］潘艳艳．2015．美国媒体话语霸权下的中国海上力量构建：基于2013－
2014年美国"战略之页"网站有关中国海军新闻报道的批评话语分析
［J］．外语研究，(2)：7－12．

［194］彭戴娜．2006．新闻标题语法特点研究［D］．湘潭：湘潭大学．

［195］彭宣维．2000．英汉语篇综合对比［M］．上海：上海外语教育出版社．

［196］彭宣维．2011．语言与语言学概论——汉语系统功能语法［M］．北
京：北京大学出版社．

［197］齐沪扬．2002．论现代汉语语气系统的建立［J］．汉语学习，(2)：1－
12．

［198］全炯俊．2011．文学与电影的互文性：《活着》和《红高粱》的电影改
编［J］．中国现代文学研究丛刊，(10)：177－190．

［199］钱毓芳．2010．语料库与批评话语分析［J］．外语教学与研究，(3)：
198－202．

［200］钱毓芳，田海龙．2011．话语与中国社会变迁：以政府工作报告为例
［J］．外语与外语教学，(3)：40－43．

［201］任新春．2015．互文在新闻标题中的应用探析［J］．新闻研究导刊，6
(15)：115－116．

［202］萨莫瓦约．2003．互文性研究［M］．邵炜，译．天津：天津人民出
版社．

［203］单胜江．2011．新闻语篇的批评性话语分析［J］．外语学刊，(6)：78
－81．

［204］申晓蕾．2016．环渤海港口背景下的曹妃甸港竞争力研究［D］．秦皇
岛：燕山大学．

[205] 施光. 2007. 批评话语分析研究综述 [J]. 学术论坛, (4): 202 - 205.

[206] 施旭. 2005. 文化视界下的话语研究 [M]. 北京: 帕尔格雷夫麦克米伦出版社.

[207] 史忠义. 1999. "文本即生产力": 克里斯特瓦文本思想初探 [J]. 外国文学研究, (4): 33 - 41.

[208] 孙陆杰. 2016. 曹妃甸一港池输变电工程项目经济效益与社会效益研究 [D]. 北京: 华北电力大学.

[209] 唐丽萍. 2011. 语料库语言学在批评话语分析中的作为空间 [J]. 外国语 (上海外国语大学学报), 34 (4): 43 - 49.

[210] 唐永强. 2019. 唐山市曹妃甸区现代农业发展现状与对策研究 [D]. 武汉: 华中师范大学.

[211] 田海龙. 2002. 政治语言研究: 评述与思考 [J]. 外语教学, 23 (1): 23 - 29.

[212] 田海龙. 2006. 语篇研究的批评视角: 从批评语言学到批评话语分析 [J]. 山东外语教学, (2): 40 - 47.

[213] 田海龙. 2013. 趋于质的研究的批评话语分析 [J]. 外语与外语教学, (4): 6 - 10.

[214] 田海龙. 2016. 批评话语分析精髓之再认识: 从与批评话语分析相关的三个问题谈起 [J]. 外语与外语教学, (2): 1 - 9, 144.

[215] 田海龙. 2019. 批评话语分析 40 年之话语形成——兼谈对学术话语体系建构的启示 [J]. 天津外国语大学学报, 26 (1): 1 - 12.

[216] 汪少华, 张薇. 2018a. "后真相" 时代话语研究的新路径: 批评架构分析 [J]. 外语教学, (4): 29 - 34.

[217] 汪少华, 张薇. 2018b. "后真相" 时代话语研究的新路径: 批评架构分析 [J]. 外语教学, (4): 29 - 34.

[218] 王璠. 2012. 基于语料库的希拉里演讲批评话语分析 [J]. 吉林省教育学院学报, 28 (9): 127 - 129.

[219] 王浩. 2013. 教育信息化发展技术路线图研究 [D]. 西安: 长安大学.

[220] 王瑾. 2005. 互文性 [M]. 桂林: 广西师范大学出版社.

[221] 王晋军. 2002. CDA 与 SFL 关系分析 [J]. 山东外语教学, (6): 10 - 13.

[222] 王克生. 2017. "一带一路" 战略背景下曹妃甸港发展策略研究 [J].

现代国企研究，(20)：185－186.

[223] 王来华．2003. 舆情研究概论：理论、方法和现实热点 [M]．天津：天津社会科学院出版社．

[224] 王伟，赵东岩，赵伟．2011. 中文新闻关键事件的主题句识别 [J]．北京大学学报（自然科学版），47（5）：789－796.

[225] 王文格．2008. 类型学视角下的汉语小句和英语小句 [J]．广西大学学报（哲学社会科学版），30（6）：119－121，125.

[226] 王文格．2010. 现代汉语小句的研究现状及存在的问题 [J]．汉语学习，(1)：67－76.

[227] 王显志，赵海成．2019. 基于批评话语分析视角对新闻标题的研究综述 [J]．文化学刊，(10)：196－198.

[228] 王旸．2003. 及物性与对新闻语篇的批评性话语分析 [D]．长春：东北师范大学．

[229] 王占斌，苑春鸣．2007. 关于批评话语分析研究的梳理和评述 [J]．天津商业大学学报，27（5）：60－64.

[230] 韦忠生．2014. 英语新闻语篇的解读与翻译策略——基于中国南海冲突新闻报道的批评性话语分析 [J]．重庆理工大学学报（社会科学），28（12）：127－133.

[231] 吴浩．2017. 新闻标题的批评话语分析：以《卫报》的新闻报道为例 [J]．现代语文，(9)：130－132.

[232] 吴建刚．2002a. 论批评话语分析 [J]．华中师范大学学报（人文社会科学版），(3)：42－48.

[233] 吴建刚．2002b. CDA 与 SFL 的关系分析 [J]．山东外语教学，(6)：10－13.

[234] 吴彤彤．2017. 唐山湾生态城发展战略研究 [D]．成都：西南交通大学．

[235] 吴钰．2019. 新闻标题的主观性：语用身份论视角 [M]．广州：暨南大学出版社．

[236] 吴珏，陈新仁．2008. 英汉新闻标题中的预设机制：调查与分析 [J]．外语教学，(4)：30－34.

[237] 吴占福，马旭平，李亚奎．2006. 统计分析软件 SPSS 介绍 [J]．河北北方学院学报（自然科学版），(6)：67－69.

[238] 武建国 . 2004. 批判性话语分析的新成果：Fairclough 分析话语评介 [J]. 现代外语, (4)：432 – 435.

[239] 武建国 . 2012. 篇际互文性研究述评 [J]. 外语与外语教学, (2)：17 – 22.

[240] 武建国 . 2015. 批评性话语分析：争议与讨论 [J]. 外语学刊, (2)：76 – 81.

[241] 武建国, 林金容 . 2015. 批评性话语分析：诠释与思考 [J]. 现代外语, 38 (4)：555 – 564.

[242] 项蕴华 . 2006. 政治语篇中权力不对称的批评性分析 [J]. 外语学刊, (2)：25 – 28.

[243] 肖航 . 2016. 语料库词义标注研究 [M]. 昆明：云南教育出版社.

[244] 谢永军 . 2017. 曹妃甸海上搜救应急能力评价与提升对策研究 [D]. 大连：大连海事大学.

[245] 谢之君, 王仙凤 . 2006. 概念功能、人际功能与汉语小句英译 [J]. 同济大学学报（社会科学版）, (4)：62 – 67.

[246] 辛斌 . 1996. 语言、权力和意识形态：批评语言学 [J]. 现代外语, (1)：21 – 26.

[247] 辛斌 . 2000a. 语篇互文性的语用分析 [J]. 外语研究, (3)：14 – 16.

[248] 辛斌 . 2000b. 批评语言学与英语新闻语篇的批评性分析 [J]. 外语教学, (4)：44 – 48.

[249] 辛斌 . 2005. 批评语言学：理论与应用 [M]. 上海：上海外语教育出版社.

[250] 辛斌 . 2008a. 语篇研究中的互文性分析 [J]. 外语与外语教学, (1)：6 – 10.

[251] 辛斌 . 2008b. 汉语新闻语篇中转述动词的比较分析——以《人民日报》和《纽约时报》为例 [J]. 四川外国语学院学报, 24 (5)：61 – 65.

[252] 辛斌 . 2008c. 批评话语分析：批评与反思 [J]. 外语学刊, (6)：63 – 70.

[253] 辛斌 . 2016. 语言的建构性和话语的异质性 [J]. 现代外语, 39 (1)：1 – 10.

[254] 辛斌, 高小丽 . 2013. 批评话语分析：目标、方法与动态 [J]. 外语与

外语教学，(4)：1 – 5，16.

[255] 辛斌，赖彦．2010. 语篇互文性分析的理论与方法 [J]. 当代修辞学，(3)：32 – 39.

[256] 邢福义．1996. 汉语语法学 [M]. 长春：东北师范大学出版社.

[257] 徐红梅．2013. 基于理想认知模式理论的暴走漫画互文性研究 [J]. 西南科技大学学报，(5)：37 – 40.

[258] 徐健，陈红，陈卫平．2009. 权力、话语操控与意识形态——从批评性话语分析视角解读外刊新闻标题 [J]. 社会科学家，(4)：154 – 158.

[259] 徐江，郑莉．2008. 英语新闻标题的互文性研究 [J]. 东南传播，(4)：59 – 62.

[260] 徐钦．2018. 中国主流媒体的"一带一路"对外传播研究 [D]. 北京：北京交通大学.

[261] 徐鹰，武建国．2013. 批评性话语分析：综述与前瞻 [J]. 华南理工大学学报（社会科学版），15（1）：85 – 90.

[262] 阎家波，谢青．1987. 通俗新闻标题学 [M]. 北京：中国新闻出版社.

[263] 杨双．2017. 曹妃甸港口煤炭物流发展策略研究 [D]. 保定：河北大学.

[264] 叶起昌．2004. 批评话语分析与批评实在论 [J]. 外国语言文学，(1)：20 – 24.

[265] 有泽顺，陈建平．2008. 政治话语的批评性分析研究及其对中国的启示 [J]. 解放军外国语学院学报，5：1 – 6.

[266] 于琨．2008. 从话语分析视角看中日媒体有关"有毒水饺"事件报道 [D]. 北京：中国人民大学.

[267] 曾亚平．2009. 从批评性话语分析角度解读奥巴马的总统选举获胜演讲 [J]. 外语与外语教学，(2)：19 – 21.

[268] 张蕾．2005. 用批评语篇分析解读布什的演讲 [J]. 西安外国语学院学报，13（1）：23 – 25.

[269] 张隆溪．1983. 结构的消失：后结构主义的消解式批评 [J]. 读书，(12)：95 – 105.

[270] 张一玮．2003. 当代散文批评：以话语分析的方式 [J]. 河北大学学报（哲学社会科学版），(4)：129 – 131.

[271] 张昀竹．2019. 立场与话语：抗日战争时期《新华日报》和《中央日

报》国际新闻比较分析 [D]. 北京：中央民族大学.

[272] 赵芃. 2015. 学雷锋活动中的修辞：基于批评话语分析的论辩策略研究 [J]. 当代修辞学，(4)：41－46.

[273] 赵芃，刘璇. 2018. 互文的抄袭潜势与抄袭的互文掩饰——学术引用的批评话语分析 [J]. 天津外国语大学学报，25 (6)：17－29.

[274] 赵芃，田海龙. 2008. 批评性语篇分析之批评：评介与讨论 [J]. 南京社会科学，(8)：143－147.

[275] 赵欣. 2017. 基于 DEA 模型的基本公共卫生服务项目综合效率评价及改善策略：以曹妃甸区为例 [D]. 唐山：华北理工大学.

[276] 赵秀凤. 2018. 能源话语研究的体系与范畴 [J]. 天津外国语大学学报，(3)：63－77，160.

[277] 支永碧. 2007. 批评话语分析研究新动态 [J]. 外语与外语教学，(3)：27－32.

[278] 支永碧. 2010. 政治话语语用预设的批评性分析 [D]. 南京：南京师范大学.

[279] 支永碧. 2011. 政治话语虚假语用预设的批评性分析 [J]. 社会科学家，(9)：154－158.

[280] 支永碧. 2013. 政治话语名词化语用预设的批评性分析 [J]. 社会科学家，(9)：141－147.

[281] 朱桂生，黄建滨. 2018. 青年医生形象的媒介话语建构：从语言偏见到信任危机 [J]. 当代青年研究，(3)：12－18.

[282] 朱桂生，黄建滨. 2019. 被盛赞的中国 90 后：从平民叙事到形象建构：基于 KBS 纪录片《明见万里》的批评性话语分析 [J]. 中国青年研究，(3)：114－119.

[283] 朱贺. 2012. 英语专业阅读教学中批评性语言意识的培养 [J]. 牡丹江大学学报，(4)：150－152.

[284] 朱慧超，李克. 2017. 国内批评话语分析二十年：基于文献计量学方法 [J]. 华北理工大学学报，(6)：111－117.

[285] 朱蕾，邢志杰. 2019. 女博士身份在媒体报道中的话语建构：以女博士被骗85万的相关报道为例 [J]. 山东女子学院学报，(1)：66－74.

[286] 朱晓敏. 2011. 批评话语分析视角下的《政府工作报告》英译研究——基于语料库的第一人称代词复数考察 [J]. 外语研究，(2)：73

– 78.

[287] 祝大伟. 2010. 报纸时评话语的变迁 [D]. 北京：中央民族大学.

[288] 祝克懿. 2011. 元语篇与文学评论语篇的互动关系研究 [J]. 当代修辞学, (3)：1 – 10.

[289] 邹素. 2013. 国内批评话语分析研究现状及问题 [J]. 湖南工程学院学报（社会科学版）, 23 (2)：37 – 41.

[290] 左克. 1991. 标题一得录 [M]. 北京：新华出版社.

附　录

附录一　初始新闻标题汇总表

2016 年 4 月 1 日—2017 年 3 月 31 日

序号	标　题	来源	时间
1	中关村 舞起产业结构调整的龙头（调结构转方式·北京科技创新调研行）	《人民日报》	2016 年 5 月 26 日
2	唐山：绿色发展大步向前	《人民日报》	2016 年 6 月 20 日
3	把咸水酿成"甘露"（走进央企看创新）	《人民日报》	2016 年 7 月 10 日
4	唐山：转型发展入佳境	《人民日报》	2016 年 7 月 21 日
5	唐山四十年（人民眼·穿越大地震）	《人民日报》	2016 年 7 月 22 日
6	唐山打好"京津"牌	《人民日报》	2016 年 7 月 27 日
7	寒潮来了（美丽中国·热点）	《人民日报》	2016 年 11 月 21 日
8	淡化的海水，你愿意喝吗（关注）	《人民日报》	2016 年 12 月 19 日
9	空间规划 九省区先干起来	《人民日报》	2017 年 1 月 13 日
10	京津冀 协同中成长（京津冀协同发展调研行）	《人民日报》	2017 年 2 月 20 日
11	京津冀，走出"一亩三分地"（评论员观察）	《人民日报》	2017 年 2 月 22 日
12	京津冀教育协同发展：如何让 1＋1＋1＞3（深聚焦）	《人民日报》	2017 年 2 月 23 日
13	河北 结伴京津一起走（京津冀协同发展调研行）	《人民日报》	2017 年 3 月 1 日

续表

序号	标　题	来源	时间
14	京津冀 这三年不寻常	《人民日报》	2017 年 3 月 2 日
15	华北理工大学欢迎你	《光明日报》	2016 年 6 月 20 日
16	华北理工大学征集校史资料启事	《光明日报》	2016 年 8 月 18 日
17	京津冀 1000 亿元助推合作	《光明日报》	2016 年 7 月 24 日
18	涅槃重生的凤凰城——唐山	《光明日报》	2016 年 7 月 28 日
19	唐山震后 40 年：再做河北经济领头羊	《光明日报》	2016 年 7 月 30 日
20	"送欢乐下基层"走进唐山	《光明日报》	2016 年 8 月 15 日
21	三大战略：透过数据看进展	《光明日报》	2017 年 1 月 16 日
22	在协同发展中体验"获得感"	《光明日报》	2017 年 2 月 22 日
23	大战略造就新境界	《光明日报》	2017 年 2 月 26 日
24	站在时代的潮头，筑造历史性工程	《光明日报》	2017 年 2 月 27 日
25	中铁航空港曹妃甸项目创造我国房建施工纪录	新华社	2016 年 10 月 21 日
26	第三届中关村国际音乐剧节　打造东方"百老汇"	新华社	2016 年 10 月 23 日
27	曹妃甸承接京津产业转移加速　京津开工项目 44 个	新华社	2016 年 10 月 25 日
28	京津冀签署协议互认定点医疗机构和人才资质	新华社	2016 年 10 月 27 日
29	中国网事：未来五年在北京看病，怎么看？	新华社	2016 年 10 月 28 日
30	北京天气转冷会不会提前供热？	新华社	2016 年 10 月 30 日
31	京冀推进人力社保一体化　超 9000 家医疗定点机构互认	新华社	2016 年 10 月 30 日
32	铁路部门积极确保煤炭运输	新华社	2016 年 11 月 8 日
33	我国近海将出现大到巨浪区　国家海洋预报台发布风暴潮黄色警报	新华社	2016 年 11 月 20 日
34	台湾媒体团参访河北　冀两岸经济深入合作	新华社	2016 年 11 月 21 日

续表

序号	标　题	来源	时间
35	通讯：蛮荒之地创奇迹——实地探访扎根拉美24年的首钢秘铁	新华社	2016 年 11 月 22 日
36	从代步到骑行——重构中的中国自行车文化	新华社	2016 年 11 月 28 日
37	依法治教助力我国建成世界最大规模职教体系——职业教育法实施20周年综述	新华社	2016 年 12 月 2 日
38	日均新创3.2家创新实体　京津冀协同创新"创造"新速度	新华社	2016 年 12 月 4 日
39	"协同创新不要花架子，要啃硬骨头"——对话京津冀协同创新见证者	新华社	2016 年 12 月 4 日
40	让科技创新"创造"新动能——京津冀三地加速"营造"协同创新共同体	新华社	2016 年 12 月 4 日
41	河北将引导周边市县与北京城市副中心实现同城化发展	新华社	2016 年 12 月 7 日
42	从"地缘相近"到"人缘相亲"——京冀干部双向挂职助推协同发展	新华社	2016 年 12 月 26 日
43	京冀第二批互派干部聚焦具体行业领域啃"硬骨头"	新华社	2016 年 12 月 26 日
44	"挂职时间是有限的，协同发展是无限的"——京冀挂职干部心态录	新华社	2016 年 12 月 26 日
45	河北唐山今年实施200多个京津合作项目	新华社	2017 年 1 月 6 日
46	唐山规划建设京唐产业新城　打造北京非首都疏解集中承载地	新华社	2017 年 1 月 29 日
47	"春节，真的很想念家人"——海上油田上的海事监管春节值守	新华社	2017 年 1 月 29 日
48	京津冀协同发展"成绩单"：首都人口"双降"、区域"红利"提升	新华社	2017 年 2 月 19 日

序号	标　题	来源	时间
49	抓住新机遇　打造新格局——京津冀三地负责人谈协同发展	新华社	2017 年 2 月 20 日
50	去年千余京冀项目涌入天津滨海新区	新华社	2017 年 2 月 20 日
51	医疗一体化：越过潮白河的京津冀协同	新华社	2017 年 2 月 21 日
52	天津宁河依托"飞地"打造两个示范区融入京津冀协同	新华社	2017 年 2 月 21 日
53	跨过"三道坎"实现"小目标"——来自京津冀三地协同发展一线的心声	新华社	2017 年 2 月 24 日
54	国开行近万亿元贷款助推京津冀协同发展	新华社	2017 年 2 月 24 日
55	站在时代的潮头，筑造历史性工程——以习近平同志为核心的党中央谋划指导京津冀协同发展三周年纪实	新华社	2017 年 2 月 26 日
56	津冀两地联手共推天津自贸区曹妃甸片区	新华社	2017 年 3 月 11 日
57	河北唐山：今年二级以上医疗机构全部实现与京津医院对接合作	新华社	2017 年 3 月 17 日
58	"相约世园会　美丽新唐山"唐山旅游推介会在石举办	《河北日报》	2016 年 4 月 15 日
59	省委省政府作出决定　加快科技创新建设创新型河北	《河北日报》	2016 年 7 月 12 日
60	京津游客将拥有身边的海岛沙滩	《河北日报》	2016 年 7 月 25 日
61	我省开发区成京津产业转移主平台	《河北日报》	2016 年 7 月 28 日
62	河北：携手京津　三大领域谋突破	《河北日报》	2016 年 8 月 1 日
63	首都名医来到家门口	《河北日报》	2016 年 8 月 15 日
64	京津冀 25 个重点项目开展"六比一创"	《河北日报》	2016 年 9 月 5 日
65	唐山 72 个重点项目开工　九成计划已完成	《河北日报》	2016 年 9 月 27 日
66	京津冀地方国资国企主题研讨会召开	《河北日报》	2016 年 11 月 14 日
67	河北努力实现工业转型升级重大进展	《河北日报》	2016 年 11 月 17 日

序号	标　题	来源	时间
68	民企"大咖"云集石家庄　谱写合作新篇	《河北日报》	2016 年 12 月 28 日
69	河北省省级现代农业园区已达 120 家	《河北日报》	2017 年 1 月 16 日
70	京津两会谋协同　重点领域有看点	《河北日报》	2017 年 1 月 20 日
71	2016 年 1—11 月唐山省级以上开发区主营业务收入首破 1 万亿	《河北日报》	2017 年 1 月 23 日
72	抓住新机遇 打造新格局——京津冀三地负责人谈协同发展	《河北日报》	2017 年 2 月 21 日
73	在协同发展中实现跨越提升——三论学习贯彻习近平总书记视察唐山重要讲话精神	《燕赵都市报》	2016 年 8 月 8 日
74	重磅消息！到 2020 年，河北 11 市将新建 25 个机场	《燕赵都市报》	2016 年 8 月 10 日
75	截至 10 月河北拥有 10 个国家级出口农产品示范区	《燕赵都市报》	2016 年 12 月 1 日
76	科技创新铸就"渤海粮仓"	河北新闻网	2016 年 4 月 4 日
77	河北党政代表团赴北京学习考察	河北新闻网	2016 年 4 月 5 日
78	3 月份唐山收获 12 个好天　乐亭县空气质量最好	河北新闻网	2016 年 4 月 7 日
79	河北在京举办政府和社会资本合作（PPP）论坛暨项目推介会	河北新闻网	2016 年 4 月 12 日
80	唐山银行业为优质企业授信 188 亿元	河北新闻网	2016 年 4 月 12 日
81	唐山赴京推介世园会 10 条精品旅游线路出炉	河北新闻网	2016 年 4 月 13 日
82	河北省政府出台意见　推进河北省与自由贸易区经贸合作	河北新闻网	2016 年 4 月 13 日
83	唐山邀您赴世园会看奇花异草	河北新闻网	2016 年 4 月 13 日
84	唐山来石推介世园会精品游	河北新闻网	2016 年 4 月 14 日
85	河北公布 3 月全省县（市、区）空气质量排名　康保县居首位	河北新闻网	2016 年 4 月 14 日

续表

序号	标　题	来源	时间
86	唐山市人才交流中心举办人力资源管理培训班	河北新闻网	2016 年 4 月 15 日
87	河北省国民经济和社会发展第十三个五年规划纲要	河北新闻网	2016 年 4 月 18 日
88	唐山世园会旅游宣传"五百＋"系列推广活动启动	河北新闻网	2016 年 4 月 18 日
89	81 岁老人 20 年间用钢笔画唐山	河北新闻网	2016 年 4 月 19 日
90	河北省内银行业积极支持沿海地区经济发展	河北新闻网	2016 年 4 月 19 日
91	滦南籍老人归国二十载用钢笔画出新唐山风光（图）	河北新闻网	2016 年 4 月 19 日
92	突出重点领域发挥监管引领　推动银行业服务协同发展助力转型升级	河北新闻网	2016 年 4 月 21 日
93	沧州南大港湿地现青头潜鸭　河北五大湿地保护区成鸟类天堂	河北新闻网	2016 年 4 月 23 日
94	省委省政府出台意见 16 项措施推动开发区深化改革创新发展	河北新闻网	2016 年 4 月 24 日
95	京冀举行加快曹妃甸协同发展示范区建设座谈会	河北新闻网	2016 年 4 月 24 日
96	春暖花开只等客来之总汇篇　唐山欢迎您	河北新闻网	2016 年 4 月 24 日
97	空中营救　承德 6 家医院将起降急救直升机	河北新闻网	2016 年 4 月 25 日
98	唐山市 16 处绿雕喜迎世园会　每座都有独特含义	河北新闻网	2016 年 4 月 27 日
99	【2016 唐山世园会特刊】天地菁华　五洲争艳	河北新闻网	2016 年 4 月 28 日
100	省国资委领导到河北港口集团调研营改增和提质增效工作	河北新闻网	2016 年 4 月 28 日
101	石家庄综合保税区通过国家验收　已确定入区项目 58 个	河北新闻网	2016 年 4 月 28 日

序号	标　题	来源	时间
102	河北成立 4 家少年海事学校　实现沿海地区全覆盖	河北新闻网	2016 年 4 月 29 日
103	河北有效注册商标突破 25 万件	河北新闻网	2016 年 5 月 2 日
104	数读河北经济首季"开门红"：10.9%，投资回升创新供给体系	河北新闻网	2016 年 5 月 3 日
105	唐山发布环境空气质量情况报告 4 月收获 12 个好天	河北新闻网	2016 年 5 月 5 日
106	河北省代表参加中日产业合作论坛	河北新闻网	2016 年 5 月 6 日
107	曹妃甸加速融入京津旅游市场	河北新闻网	2016 年 5 月 9 日
108	京津冀 50 余名民间工艺大师联袂献技	河北新闻网	2016 年 5 月 9 日
109	河北智慧城市建设再提速"互联网＋"为市民带来全新体验	河北新闻网	2016 年 5 月 11 日
110	不断开创京津冀协同发展新局面	河北新闻网	2016 年 5 月 11 日
111	2016 年 1—4 月份唐山港全港完成货物吞吐量 1.69 亿吨	河北新闻网	2016 年 5 月 11 日
112	河北港口集团各单位确保"两学一做"良好开局	河北新闻网	2016 年 5 月 11 日
113	河北港口集团有限公司发布 2015 年社会责任报告	河北新闻网	2016 年 5 月 12 日
114	唐山曹妃甸少年海事学校学生在海巡船上光荣入团	河北新闻网	2016 年 5 月 13 日
115	【河北的桥之镜像篇】沟通之桥，心灵之桥	河北新闻网	2016 年 5 月 15 日
116	距投票截止已不足 5 天！"我眼中的美丽港口"等你来点赞	河北新闻网	2016 年 5 月 16 日
117	曹妃甸加快承接北京专用车产业转移	河北新闻网	2016 年 5 月 16 日
118	中信银行曹妃甸支行成功堵截持虚假证件办理信用卡事件	河北新闻网	2016 年 5 月 16 日
119	协同发展　互利共赢开新局——"治国理政·河北实践"系列综述之二	河北新闻网	2016 年 5 月 17 日

序号	标　题	来源	时间
120	开滦改革转型战困境	河北新闻网	2016 年 5 月 19 日
121	扩大开放　拓展发展新空间——"治国理政·河北实践"系列综述之四	河北新闻网	2016 年 5 月 24 日
122	河北省工商行政管理局实施商标战略助力河北品牌腾飞	河北新闻网	2016 年 5 月 24 日
123	曹妃甸举办汉唐集体婚礼	河北新闻网	2016 年 5 月 25 日
124	人保财险唐山曹妃甸支公司荣获平安建设"先进集体"	河北新闻网	2016 年 5 月 27 日
125	新兴产业展将亮相第三次地方会暨河北国际经洽会	河北新闻网	2016 年 5 月 28 日
126	民企入冀·协同发展河北（上海）投资说明会举行	河北新闻网	2016 年 5 月 29 日
127	唐山推动城区既有居住建筑节能改造	河北新闻网	2016 年 5 月 30 日
128	北京景山学校曹妃甸分校今年招生	河北新闻网	2016 年 5 月 30 日
129	循环经济助力唐山加快绿色发展	河北新闻网	2016 年 5 月 30 日
130	曹妃甸·国际汉唐大型集体婚礼举行	河北新闻网	2016 年 5 月 30 日
131	唐山各普通高中招生计划确定（详表）	河北新闻网	2016 年 5 月 31 日
132	唐山贸促会举行中外企业对接会	河北新闻网	2016 年 5 月 31 日
133	曹妃甸大病客户获泰康理赔 33 万送锦旗	河北新闻网	2016 年 5 月 31 日
134	河北港口集团秦港股份公司晋身摩根士丹利资本国际（MSCI）中国小型股指数成分股	河北新闻网	2016 年 6 月 1 日
135	创新河北建设借力京津	河北新闻网	2016 年 6 月 1 日
136	新兴产业怎么培育——产能压减在河钢（下）	河北新闻网	2016 年 6 月 6 日
137	曹妃甸中东海湾大型炼化一体化项目签约	河北新闻网	2016 年 6 月 6 日
138	【高考特刊】河北工业大学	河北新闻网	2016 年 6 月 6 日
139	【高考特刊】华北理工大学	河北新闻网	2016 年 6 月 6 日

序号	标　题	来源	时间
140	"万步有约"，河北职业人群健走激励赛启动	河北新闻网	2016 年 6 月 6 日
141	为避债主讨债　唐山一男子谎称家中被盗被拘留	河北新闻网	2016 年 6 月 7 日
142	省政协"培育新型经济增长点"重点课题调研组到河北港口集团考察	河北新闻网	2016 年 6 月 12 日
143	端午小长假河北旅游迎客超 1400 万人次	河北新闻网	2016 年 6 月 13 日
144	北京曹妃甸国际职教城建设侧记："智慧城市"这样建	河北新闻网	2016 年 6 月 13 日
145	端午小长假　河北实现旅游总收入 97.2 亿元	河北新闻网	2016 年 6 月 13 日
146	"端午"小长假河北旅游进账 97 亿　新业态旅游愈发火热	河北新闻网	2016 年 6 月 13 日
147	第 25 届中国电影节倒计时 100 天　万场电影惠民放映	河北新闻网	2016 年 6 月 14 日
148	经洽会期间"特色产业展"将开幕！小编为您盘点河北 11 地市新兴产业	河北新闻网	2016 年 6 月 15 日
149	第三次地方会食品农产品质量安全与国际贸易发展论坛举行	河北新闻网	2016 年 6 月 18 日
150	全省优秀共产党员、党务工作者等拟表彰对象公示（名单）	河北新闻网	2016 年 6 月 18 日
151	600 余件产品集体亮相　新兴产业展绽放第三次地方会暨经洽会	河北新闻网	2016 年 6 月 19 日
152	2016 京津冀招才引智大会举办　唐山 7 项目现场签约	河北新闻网	2016 年 6 月 20 日
153	唐山水曹铁路项目获建行 45 亿元信用额度	河北新闻网	2016 年 6 月 21 日
154	邢台市委原副书记赵常福等多人被立案侦查	河北新闻网	2016 年 6 月 21 日

序号	标 题	来源	时间
155	唐山市民10元赏世园夜景 市区居民免费乘公交	河北新闻网	2016年6月22日
156	唐山市曹妃甸区成立54个安全生产专项执法检查组	河北新闻网	2016年6月22日
157	河北开发区投资说明会在京举行 22个项目签约总投资245亿元	河北新闻网	2016年6月23日
158	河北省通信管理局关于2016年电信业务经营许可证年检结果的通告	河北新闻网	2016年6月24日
159	唐山曹妃甸区"赤脚医生"养老补助审核方案将于7月出台	河北新闻网	2016年6月24日
160	唐山市检察院:公布11起职务犯罪重要案件	河北新闻网	2016年6月27日
161	唐山世园会景区:246个指定接送站点直达	河北新闻网	2016年6月27日
162	全省优秀共产党员、优秀党务工作者、先进基层党组织名单	河北新闻网	2016年6月28日
163	北京出台人才发展改革意见 京津冀三地人才职称将互认	河北新闻网	2016年6月28日
164	京津冀女企业家经验交流座谈会在唐山举办	河北新闻网	2016年6月29日
165	如何推进京津冀产业转移?工信部和京津冀三地要这样做	河北新闻网	2016年6月30日
166	河北港口集团纪委开展驻外单位回秦公务用车专项检查	河北新闻网	2016年6月30日
167	河北出入境检验检疫局曹妃甸口岸首次截获背点伊蚊	河北新闻网	2016年6月30日
168	曹妃甸:跨纳潮河中山大桥右幅正式通车	河北新闻网	2016年7月1日
169	北京出台意见推动京津冀实现人才职称互认	河北新闻网	2016年7月3日

序号	标　题	来源	时间
170	工信部与京津冀联合编制《京津冀产业转移指南》构建"1555N"产业发展格局	河北新闻网	2016 年 7 月 4 日
171	曹妃甸跨纳潮河中山大桥右幅通车	河北新闻网	2016 年 7 月 4 日
172	唐山上半年达标天数同比增加 32 天　迁安空气最优	河北新闻网	2016 年 7 月 5 日
173	筑梦生态强港——煤三～五期及矿石堆场区域实现整体封闭有效抑制煤粉尘污染	河北新闻网	2016 年 7 月 7 日
174	回首海天阔——庆祝河北港口集团成立七周年	河北新闻网	2016 年 7 月 8 日
175	唐山港全港上半年完成货物吞吐量 2.51 亿吨	河北新闻网	2016 年 7 月 10 日
176	【建设经济强省美丽河北】河北大力实施创新驱动发展战略	河北新闻网	2016 年 7 月 11 日
177	曹妃甸区富康村立体种养模式产出放心食品（图）	河北新闻网	2016 年 7 月 11 日
178	唐山上半年空气质量达标天数增加 32 天	河北新闻网	2016 年 7 月 11 日
179	曹妃甸区出口食品农产品示范区通过验收	河北新闻网	2016 年 7 月 11 日
180	曹妃甸青龙湾大桥正式通车	河北新闻网	2016 年 7 月 11 日
181	"波特曼"轮靠泊杂货码头——曹妃甸实业公司实现外贸出口业务新突破	河北新闻网	2016 年 7 月 13 日
182	唐山曹妃甸滨海大道无路灯　年底完工	河北新闻网	2016 年 7 月 13 日
183	张庆伟主持召开河北省政府常务会议	河北新闻网	2016 年 7 月 14 日
184	河北：奋发作为　锐意创新　为建设创新型河北作出新贡献	河北新闻网	2016 年 7 月 14 日
185	全省各地各部门认真学习贯彻河北省科技创新大会、河北省科协第九次全省代表大会精神　奋发作为　锐意创新　为建设创新型河北作出新贡献	河北新闻网	2016 年 7 月 14 日

序号	标　题	来源	时间
186	唐山曹妃甸加速承接京津产业转移　上半年签约项目27个	河北新闻网	2016年7月17日
187	对接京津，河北省开发区如何协同升级	河北新闻网	2016年7月18日
188	人保财险唐山曹妃甸支公司完善三农保险服务体系	河北新闻网	2016年7月18日
189	河北首个出口水产品质量安全示范区顺利通过质检总局考核	河北新闻网	2016年7月18日
190	【城市丰碑·新唐山告诉世界③】从"有海无港"到世界级大港	河北新闻网	2016年7月19日
191	水曹铁路项目在京举行签约活动	河北新闻网	2016年7月19日
192	【关注改革创新（上）】创新河北建设借力京津	河北新闻网	2016年7月20日
193	河北省首个出口水产品质量安全示范区通过考核	河北新闻网	2016年7月21日
194	唐山出现今年以来最强降雨　丰润最大达到158毫米	河北新闻网	2016年7月21日
195	特色农业保险为农民遮风挡雨	河北新闻网	2016年7月21日
196	抗击暴雨护航　保财险在路上	河北新闻网	2016年7月22日
197	京津冀开发区产业合作再升级　曹妃甸签下6项目	河北新闻网	2016年7月24日
198	连续三日超过33亿立方米　大中型水库蓄水量持续高位运行	河北新闻网	2016年7月24日
199	曹妃甸区引进京津资源发展旅游产业京津游客将拥有身边的海岛沙滩	河北新闻网	2016年7月25日
200	1000亿元基金助力京津冀开发区产业发展	河北新闻网	2016年7月25日
201	【城市丰碑】新唐山，转型再出发	河北新闻网	2016年7月26日
202	上半年河北省重点国企盈利投资实现双增长	河北新闻网	2016年7月26日

序号	标　题	来源	时间
203	曹妃甸口岸截获多种有害生物　其中两种为全国首次截获	河北新闻网	2016 年 7 月 26 日
204	不屈的精神激励我们前行——写在唐山抗震 40 周年之际	河北新闻网	2016 年 7 月 27 日
205	【建设经济强省美丽河北】河北省全力推进供给侧结构性改革	河北新闻网	2016 年 7 月 28 日
206	【唐山抗震 40 周年特刊·筑梦之城】开放新声：凤舞东北亚	河北新闻网	2016 年 7 月 28 日
207	河北省开发区成京津产业转移主平台	河北新闻网	2016 年 7 月 28 日
208	【唐山抗震 40 周年特刊·筑梦之城】工业新路：钢煤谋聚变	河北新闻网	2016 年 7 月 28 日
209	【唐山抗震 40 周年特刊·筑梦之城】协同新篇：构筑新支点	河北新闻网	2016 年 7 月 28 日
210	唐山京津引智忙	河北新闻网	2016 年 7 月 28 日
211	曹妃甸布局"一带一路"	河北新闻网	2016 年 7 月 28 日
212	【动力唐山】八旬幸存者眼里的唐山速度	河北新闻网	2016 年 7 月 28 日
213	京津冀产业协同发展再加速　河北已推进三地协同发展项目超 400 个	河北新闻网	2016 年 7 月 29 日
214	唐山广大党员干部认真学习贯彻习近平总书记考察重要讲话精神	河北新闻网	2016 年 7 月 30 日
215	【经济强省美丽河北】携手京津　在三大领域谋突破	河北新闻网	2016 年 7 月 31 日
216	曹妃甸综合保税区通用码头将试运营	河北新闻网	2016 年 8 月 1 日
217	主动对接精准推进　唐山实施 232 项亿元以上京津合作项目	河北新闻网	2016 年 8 月 1 日
218	河北已推进京津冀协同发展项目超 400 个	河北新闻网	2016 年 8 月 2 日
219	唐山发布 7 月份空气质量　乐亭县最好	河北新闻网	2016 年 8 月 3 日

序号	标　题	来源	时间
220	【年中专稿】河北：三大领域迈出协同发展新步伐	河北新闻网	2016 年 8 月 5 日
221	曹妃甸煤炭公司单月吞吐量首破 120 万吨	河北新闻网	2016 年 8 月 8 日
222	1—7 月份唐山港完成货物吞吐量 2.92 亿吨　同比增长 2.01%	河北新闻网	2016 年 8 月 11 日
223	河北省在全国首次截获中欧山松大小蠹	河北新闻网	2016 年 8 月 11 日
224	唐山："五个突破"推动沿海强市建设提速	河北新闻网	2016 年 8 月 15 日
225	河北港口集团借纪录片《中国港口》登陆央视国际频道	河北新闻网	2016 年 8 月 15 日
226	首都名医来到家门口——北京友谊医院专家团曹妃甸区坐诊	河北新闻网	2016 年 8 月 15 日
227	聚焦：河北实体书店发展现状调查　实体书店如何因时而变	河北新闻网	2016 年 8 月 16 日
228	实体书店如何因时而变	河北新闻网	2016 年 8 月 16 日
229	孝顺女儿为父母放弃治疗　母亲求好心人帮忙留住孩子	河北新闻网	2016 年 8 月 19 日
230	京津冀推进协同发展联席会召开：推进协同发展　实现互利共赢	河北新闻网	2016 年 8 月 21 日
231	唐山：立足两个示范区　打造协同新样板	河北新闻网	2016 年 8 月 22 日
232	曹妃甸与安贞医院共建"合作医院"	河北新闻网	2016 年 8 月 22 日
233	河北港口集团主要领导到曹妃甸港区调研	河北新闻网	2016 年 8 月 24 日
234	华北理工大学唐山新校区正式启用	河北新闻网	2016 年 8 月 24 日
235	第 19 届陶博会人才技术交流大会 9 月 17 日举行	河北新闻网	2016 年 8 月 25 日
236	2016 年河北省成人高等教育招生公告	河北新闻网	2016 年 8 月 26 日
237	"十三五"河北将培育 200 家跨境电商示范企业	河北新闻网	2016 年 8 月 28 日

序号	标　题	来源	时间
238	京津冀国家级开发区产业人才联盟成立	河北新闻网	2016 年 8 月 29 日
239	水曹铁路项目全线开工　工程建设进入实质阶段	河北新闻网	2016 年 8 月 29 日
240	精力向开发区聚焦　要素向开发区倾斜　唐山市开发区逆势发展稳中有升	河北新闻网	2016 年 8 月 29 日
241	唐山市开发区逆势发展稳中有升	河北新闻网	2016 年 8 月 29 日
242	水曹铁路项目进入实施阶段　预计 2018 年 7 月建成通车（图）	河北新闻网	2016 年 8 月 29 日
243	300 余名抗震老兵来看第二故乡的"最美世园"	河北新闻网	2016 年 8 月 29 日
244	唐山公共自行车将实现全城覆盖　自行车卡这样办	河北新闻网	2016 年 8 月 30 日
245	在京津冀协同发展中实现跨越提升	河北新闻网	2016 年 8 月 31 日
246	河北港口集团：科技创新领航智慧港口	河北新闻网	2016 年 8 月 31 日
247	1 至 7 月曹妃甸进口木材突破 30 万方同比增长 6.27 倍	河北新闻网	2016 年 8 月 31 日
248	河北实施六项重点工程促民营经济发展	河北新闻网	2016 年 9 月 1 日
249	绿色公共自行车现身唐山街头　有人欢喜有人忧（图）	河北新闻网	2016 年 9 月 1 日
250	唐山曹妃甸区安监局夜查发现事故隐患 35 处	河北新闻网	2016 年 9 月 1 日
251	京津冀三省市推进协同发展联席会议要求推进协同发展　实现互利共赢	河北新闻网	2016 年 9 月 2 日
252	《河北省民营经济"十三五"发展规划》出台	河北新闻网	2016 年 9 月 3 日
253	"十三五"期间，河北实施六项重点工程促民营经济发展	河北新闻网	2016 年 9 月 3 日
254	唐山曹妃甸区水曹铁路全线开工	河北新闻网	2016 年 9 月 5 日
255	第十九届唐山中国陶瓷博览会将举行人才技术交流会	河北新闻网	2016 年 9 月 5 日

续表

序号	标　题	来源	时间
256	河北首次截获大云齿小蠹	河北新闻网	2016 年 9 月 6 日
257	文字实录	河北新闻网	2016 年 9 月 6 日
258	河北省开发区"瘦身提质"　由 253 个整合为 184 个	河北新闻网	2016 年 9 月 6 日
259	"医疗互认"，京津冀说起"一家话"	河北新闻网	2016 年 9 月 6 日
260	秦皇岛港股份有限公司曹妃甸煤炭公司组织灭火应急救援演练	河北新闻网	2016 年 9 月 7 日
261	学习贯彻省委全会精神　推动总书记重要讲话精神落地生根	河北新闻网	2016 年 9 月 9 日
262	秦皇岛港股份有限公司建设绿色生态港环保教育先行	河北新闻网	2016 年 9 月 9 日
263	第十届环渤海人才网络招聘大会即将举行	河北新闻网	2016 年 9 月 12 日
264	中国河北海内外高层次人才洽谈会举办 1100 家单位参会引才	河北新闻网	2016 年 9 月 18 日
265	第十九届唐山中国陶瓷博览会人才技术交流大会举办	河北新闻网	2016 年 9 月 18 日
266	北京多所学校在唐山建立分校	河北新闻网	2016 年 9 月 19 日
267	曹妃甸力促天津自贸区政策延伸落地	河北新闻网	2016 年 9 月 19 日
268	唐山开展千对情侣健步走活动	河北新闻网	2016 年 9 月 19 日
269	第七届中国河北海内外高层次人才洽谈会在唐山举办	河北新闻网	2016 年 9 月 19 日
270	河北新增 3 个国家级出口食品农产品质量安全示范区	河北新闻网	2016 年 9 月 19 日
271	唐山市道路客运中秋节期间安全运送旅客 38.4 万人次	河北新闻网	2016 年 9 月 20 日
272	路港贸联合攻关　搭台唱戏助力发展	河北新闻网	2016 年 9 月 20 日
273	唐山消防走进校园开展宣传活动	河北新闻网	2016 年 9 月 20 日
274	河北省新增 3 个国家级出口食品农产品质量安全示范区	河北新闻网	2016 年 9 月 21 日

续表

序号	标 题	来源	时间
275	唐山旅游：改革激发动力　转型增添活力	河北新闻网	2016 年 9 月 21 日
276	河北承接能力增强"北京研发"青睐"河北转化"	河北新闻网	2016 年 9 月 26 日
277	无限极 2016 世界行走日活动在曹妃甸湿地公园举办	河北新闻网	2016 年 9 月 26 日
278	唐山市积极推进以电代煤以电代油	河北新闻网	2016 年 9 月 26 日
279	京津冀企业整体迁唐实行"落地签"	河北新闻网	2016 年 9 月 26 日
280	加速科技成果转化，助力河北发展腾飞	河北新闻网	2016 年 9 月 26 日
281	河北打造农产品区域公用品牌	河北新闻网	2016 年 9 月 27 日
282	秦皇岛港股份有限公司曹妃甸实业公司"抢船"记	河北新闻网	2016 年 9 月 27 日
283	唐山 72 个重点项目集中开工	河北新闻网	2016 年 9 月 27 日
284	秦皇岛中理外轮理货有限责任公司通过质量管理审核	河北新闻网	2016 年 9 月 28 日
285	深化交流合作　巩固友好关系——专访荷兰南荷兰省省长斯密特	河北新闻网	2016 年 9 月 29 日
286	专访荷兰南荷兰省省长斯密特：深化交流合作　巩固友好关系	河北新闻网	2016 年 9 月 30 日
287	唐山加快动能转换　打造创新驱动沿海开放"双引擎"	河北新闻网	2016 年 10 月 6 日
288	唐山加快动能转换催生新增长点	河北新闻网	2016 年 10 月 6 日
289	布局！打造石家庄京津冀现代服务业"第三极"	河北新闻网	2016 年 10 月 7 日
290	河北建投集团举办先进典型事迹巡回报告会	河北新闻网	2016 年 10 月 9 日
291	河北首次实现海事无人机海上巡航	河北新闻网	2016 年 10 月 9 日
292	曹妃甸建设信息技术服务外包基地	河北新闻网	2016 年 10 月 10 日
293	曹妃甸港液体化工码头吞吐量突破百万吨大关	河北新闻网	2016 年 10 月 11 日

续表

序号	标 题	来源	时间
294	中国银行河北省分行提供近 190 亿信贷支持京津冀协同发展	河北新闻网	2016 年 10 月 11 日
295	飞行 6 小时航程 180 公里 河北首次实现海事无人机海上巡航	河北新闻网	2016 年 10 月 12 日
296	河北港口集团：新纪录点亮国庆生产	河北新闻网	2016 年 10 月 13 日
297	1 至 9 月唐山港完成货物吞吐量 3.82 亿吨 同比增长 3.75%	河北新闻网	2016 年 10 月 13 日
298	唐山市公布 9 月份空气质量排名 曹妃甸最好开平垫底	河北新闻网	2016 年 10 月 13 日
299	第十三届全国重点网络媒体河北行活动启幕	河北新闻网	2016 年 10 月 17 日
300	河北 18 家进出口企业获评"中国质量诚信企业"	河北新闻网	2016 年 10 月 17 日
301	第十三届全国重点网络媒体河北行活动正式启动	河北新闻网	2016 年 10 月 18 日
302	河北又出一所高颜值的大学！华北理工大学新校区长这样	河北新闻网	2016 年 10 月 19 日
303	河北首次海事无人机巡航成功 盘点河北高大上装备	河北新闻网	2016 年 10 月 19 日
304	河北省新增 18 家中国进出口质量诚信企业	河北新闻网	2016 年 10 月 20 日
305	曹妃甸将打造"世界一流"石化基地	河北新闻网	2016 年 10 月 21 日
306	第十三届全国重点网络媒体河北行走进唐山	河北新闻网	2016 年 10 月 21 日
307	项目建设提速 管理服务高效 曹妃甸开发区产业加速聚集	河北新闻网	2016 年 10 月 24 日
308	中信银行唐山曹妃甸支行举办"小小银行家"亲子活动	河北新闻网	2016 年 10 月 25 日
309	黄骅港吞吐量增速居全国首位	河北新闻网	2016 年 10 月 26 日
310	黄骅港吞吐量增速居全国首位 总吞吐量位居全省第二位	河北新闻网	2016 年 10 月 26 日

序号	标　题	来源	时间
311	北京五家医院对口支持承德医院建设	河北新闻网	2016 年 10 月 26 日
312	太平洋寿险与唐山市签署战略合作协议	河北新闻网	2016 年 10 月 27 日
313	河北旅游淡季冲关：激活冀北冰雪游唱好"民俗大戏"	河北新闻网	2016 年 10 月 27 日
314	京津冀签署人社合作协议　专业技术人员职称资格三地互认	河北新闻网	2016 年 10 月 27 日
315	河北文创产品惊艳亮相第十一届北京文博会（图）	河北新闻网	2016 年 10 月 27 日
316	好消息！京冀 9075 家定点医疗机构将实现互认	河北新闻网	2016 年 10 月 28 日
317	京冀 9075 家定点医疗机构将实现互认	河北新闻网	2016 年 10 月 29 日
318	河北省品牌农业发展方兴未艾　品牌数量稳步增加	河北新闻网	2016 年 11 月 1 日
319	沧州 51 项重大项目入围河北重点沿海地区项目建设	河北新闻网	2016 年 11 月 1 日
320	河北农垦引领全省农业现代化　一大波改革措施在路上	河北新闻网	2016 年 11 月 2 日
321	首届京津冀协同发展社会组织高峰论坛在京举办	河北新闻网	2016 年 11 月 4 日
322	【建设经济强省美丽河北纪事】补齐短板　激发第一动力	河北新闻网	2016 年 11 月 5 日
323	河北省公布首批省内异地就医定点医疗机构	河北新闻网	2016 年 11 月 7 日
324	秦皇岛港股份有限公司船舶分公司党建"四融入"助力提质增效	河北新闻网	2016 年 11 月 7 日
325	河北省海上搜救中心连续处置 5 起险情成功救助 23 人	河北新闻网	2016 年 11 月 7 日
326	500 多只东方白鹳栖息曹妃甸（图）	河北新闻网	2016 年 11 月 7 日
327	曹妃甸港：十年写就功与名	河北新闻网	2016 年 11 月 8 日
328	邮储银行唐山市分行成功举办 2016 年公司业务专业技能竞赛活动	河北新闻网	2016 年 11 月 8 日

续表

序号	标　题	来源	时间
329	河北省通报 6 起环保方面问责典型案例	河北新闻网	2016 年 11 月 9 日
330	河北：2671 家门诊定点医疗机构异地直接结算	河北新闻网	2016 年 11 月 9 日
331	唐山国税落实五项制度提升服务水平	河北新闻网	2016 年 11 月 9 日
332	打造西北地区新的出海口　曹妃甸港首个西北内陆港在包头设立	河北新闻网	2016 年 11 月 9 日
333	京津冀一体化带来的"双城生活"，这些"拉近"我们的生活圈	河北新闻网	2016 年 11 月 10 日
334	河北海事局构建四大监管体系　确保辖区水上交通安全	河北新闻网	2016 年 11 月 10 日
335	河北港口集团港口机械公司综合管理体系贯标正式启动	河北新闻网	2016 年 11 月 11 日
336	【建设经济强省美丽河北纪事】开放合作　释放发展活力	河北新闻网	2016 年 11 月 12 日
337	4 人网上结伙绑架迁安 9 男童索赎金 2.2 亿　警方 63 小时破案	河北新闻网	2016 年 11 月 12 日
338	网上结伙绑架迁安男童　索要赎金 2.2 亿元	河北新闻网	2016 年 11 月 12 日
339	河北工业转型升级"十三五"规划解读：努力实现重大进展	河北新闻网	2016 年 11 月 17 日
340	【喜迎党代会】气化京津冀　华北油田为什么行？	河北新闻网	2016 年 11 月 18 日
341	河北省农林科学院持之以恒促农业增效促农民增收	河北新闻网	2016 年 11 月 19 日
342	曹妃甸区"七化一体"创新政务服务 促进项目建设和市场繁荣	河北新闻网	2016 年 11 月 21 日
343	渤海湾首次 LNG 船岸应急联合演习	河北新闻网	2016 年 11 月 21 日
344	赵克志同志代表八届省委向大会作的报告（摘登）	河北新闻网	2016 年 11 月 22 日
345	【省第九次党代会报告解读】坚持航向引领 迈向新的征程	河北新闻网	2016 年 11 月 22 日

序号	标　题	来源	时间
346	物美价廉质优！京津冀"菜篮子"将有这些变化	河北新闻网	2016 年 11 月 22 日
347	情系曹妃甸 为党徽添彩——记河北港口集团港口工程公司 曹妃甸第一项目部合同员王怡涵	河北新闻网	2016 年 11 月 22 日
348	赵克志参加石家庄代表团和唐山代表团审查省党代会报告	河北新闻网	2016 年 11 月 23 日
349	【省第九次党代会报告解读】推进协同发展 加快补齐短板	河北新闻网	2016 年 11 月 23 日
350	滦南加强南堡湿地保护 构建野生鸟类栖息天堂	河北新闻网	2016 年 11 月 24 日
351	剥离岩土成为造福一方的绿色财富——河钢集团矿业公司以无废开采打造循环生态	河北新闻网	2016 年 11 月 27 日
352	曹妃甸有机莲藕热销北京	河北新闻网	2016 年 11 月 28 日
353	唐山港在山西内蒙古建成 3 个内陆港	河北新闻网	2016 年 11 月 28 日
354	2020 年前京津冀将建 9 条城际铁路　京石城际 2018 年开工	河北新闻网	2016 年 11 月 29 日
355	有效注册商标近 30 万件　品牌量质齐升河北是咋做到的？	河北新闻网	2016 年 11 月 29 日
356	截至今年 10 月河北省拥有 10 个国家级出口农产品示范区	河北新闻网	2016 年 11 月 30 日
357	曹妃甸 LNG 码头接卸"洋气"进京	河北新闻网	2016 年 12 月 5 日
358	农行河北分行投放 76 亿支持经济开发区建设	河北新闻网	2016 年 12 月 6 日
359	人保财险唐山曹妃甸支公司开展知识竞赛强化学习型组织建设	河北新闻网	2016 年 12 月 6 日
360	河北省国资委谈"供给侧改革"	河北新闻网	2016 年 12 月 6 日
361	唐山表彰十佳最美志愿者和志愿服务团队（图）	河北新闻网	2016 年 12 月 6 日

序号	标　题	来源	时间
362	关于元氏县等 64 个县（市、区）完成食品药品安全县创建任务的公示	河北新闻网	2016 年 12 月 7 日
363	京津冀拟建绿色转诊通道三地医疗卫生大数据共享共用	河北新闻网	2016 年 12 月 7 日
364	曹妃甸发现古墓群专家初步怀疑为元代驻军墓葬	河北新闻网	2016 年 12 月 8 日
365	曹妃甸蚕沙口村发现古墓群 疑为元代墓葬（组图）	河北新闻网	2016 年 12 月 8 日
366	"拼命三郎"才学强 ——记河北港口集团秦港股份三公司机装四队副队长才学强	河北新闻网	2016 年 12 月 9 日
367	秦皇岛港股份有限公司曹妃甸实业公司党委开展党章党规知识答题	河北新闻网	2016 年 12 月 9 日
368	为了天空飞翔的鸟儿（组图）	河北新闻网	2016 年 12 月 11 日
369	33 只东方白鹳曹妃甸获救助（图）	河北新闻网	2016 年 12 月 12 日
370	河北省 2015 年度网络新闻奖获奖作品公示	河北新闻网	2016 年 12 月 13 日
371	【高端访谈】焦彦龙谈唐山如何加快建设国际化沿海强市	河北新闻网	2016 年 12 月 13 日
372	石墨烯产业化全球抢跑，河北机会几何	河北新闻网	2016 年 12 月 13 日
373	唐山曹妃甸区实行"车位式"管理小摊点	河北新闻网	2016 年 12 月 13 日
374	唐山全城抓老赖 近 7 个小时拘传拘留 84 人（图）	河北新闻网	2016 年 12 月 14 日
375	到 2018 年底，河北与重点城市间快递将"48 小时送达"	河北新闻网	2016 年 12 月 14 日
376	2018 年底河北与重点城市间快递将"48 小时送达"	河北新闻网	2016 年 12 月 15 日
377	努力实现沿海经济发展新突破	河北新闻网	2016 年 12 月 16 日
378	河北十大旅游新业态将成为经济增长新动能	河北新闻网	2016 年 12 月 19 日

序号	标　题	来源	时间
379	背后的精彩——记秦皇岛港股份有限公司第二港务分公司卸车一队	河北新闻网	2016 年 12 月 20 日
380	河北部署明年经济工作六大重点任务	河北新闻网	2016 年 12 月 22 日
381	河北 4 个县（区）成为首批国家农产品质量安全县	河北新闻网	2016 年 12 月 22 日
382	200 余民营"大咖"聚河北谋发展	河北新闻网	2016 年 12 月 23 日
383	海事部门多项举措助力曹妃甸"世界新港"建设（图）	河北新闻网	2016 年 12 月 23 日
384	曹妃甸举办迎新年·文化旅游商品展	河北新闻网	2016 年 12 月 26 日
385	唐山重点建设项目提前完成全年投资任务	河北新闻网	2016 年 12 月 26 日
386	首钢基金投资曹妃甸工人医院	河北新闻网	2016 年 12 月 26 日
387	大道如虹勇向前——写在河北港口集团第一次党代会召开之即	河北新闻网	2016 年 12 月 27 日
388	张伯旭	河北新闻网	2016 年 12 月 30 日
389	唐山曹妃甸区"智慧监管"保安全	河北新闻网	2016 年 12 月 30 日
390	唐山一幼儿园收"阳光体育"费用　停课退费	河北新闻网	2017 年 1 月 1 日
391	元旦假期河北交通事故下降 还多了些暖心事	河北新闻网	2017 年 1 月 3 日
392	河北港口集团党委与三大业务板块签订"十三五"经营业绩责任书	河北新闻网	2017 年 1 月 5 日
393	河北：协同发展再谋突破 转型升级走好新路	河北新闻网	2017 年 1 月 6 日
394	中国共产党河北港口集团有限公司第一次代表大会胜利闭幕	河北新闻网	2017 年 1 月 6 日
395	代表、委员热议：让新兴产业尽快"挑大梁"	河北新闻网	2017 年 1 月 8 日
396	省十二届人大五次会议政府工作报告（摘登）	河北新闻网	2017 年 1 月 9 日

续表

序号	标 题	来源	时间
397	【报告解读】展望 2017：走好发展新路 坚实一步	河北新闻网	2017 年 1 月 9 日
398	【报告解读】回眸 2016：十三五实现良 好开局	河北新闻网	2017 年 1 月 9 日
399	滦县职教中心：近 400 名学生获京津企 业实习岗位	河北新闻网	2017 年 1 月 9 日
400	唐山曹妃甸区：电梯二维码监管系统实 现全覆盖	河北新闻网	2017 年 1 月 9 日
401	【唐山】公安交警支队发布春运安全出 行提示	河北新闻网	2017 年 1 月 9 日
402	河北港口集团党委与三大业务板块负责 人签订"十三五"经营业绩责任书	河北新闻网	2017 年 1 月 9 日
403	河北港口集团、秦港股份公司党委书记、 董事长曹子玉参加集团第一次党代会第 一代表团讨论	河北新闻网	2017 年 1 月 9 日
404	代表委员热议加快承接京津产业和科技 项目	河北新闻网	2017 年 1 月 10 日
405	加快承接京津产业和科技项目建好重大 平台 构筑战略支点	河北新闻网	2017 年 1 月 10 日
406	河北港口集团新战略助力全省供给侧结 构性改革	河北新闻网	2017 年 1 月 10 日
407	扎根地方 建设地方 服务地方河北港口 集团新战略助力全省供给侧结构性改革	河北新闻网	2017 年 1 月 10 日
408	跨越提升 如何补齐"发展短板"	河北新闻网	2017 年 1 月 12 日
409	河北建投集团水务公司荣获第四届河北 省职工道德建设标兵单位称号	河北新闻网	2017 年 1 月 12 日
410	【两会关注】京津冀交通一体化惠及 民生	河北新闻网	2017 年 1 月 12 日
411	省交管局发布 2017 年春运安全行车宝典	河北新闻网	2017 年 1 月 12 日
412	河北港口集团：新战略助力供给侧结构 性改革	河北新闻网	2017 年 1 月 13 日

序号	标　题	来源	时间
413	京津冀交通一体化：出行时间将继续缩短	河北新闻网	2017 年 1 月 13 日
414	聚焦"两会"⑤创新驱动，打造发展"引擎"	河北新闻网	2017 年 1 月 13 日
415	环渤海水域船舶排放控制区查处首例船舶违规使用燃油案	河北新闻网	2017 年 1 月 13 日
416	省第十二届人大五次会议上的政府工作报告	河北新闻网	2017 年 1 月 16 日
417	河北 120 家现代农业园区提升农业综合效益	河北新闻网	2017 年 1 月 16 日
418	2016 年唐山实际利用外资 14.83 亿美元居河北首位	河北新闻网	2017 年 1 月 16 日
419	唐山今年将实施超 200 个京津合作重点项目	河北新闻网	2017 年 1 月 16 日
420	《《河北日报》》专版：河北港口集团新战略助力供给侧结构性改革	河北新闻网	2017 年 1 月 16 日
421	2016 年河北省 12 月份环境空气质量监测结果排名出炉 空气质量综合指数排名前 9 位的全部为张家口地区	河北新闻网	2017 年 1 月 17 日
422	河北现代农业园区描绘发展新图景	河北新闻网	2017 年 1 月 18 日
423	人保财险唐山曹妃甸支公司积极拓展温室大棚保险	河北新闻网	2017 年 1 月 18 日
424	河北全省现代农业园区描绘发展新图景	河北新闻网	2017 年 1 月 18 日
425	河北省出台产业转型升级试验区规划	河北新闻网	2017 年 1 月 19 日
426	永定河生态修复将启动　京津冀治污谋求"齐步走"	河北新闻网	2017 年 1 月 20 日
427	北京 2017 年再疏解约 500 家制造企业	河北新闻网	2017 年 1 月 20 日
428	北京中关村曹妃甸高新技术成果转化基地初步建成	河北新闻网	2017 年 1 月 23 日

序号	标 题	来源	时间
429	去年前 11 月河北省级以上开发区主营业务收入首破万亿元	河北新闻网	2017 年 1 月 23 日
430	河北省建设京津冀 1:25 万活动断层应用工作平台	河北新闻网	2017 年 1 月 23 日
431	十三五期间河北港口集团力争重踞全国第一方阵领先地位	河北新闻网	2017 年 1 月 23 日
432	河北港口集团：力争重踞全国第一方阵领先地位	河北新闻网	2017 年 1 月 23 日
433	到 2020 年北京中关村曹妃甸高新技术成果转化基地初步建成	河北新闻网	2017 年 1 月 23 日
434	河北轨道交通营业里程到 2020 年将突破 8500 公里	河北新闻网	2017 年 1 月 23 日
435	京津冀协同发展中的金融体系支持	河北新闻网	2017 年 1 月 24 日
436	2016 年石家庄海关监管进出口货运量居全国第三位	河北新闻网	2017 年 1 月 24 日
437	报春·燕赵大拜年	河北新闻网	2017 年 1 月 25 日
438	"十三五"河北省将新建续建 7 条高速铁路	河北新闻网	2017 年 1 月 26 日
439	《报春·燕赵大拜年》全媒体特别报道今日推出	河北新闻网	2017 年 1 月 28 日
440	投资 2000 亿！打造"轨道上的京津冀"	河北新闻网	2017 年 1 月 31 日
441	世界湿地日晒家底！看河北 12 处湿地有多美	河北新闻网	2017 年 2 月 3 日
442	【新春走基层】唐山三友集团：循环经济探新路	河北新闻网	2017 年 2 月 5 日
443	三友集团：循环经济探新路 重点项目"绿"意浓	河北新闻网	2017 年 2 月 5 日
444	石家庄海关去年监管进出口货运量居全国第三位	河北新闻网	2017 年 2 月 7 日
445	"一枚印章管审批"是一场自我革命	河北新闻网	2017 年 2 月 7 日

序号	标 题	来源	时间
446	河北港口集团各单位走访慰问职工送温暖	河北新闻网	2017 年 2 月 7 日
447	唐山市与天津滨海新区签订深化区域合作协议	河北新闻网	2017 年 2 月 8 日
448	三友集团——党建和企业经营进入全国先进行列	河北新闻网	2017 年 2 月 8 日
449	今年河北千亿元投向交通建设 年底高速通车里程 6566 公里	河北新闻网	2017 年 2 月 9 日
450	今年新开工延崇、津石等 高速公路 300 公里以上	河北新闻网	2017 年 2 月 10 日
451	今年我省投资千亿元推进交通建设	河北新闻网	2017 年 2 月 10 日
452	河北省全国产业转型升级试验区规划出台	河北新闻网	2017 年 2 月 12 日
453	《河北日报》报业集团 2017 "新春走基层"活动圆满结束	河北新闻网	2017 年 2 月 13 日
454	曹妃甸港区首月货物吞吐量突破 2000 万吨	河北新闻网	2017 年 2 月 13 日
455	50 多部产业新规明确转型路径	河北新闻网	2017 年 2 月 13 日
456	【新春走基层】石家庄海关：坚守一线保通关	河北新闻网	2017 年 2 月 13 日
457	京唐、京霸高铁河北段 4 月开工	河北新闻网	2017 年 2 月 14 日
458	积极实施新一轮对外开放	河北新闻网	2017 年 2 月 15 日
459	省总工会深化作风建设主动服务经济社会发展大局	河北新闻网	2017 年 2 月 15 日
460	唐山加快推进"三个走在前列"建设国际化沿海强市	河北新闻网	2017 年 2 月 15 日
461	精英钳工班的三个火枪手——记河北港口集团港口机械公司董长亮、李文龙、张志超	河北新闻网	2017 年 2 月 15 日

序号	标　题	来源	时间
462	河北港口集团港口机械公司三地一心守护安全	河北新闻网	2017 年 2 月 15 日
463	河北首批 82 个特色小镇公示！100 万奖补，看有你家乡吗？	河北新闻网	2017 年 2 月 15 日
464	秦皇岛中理外轮理货有限责任公司和秦皇岛华正煤炭检验行签订战略合作协议	河北新闻网	2017 年 2 月 17 日
465	河北银行业依托"四大平台"提升小微企业金融服务水平	河北新闻网	2017 年 2 月 17 日
466	【协同发展三年间】河北产业重构谋升级	河北新闻网	2017 年 2 月 18 日
467	曹妃甸打造首都高校疏解集中承载区	河北新闻网	2017 年 2 月 20 日
468	唐山与天津滨海新区加强全面对接合作	河北新闻网	2017 年 2 月 20 日
469	曹妃甸区开展个体诊所用药安全大检查	河北新闻网	2017 年 2 月 20 日
470	唐山探索设立天津自贸区政策延展区	河北新闻网	2017 年 2 月 20 日
471	2 人履新邢台、张家口市委副书记！唐山人事变化	河北新闻网	2017 年 2 月 20 日
472	京津冀三大领域协同发展率先破题	河北新闻网	2017 年 2 月 21 日
473	沿海高速曹妃甸支线今年将建成通车	河北新闻网	2017 年 2 月 21 日
474	省科技厅推五项机制优化营商环境	河北新闻网	2017 年 2 月 21 日
475	重点突破，下好"先手棋"京津冀三大领域协同发展率先破题	河北新闻网	2017 年 2 月 21 日
476	市委副书记、组织部部长、县委书记河北 6 市干部调整	河北新闻网	2017 年 2 月 21 日
477	河北口岸首次开展国际航船联合登临检查　减频增效	河北新闻网	2017 年 2 月 22 日
478	10 个京津冀产业协同重点项目签意向投资额 311 亿 9 个涉冀	河北新闻网	2017 年 2 月 22 日
479	王景武任衡水代市长！河北 11 市党政一把手最新全名单	河北新闻网	2017 年 2 月 23 日
480	京津冀产业协同签涉冀大单逾 310 亿	河北新闻网	2017 年 2 月 23 日

序号	标　题	来源	时间
481	唐山市食品安全总体情况	河北新闻网	2017 年 2 月 23 日
482	【携手逐梦京津冀】春潮澎湃起　风正好扬帆	河北新闻网	2017 年 2 月 24 日
483	京津冀靠改革创新发力　公共服务均等化水平逐步提高	河北新闻网	2017 年 2 月 24 日
484	【携手逐梦京津冀】北京中关村河北多地开新花	河北新闻网	2017 年 2 月 24 日
485	发起设立京冀协同发展基金从"山"到"海"首钢扎根曹妃甸	河北新闻网	2017 年 2 月 24 日
486	北京对津冀三年投资 4150 亿元	河北新闻网	2017 年 2 月 24 日
487	保定将建 10 座自助图书馆　河北这些城市也有知道吗	河北新闻网	2017 年 2 月 24 日
488	京津冀三地携手踏上协同发展新征程	河北新闻网	2017 年 2 月 26 日
489	河北主动融入大局　加大京津冀协同发展推进力度	河北新闻网	2017 年 2 月 26 日
490	习近平：在对接京津、服务京津中加快发展自己	河北新闻网	2017 年 2 月 26 日
491	一种温暖！情怀！力量！看总书记的燕赵足迹如何定格	河北新闻网	2017 年 2 月 26 日
492	到 2020 年曹妃甸将打造 5 个智能工厂或互联工厂	河北新闻网	2017 年 2 月 27 日
493	推动北京制造业向曹妃甸转移，打造 5 个智能工厂或互联工厂	河北新闻网	2017 年 2 月 27 日
494	曹妃甸区争当"三个走在前列"排头兵	河北新闻网	2017 年 2 月 27 日
495	行者无疆——记河北港口集团标兵朱古力	河北新闻网	2017 年 2 月 28 日
496	河北首批特色小镇名单正式公布　分创建类和培育类	河北新闻网	2017 年 3 月 1 日
497	特色小镇来了！河北首批创建培育这 82 个	河北新闻网	2017 年 3 月 1 日

序号	标 题	来源	时间
498	公示！2016 年度全省文明家庭候选家庭名单公布	河北新闻网	2017 年 3 月 3 日
499	河北省各地干部群众热议政府工作报告	河北新闻网	2017 年 3 月 6 日
500	徐和谊代表：带动河北形成千亿级汽车产业链	河北新闻网	2017 年 3 月 7 日
501	省交通运输厅谈"交通运输发展"	河北新闻网	2017 年 3 月 7 日
502	三友集团凭借"两碱一化"循环经济 19 年来始终保持盈利	河北新闻网	2017 年 3 月 8 日
503	【北京连线】创新驱动 实现新旧动能转换	河北新闻网	2017 年 3 月 9 日
504	动能转换，用好创新驱动金钥匙	河北新闻网	2017 年 3 月 9 日
505	唐山曹妃甸实业港务公司做好除尘设备春季检查	河北新闻网	2017 年 3 月 9 日
506	【特稿】协同发展，向广度深度迈进	河北新闻网	2017 年 3 月 10 日
507	厉害了！河北这么多镇要发达，国家和省将重点扶持	河北新闻网	2017 年 3 月 12 日
508	产业承接：平台构建应精准 营商环境要更优	河北新闻网	2017 年 3 月 13 日
509	河北港口集团公司 2017 年度工作会议暨职代会隆重召开	河北新闻网	2017 年 3 月 14 日
510	富德生命人寿冀分组织献爱心捐助活动彰显生命大爱	河北新闻网	2017 年 3 月 16 日
511	天津滨海新区与曹妃甸共推天津自贸区曹妃甸片区申报	河北新闻网	2017 年 3 月 19 日
512	乐亭用服务提升吸引项目落地的"魅力值"	河北新闻网	2017 年 3 月 20 日
513	唐山在市县全面推广行政审批局改革	河北新闻网	2017 年 3 月 20 日
514	民生银行唐山曹妃甸支行参与 3·15 诚信文化教育和征信专题宣传活动	河北新闻网	2017 年 3 月 20 日
515	中行曹妃甸分行助居民激活健康卡	河北新闻网	2017 年 3 月 21 日

续表

序号	标　题	来源	时间
516	多家"京牌"中小学进入河北，带来这些红利	河北新闻网	2017 年 3 月 22 日
517	教育协同，红利不止京校入冀	河北新闻网	2017 年 3 月 22 日
518	投资 335 亿! 今年河北省推进 17 条段高速路建设	河北新闻网	2017 年 3 月 22 日
519	建设示范平台 创新合作模式河北开发区加速承接京津转移	河北新闻网	2017 年 3 月 23 日
520	国投交通集团客人访问河北港口集团	河北新闻网	2017 年 3 月 23 日
521	承德市首家甩挂运输试点项目通过验收评审	河北新闻网	2017 年 3 月 23 日
522	河北开发区加速承接京津转移	河北新闻网	2017 年 3 月 23 日
523	焦彦龙当选唐山市委书记，新一届市委常委名单、简历	河北新闻网	2017 年 3 月 23 日
524	河北县级以上城市 2020 年底前将全面实行居民用水阶梯价	河北新闻网	2017 年 3 月 24 日
525	联合国教科文组织将在曹妃甸设立职业教育培训基地	河北新闻网	2017 年 3 月 24 日
526	河钢集团矿业公司 2 亿吨剥离岩土填海造地 6 万亩	河北新闻网	2017 年 3 月 27 日
527	唐山加快建设国际化沿海强市	河北新闻网	2017 年 3 月 27 日
528	到 2020 年曹妃甸将创办培育 3 个大学生创新创业基地	河北新闻网	2017 年 3 月 27 日
529	唐山市 56 家医疗机构将与京津医院合作	河北新闻网	2017 年 3 月 27 日
530	唐山力求办好曹妃甸、芦汉两大协同发展示范区	河北新闻网	2017 年 3 月 27 日
531	旭阳集团大型炼化项目落户唐山曹妃甸	河北新闻网	2017 年 3 月 27 日
532	国家扶持! 河北这 11 个地儿入围这批试点，哪将最终被认定?	河北新闻网	2017 年 3 月 28 日
533	唐曹公路今日正式通车　车程缩短至 40 分钟	河北新闻网	2017 年 3 月 28 日

序号	标　题	来源	时间
534	唐山交警发布出行提示　清明这些路段易拥堵	河北新闻网	2017 年 3 月 28 日
535	省内各市清明节出行提示	河北新闻网	2017 年 3 月 28 日
536	伤愈丹顶鹤在曹妃甸湿地重回蓝天（图）	河北新闻网	2017 年 3 月 29 日
537	丹顶鹤受伤得救助　痊愈后在曹妃甸湿地重返自然	河北新闻网	2017 年 3 月 30 日
538	河北省旅游投融资大会现场签约 38 个项目　总投资 2333 亿元	河北新闻网	2017 年 3 月 30 日
539	1 正 8 副！唐山市政协主席、副主席名单、简历全公布	河北新闻网	2017 年 3 月 31 日
540	股市纵横：中国建筑增长潜力看好	香港《文汇报》	2016 年 7 月 28 日
541	"每个人家中都有震亡者"	香港《文汇报》	2016 年 7 月 30 日
542	河北矿石码头首 7 月接船 140 艘	香港《文汇报》	2016 年 8 月 14 日
543	京津冀协同创新共同体成效初显	香港《文汇报》	2016 年 10 月 15 日
544	第 20 届京港洽谈会在京开幕　拓展两地合作新领域	香港《文汇报》	2016 年 11 月 3 日
545	京冀联手 打造河北第一经济增长极	香港《文汇报》	2016 年 12 月 23 日
546	冀省长说"协同发展"：京津向河北释出红利	香港《文汇报》	2017 年 1 月 10 日
547	习近平指导京津冀协同发展三周年纪实	香港《文汇报》	2017 年 2 月 26 日
548	曹妃甸工业区 宛如"鬼城"	《联合早报》（新加坡）	2016 年 8 月 24 日
549	河北曹妃甸今年将承接京津转移项目 100 个以上	《联合早报》（新加坡）	2016 年 6 月 10 日
550	中国北方沿海民众妈祖热持续升温	《联合早报》（新加坡）	2016 年 4 月 27 日
551	河北煤港建全球最大防尘网	《星洲日报》（马来西亚）	2017 年 1 月 5 日

2017 年 4 月 1 日—2018 年 3 月 31 日

序号	标　题	来源	时间
1	河北省全力谋划推进型安新区规划建设	《人民日报》	2017 年 4 月 24 日
2	唐山　变中积蓄新动能	《人民日报》	2017 年 7 月 24 日
3	奋力开创首都发展更加美好的明天	《人民日报》	2017 年 8 月 7 日
4	更大空间谋划首都发展（协调）	《人民日报》	2017 年 8 月 7 日
5	京华大地党旗红（党建）	《人民日报》	2017 年 8 月 7 日
6	坚定自觉落实京津冀协同发展战略	《人民日报》	2017 年 8 月 9 日
7	"走出去"从未如此轻松	《人民日报》	2017 年 8 月 10 日
8	京冀共建人力社保服务中心	《人民日报》	2017 年 11 月 13 日
9	第五届全国文明城市、文明村镇、文明单位和第一届全国文明校园名单	《人民日报》	2017 年 11 月 18 日
10	推动京津冀协同发展（认真学习宣传贯彻党的十九大精神）	《人民日报》	2017 年 11 月 20 日
11	46 个平台　集中承接转移产业	《人民日报》	2017 年 12 月 22 日
12	北京外迁企业结伴涌向曹妃甸	《人民日报》	2017 年 12 月 22 日
13	基层党建如何"本领高强"（治理者说）	《人民日报》	2018 年 1 月 30 日
14	把握国企改革方向　推进改革任务落地	《人民日报》	2018 年 1 月 30 日
15	碧海银滩也是金山银山（绿色焦点）	《人民日报》	2018 年 2 月 10 日
16	京津冀发力高教协同	《人民日报海外版》	2017 年 4 月 5 日
17	京津冀协同发展一年一大步（事件新闻）	《人民日报海外版》	2018 年 2 月 4 日
18	今天，我们需要怎样的阅读空间	《光明日报》	2017 年 4 月 24 日
19	京津冀人才一体化迎来破局	《光明日报》	2017 年 5 月 11 日
20	河北唐山港曹妃甸港区今年 1 至 8 月货物吞吐量突破 2 亿吨	《光明日报》	2017 年 9 月 9 日
21	金风送爽稻谷香	《光明日报》	2017 年 10 月 31 日
22	河北唐山：奉献的身影无处不在	《光明日报》	2017 年 12 月 25 日
23	政府多动脑　企业少烦恼	《光明日报》	2017 年 12 月 30 日
24	攻坚克难 8 万党员成中坚	《光明日报》	2018 年 1 月 24 日
25	焕发新活力　开创新格局	《光明日报》	2018 年 2 月 26 日

序号	标　题	来源	时间
26	河北唐山市曹妃甸区公安局党委委员徐大志接受组织审查	新华社	2017 年 4 月 6 日
27	河北唐山对接京津教育　签约项目已达141 个	新华社	2017 年 4 月 15 日
28	河北：全力做好当前雄安新区规划建设工作	新华社	2017 年 4 月 21 日
29	河北唐山：从钢铁大市向装备制造大市转变	新华社	2017 年 5 月 16 日
30	环渤海港口加快资源整合共推黄骅港集装箱发展	新华社	2017 年 5 月 19 日
31	环保部通报 4 起企业排污监测数据弄虚作假案件	新华社	2017 年 5 月 24 日
32	禁限行业过半　关停企业超千　人口增速"双降"——北京打造京津冀协同发展"金钥匙"	新华社	2017 年 6 月 10 日
33	优质医疗到身边　河北患者少赴京	新华社	2017 年 6 月 22 日
34	北京市属企业在津冀计划投资额超 2000亿元	新华社	2017 年 7 月 12 日
35	大草原绘就开放发展新蓝图	新华社	2017 年 7 月 20 日
36	曹妃甸上半年签约京津项目 41 个　总投资 821 亿元	新华社	2017 年 7 月 27 日
37	大商所调整焦煤、焦炭、铁矿石品种指定交割仓库	新华社	2017 年 7 月 27 日
38	半年经济平稳向好　科技创新激发潜能——京津冀年中经济数据解读	新华社	2017 年 8 月 2 日
39	曹妃甸"绿色"火电工程加紧建设	新华社	2017 年 8 月 3 日
40	开放的草原更辽阔——内蒙古辉煌 70 年系列述评之对外开放篇	新华社	2017 年 8 月 7 日
41	避免同质竞争！雄安新区、北京城市副中心等平台产业承接和发展方向更明确	新华社	2017 年 8 月 21 日

续表

序号	标 题	来源	时间
42	北京全方位支持雄安新区建设	新华社	2017 年 8 月 21 日
43	蓝图正在变现实——再看京津冀	新华社	2017 年 9 月 17 日
44	面积赛英国人口超德国：京津冀沃土上打造中国发展新的支撑带	新华社	2017 年 9 月 18 日
45	渤海湾畔听新潮——天津滨海新区五年新变	新华社	2017 年 10 月 7 日
46	京冀在曹妃甸共建人力社保服务中心	新华社	2017 年 11 月 9 日
47	河北沿海高速曹妃甸支线跨迁曹铁路大桥成功转体	新华社	2017 年 11 月 11 日
48	东方白鹳"做客"河北曹妃甸湿地	新华社	2017 年 11 月 13 日
49	未来京津冀航空发展什么样？——《推进京津冀民航协同发展实施意见》解读	新华社	2017 年 12 月 7 日
50	北京减煤成效显著　二氧化硫浓度有望创新低	新华社	2017 年 12 月 13 日
51	河北新停收 9 个路桥项目通行费	新华社	2018 年 1 月 11 日
52	曹妃甸"绿色"火电工程稳步推进	新华社	2018 年 1 月 29 日
53	唐山市曹妃甸：冰天雪地测海冰	新华社	2018 年 1 月 30 日
54	创新驱动　合作强化　环境优化——2017 年京津冀推进高质量发展观察	新华社	2018 年 2 月 4 日
55	海冰来袭，影响几何？——环黄渤海千里"追冰"记	新华社	2018 年 2 月 8 日
56	唐山曹妃甸："鱼菜共生"生态种养	新华社	2018 年 2 月 9 日
57	值守岗位，他们这样过春节	新华社	2018 年 2 月 20 日
58	许强：北京市加快全国科技创新中心建设	新华网	2017 年 4 月 26 日
59	新时代青年用青春筑牢"双创"根基——"创青春·创富中国行"活动河北段圆满收官	新华网	2017 年 7 月 3 日
60	冯伟忠：节能减排创新技术应用成效显著	新华网	2017 年 7 月 18 日

续表

序号	标　题	来源	时间
61	【"砥砺奋进新国企"系列访谈】盐田港："大海港"的"绿色样本"	新华网	2017 年 9 月 14 日
62	中国五矿携四公司打造亿吨级国际矿石交易中心	新华网	2017 年 11 月 3 日
63	创新引领　抢占产业制高点	新华网	2017 年 11 月 8 日
64	天津航标处举行 2017 年航标用户座谈会广泛听取意见	新华网	2017 年 11 月 8 日
65	北京首个跨省人力社保服务中心落户曹妃甸	新华网	2017 年 11 月 9 日
66	(受权发布) 第五届全国文明城市、文明村镇、文明单位和第一届全国文明校园名单	新华网	2017 年 11 月 17 日
67	曹妃甸将建设亿吨级国际矿石交易中心	新华网	2017 年 11 月 24 日
68	唐山·曹妃甸港石嘴山内陆港正式揭牌	新华网	2017 年 11 月 30 日
69	北京医生 3 年多在河北接诊 7 万余人次	新华网	2017 年 11 月 30 日
70	河北承德县在京招商签约 24 个项目投资达 600 亿元	新华网	2017 年 12 月 5 日
71	龙创宏业助力环京县域产业发展	新华网	2017 年 12 月 8 日
72	京津冀加强建设产业转移承接重点平台	新华网	2017 年 12 月 20 日
73	北京形成多源多向管网格局　保障安全稳定供气	新华网	2017 年 12 月 27 日
74	国家海洋督察组反馈督察情况　河北省填海造地逾 3 万公顷空置率达 68%	新华网	2018 年 1 月 16 日
75	中国二十二冶：与时代共命运　不忘初心继续前进	新华网	2018 年 2 月 7 日
76	平台建设扎实推进　深化协同中体现滨海新区作为	新华网	2018 年 2 月 27 日
77	河北唐山 2017 年与京津合作亿元以上项目 400 项	新华网	2018 年 2 月 27 日

序号	标　题	来源	时间
78	天津滨海新区在京津冀协同发展中享受红利	新华网	2018 年 3 月 3 日
79	曹妃甸港至蒙古国乌兰巴托中欧班列开行	新华网	2018 年 3 月 26 日
80	逮捕、立案侦查！张家口市有这些人	《河北日报》	2017 年 6 月 13 日
81	曹妃甸湿地集中放飞珍稀鸟类	《河北日报》	2017 年 12 月 29 日
82	曹妃甸车管所组织记满12分驾驶人开展志愿者服务	《燕赵都市报》	2017 年 6 月 23 日
83	唐山成为全国首批国家食品安全示范城市	《燕赵都市报》	2017 年 6 月 30 日
84	唐山十大"最美景区揭晓　面向社会公示	《燕赵都市报》	2017 年 6 月 30 日
85	"玩儿转唐山——唐山最美"评选结果正式公布	《燕赵都市报》	2017 年 7 月 12 日
86	唐山市启动实施唐氏综合征免费筛查项目	《燕赵都市报》	2017 年 7 月 18 日
87	曹妃甸19个项目签约总投资258.6亿元	《燕赵都市报》	2017 年 7 月 20 日
88	唐山10家医院开通跨省就医医保直接结算	《燕赵都市报》	2017 年 7 月 25 日
89	11人和团队获唐山首届市长特别奖	《燕赵都市报》	2017 年 8 月 28 日
90	曹妃甸稻花节邀你来一场秋天的约会	《燕赵都市报》	2017 年 8 月 28 日
91	唐曹铁路南堡跨世纪路特大桥简支拱顺利合龙	《燕赵都市报》	2017 年 9 月 1 日
92	曹妃甸港区货物吞吐量突破2亿吨	《燕赵都市报》	2017 年 9 月 6 日
93	新360行｜唐山越野赛车手……	《燕赵都市报》	2017 年 9 月 7 日
94	郭彦洪当选唐山市人大主任　丁绣峰当选唐山市市长	河北新闻网	2017 年 4 月 1 日
95	厉害了我的河北！400多旅游项目招商总投资过万亿	河北新闻网	2017 年 4 月 3 日
96	河北建工集团14项工程获省级安全文明工地荣誉	河北新闻网	2017 年 4 月 5 日

序号	标　题	来源	时间
97	三友物流持续提升经营能力	河北新闻网	2017 年 4 月 5 日
98	河北港口集团港口机械公司拿下多笔制造订单	河北新闻网	2017 年 4 月 5 日
99	中国银行曹妃甸分行为区内某重点企业叙做大额授信 15.12 亿元	河北新闻网	2017 年 4 月 6 日
100	唐山市曹妃甸区公安局党委委员徐大志接受组织审查	河北新闻网	2017 年 4 月 6 日
101	技术培训、助残、巡渠……4 月，我们这样学雷锋	河北新闻网	2017 年 4 月 6 日
102	环保宣传、科技扶贫、助力文明城市创建……4 月，我们这样学雷锋	河北新闻网	2017 年 4 月 6 日
103	石家庄点名通报 2 典型案件！唐山 1 人接受组织审查	河北新闻网	2017 年 4 月 6 日
104	河北港口集团部署二季度工作任务	河北新闻网	2017 年 4 月 7 日
105	中行河北省曹妃甸分行走进"田间地头"助居民激活健康卡	河北新闻网	2017 年 4 月 7 日
106	唐山：钢铁去产能 产业谋新局	河北新闻网	2017 年 4 月 10 日
107	4 年内河北 67 家企业退城搬迁！11 地分别发展这些产业	河北新闻网	2017 年 4 月 10 日
108	唐山曹妃甸工业区新建"城市书房"	河北新闻网	2017 年 4 月 10 日
109	中行曹妃甸分行 15.1 亿支持企业发展	河北新闻网	2017 年 4 月 11 日
110	中国银行曹妃甸分行以最好党建引领最好银行建设	河北新闻网	2017 年 4 月 12 日
111	水源缺少、面积缩减 河北湿地如何不"失地"	河北新闻网	2017 年 4 月 13 日
112	河北工业大学瞄准地方需求促进科技成果转化	河北新闻网	2017 年 4 月 13 日
113	中国银行曹妃甸分行多措并举提升文优服务水平	河北新闻网	2017 年 4 月 14 日
114	8 个中关村项目成功落户曹妃甸	河北新闻网	2017 年 4 月 16 日

序号	标　题	来源	时间
115	刚刚评定！河北这 7 个区域品牌要在全国出名啦！	河北新闻网	2017 年 4 月 17 日
116	想客户之所想 急客户之所急中行曹妃甸分行为当地中小企业成长注入"金融活水"	河北新闻网	2017 年 4 月 17 日
117	曹妃甸区沿海经济扩量提质升级	河北新闻网	2017 年 4 月 17 日
118	河北省评出 12 个老有所为先进典型	河北新闻网	2017 年 4 月 17 日
119	环渤海动力煤价格指数报收于 603 元/吨	河北新闻网	2017 年 4 月 18 日
120	今年河北 11 地市有 200 多件好事！看你家乡有啥变化	河北新闻网	2017 年 4 月 20 日
121	中国银行曹妃甸分行成功营销代发薪业务 9600 万元	河北新闻网	2017 年 4 月 20 日
122	外来物种入侵不容忽视	河北新闻网	2017 年 4 月 20 日
123	世界读书日 VS 新华书店 80 华诞　河北新华系列阅读活动等你来参与	河北新闻网	2017 年 4 月 20 日
124	河北省商务厅支持省市层面 31 家开发区实现重点突破	河北新闻网	2017 年 4 月 20 日
125	河北省委九届三次全会在石开幕	河北新闻网	2017 年 4 月 20 日
126	承接京津产业转移，推进协同发展行稳致远	河北新闻网	2017 年 4 月 21 日
127	中共河北省委　关于深入学习贯彻习近平总书记重要讲话精神　全力做好当前雄安新区规划建设工作的决议	河北新闻网	2017 年 4 月 21 日
128	河北开展重点项目建设转型升级年活动	河北新闻网	2017 年 4 月 22 日
129	唐山重拳整治社区私搭乱建乱围乱种乱堆乱放	河北新闻网	2017 年 4 月 24 日
130	中国银行曹妃甸分行组织"青春在线、激流勇进"五四青年节系列活动	河北新闻网	2017 年 4 月 25 日
131	中国银行曹妃甸分行组织开展"三违反"、"三套利"行为专项自查活动	河北新闻网	2017 年 4 月 25 日

续表

序号	标 题	来源	时间
132	秦皇岛港股份有限公司第六港务分公司路港联创乒乓球赛成功举办	河北新闻网	2017 年 4 月 26 日
133	曹妃甸海事局揭牌成立	河北新闻网	2017 年 4 月 27 日
134	华北理工大学举行曹妃甸新校园首届运动会（图）	河北新闻网	2017 年 4 月 27 日
135	河北 9 市 50 余人被查处，涉多名厅、处级干部！	河北新闻网	2017 年 4 月 28 日
136	开除党籍、移送司法……河北 1 市 7 人被点名曝光！	河北新闻网	2017 年 4 月 30 日
137	努力实现融合发展错位发展 确保雄安新区规划建设开好局起好步	河北新闻网	2017 年 5 月 3 日
138	河北今年实施工业强省、制造强省、网络强省战略	河北新闻网	2017 年 5 月 4 日
139	透视各地两会 看京津冀协同发展如何"深度融入"	河北新闻网	2017 年 5 月 9 日
140	中国银行曹妃甸分行组织五四青年节"I 朗读"主题活动	河北新闻网	2017 年 5 月 9 日
141	京津冀协同发展谋求"深度融入"	河北新闻网	2017 年 5 月 9 日
142	中国银行曹妃甸唐海支行组织"爱中行·爱健康"员工健步走活动	河北新闻网	2017 年 5 月 10 日
143	中国银行曹妃甸分行积极推进"两学一做"学习教育常态化	河北新闻网	2017 年 5 月 11 日
144	京津冀47 家医院开通医保异地结算 涉及河北 11 家	河北新闻网	2017 年 5 月 12 日
145	河北最新事业单位招聘上千人！找工作的快看	河北新闻网	2017 年 5 月 15 日
146	唐山打造京津冀东北部综合交运中心	河北新闻网	2017 年 5 月 15 日
147	唐山市技工院校达 15 所 毕业生就业率全省领先	河北新闻网	2017 年 5 月 15 日

序号	标　题	来源	时间
148	北京与曹妃甸签订旅游发展战略合作协议	河北新闻网	2017 年 5 月 15 日
149	中国银行曹妃甸分行积极开展机关作风整顿工作	河北新闻网	2017 年 5 月 15 日
150	华北理工大学因搬迁财务封账拖欠研究生补助　即将发放	河北新闻网	2017 年 5 月 15 日
151	中国银行曹妃甸分行积极推动党建共建活动开展	河北新闻网	2017 年 5 月 15 日
152	河北港口集团港口机械公司技术员靳文博：精打细算排好活	河北新闻网	2017 年 5 月 16 日
153	秦皇岛中理外轮理货有限责任公司改革创新走新路	河北新闻网	2017 年 5 月 17 日
154	中国银行曹妃甸分行组织召开青年员工座谈会	河北新闻网	2017 年 5 月 17 日
155	速看！河北最新小学初中高中招考信息发布！	河北新闻网	2017 年 5 月 18 日
156	河北最新招聘数百人！都是好单位，报名从速	河北新闻网	2017 年 5 月 18 日
157	错过等一年！中国旅游日河北众多景区门票打折	河北新闻网	2017 年 5 月 18 日
158	智能先进装备项目对接洽谈会举办 9 家园区、企业现场推介	河北新闻网	2017 年 5 月 19 日
159	唐山曹妃甸区完成全国跨省异地住院结算工作	河北新闻网	2017 年 5 月 22 日
160	当当网在唐山开设首家实体书店	河北新闻网	2017 年 5 月 22 日
161	唐山港曹妃甸港区国投煤码头续建工程（尾留部分）顺利通过验收	河北新闻网	2017 年 5 月 23 日
162	人保财险唐山曹妃甸支公司护航曹妃甸湿地半程马拉松比赛	河北新闻网	2017 年 5 月 23 日
163	中国银行曹妃甸分行组织"青春在线、激流勇进"员工健步走活动	河北新闻网	2017 年 5 月 26 日

序号	标　题	来源	时间
164	中国银行曹妃甸分行召开"两学一做"学习教育制度化常态化专题研讨学习会	河北新闻网	2017 年 5 月 27 日
165	河北港口集团港口机械有限公司简介	河北新闻网	2017 年 5 月 27 日
166	港口设备运行维护业务	河北新闻网	2017 年 5 月 27 日
167	港口机械公司拿下多笔制造订单	河北新闻网	2017 年 5 月 27 日
168	河北出版传媒集团董事长杜金卿：坚持创新驱动发展　建设一流文化企业	河北新闻网	2017 年 5 月 27 日
169	主要业绩	河北新闻网	2017 年 5 月 27 日
170	【砥砺奋进的五年】中关村 3523 家公司"落子"河北	河北新闻网	2017 年 5 月 31 日
171	中国银行曹妃甸分行智能柜台顺利投产	河北新闻网	2017 年 5 月 31 日
172	【绘新闻·砥砺奋进的五年】中关村 3523 家公司"落子"河北	河北新闻网	2017 年 5 月 31 日
173	中关村 3523 家公司"落子"河北	河北新闻网	2017 年 6 月 1 日
174	实施创新驱动 加快转型升级	河北新闻网	2017 年 6 月 1 日
175	唐山市"十佳"春蕾女童受表彰	河北新闻网	2017 年 6 月 1 日
176	探访渤海粮仓科技示范工程　盐碱地上崛起新粮仓	河北新闻网	2017 年 6 月 3 日
177	【书博会观察】孩子需要书籍，书籍更需要孩子	河北新闻网	2017 年 6 月 4 日
178	京津冀快递协同发展，河北如何发力	河北新闻网	2017 年 6 月 5 日
179	中国银行曹妃甸分行积极组织非法集资宣传活动	河北新闻网	2017 年 6 月 5 日
180	人保财险唐山市分公司百万赔款迅速到位客户感谢赠锦旗	河北新闻网	2017 年 6 月 5 日
181	河北省副省长李谦到河北港口集团调研	河北新闻网	2017 年 6 月 5 日
182	中国银行曹妃甸分行组织财富私行产品知识培训	河北新闻网	2017 年 6 月 5 日
183	专访刘万玲：用新发展理念 引领雄安新区体制机制改革	河北新闻网	2017 年 6 月 6 日

续表

序号	标 题	来源	时间
184	中国银行曹妃甸分行多措并举做大做强基础客户群	河北新闻网	2017 年 6 月 7 日
185	中国银行曹妃甸分行积极开展庆"七一"系列活动	河北新闻网	2017 年 6 月 8 日
186	唐山社区图书馆开到家门口	河北新闻网	2017 年 6 月 10 日
187	【砥砺奋进的五年】河北在对接京津服务京津中加快发展	河北新闻网	2017 年 6 月 11 日
188	逮捕、立案侦查！河北 3 市多人被查处	河北新闻网	2017 年 6 月 11 日
189	曹妃甸重点打造全域旅游模式　推动旅游产业链深度延伸	河北新闻网	2017 年 6 月 12 日
190	河北世界海洋日宣传活动举行 17 名山里娃圆了看海梦	河北新闻网	2017 年 6 月 13 日
191	中国银行曹妃甸分行召开 2017 年中增存增收工作动员大会	河北新闻网	2017 年 6 月 15 日
192	中国银行曹妃甸分行推动党委中心组学习制度化、常态化	河北新闻网	2017 年 6 月 16 日
193	唐山港成为河北省首个汽车整车进口口岸	河北新闻网	2017 年 6 月 17 日
194	中国银行曹妃甸分行积极开展"普及金融知识万里行"活动	河北新闻网	2017 年 6 月 20 日
195	中国银行曹妃甸分行积极助力当地文明城市创建活动	河北新闻网	2017 年 6 月 21 日
196	王晓东：加快整车进口口岸建设　着力打造外贸发展新引擎	河北新闻网	2017 年 6 月 23 日
197	唐山曹妃甸客运站出租车车主倒客　已进行劝诫	河北新闻网	2017 年 6 月 26 日
198	2017 年河北曹妃甸水域溢油应急演习举办	河北新闻网	2017 年 6 月 27 日
199	中国银行曹妃甸分行积极开展文明优质服务百日竞赛活动	河北新闻网	2017 年 6 月 28 日

序号	标　题	来源	时间
200	中国银行曹妃甸分行不断加强和规范反洗钱工作	河北新闻网	2017 年 6 月 28 日
201	中国银行曹妃甸分行组织员工观看警示教育片	河北新闻网	2017 年 6 月 28 日
202	中行曹妃甸唐海支行为客户追回 8000 元盗刷资金	河北新闻网	2017 年 6 月 30 日
203	区长副区长、局长副局长！河北 5 市最新任免 137 人	河北新闻网	2017 年 7 月 2 日
204	第二届最美河北国企带头人推选展示——唐运集团党委书记、董事长王贵林	河北新闻网	2017 年 7 月 4 日
205	中行曹妃甸分行多措并举实现储蓄存款快速增长	河北新闻网	2017 年 7 月 4 日
206	河北港口集团暑期卫生环保攻坚战正式打响	河北新闻网	2017 年 7 月 4 日
207	中行曹妃甸分行开展党委书记讲党课活动	河北新闻网	2017 年 7 月 5 日
208	河北港口集团"安全生产月"营造"大安全"氛围	河北新闻网	2017 年 7 月 5 日
209	中行曹妃甸分行组织员工到监狱开展警示教育活动	河北新闻网	2017 年 7 月 6 日
210	中行曹妃甸分行组织员工参加"中国银行公益微跑河北站"活动	河北新闻网	2017 年 7 月 10 日
211	1 至 5 月唐山完成投资 554.5 亿元 同比增长 27.9%	河北新闻网	2017 年 7 月 10 日
212	中国银行曹妃甸分行机关作整顿实行全员承诺制	河北新闻网	2017 年 7 月 11 日
213	《河北省民营经济"十三五"发展规划》解读④——六项重点工程促民营经济发展	河北新闻网	2017 年 7 月 13 日
214	河北：六项重点工程促民营经济发展	河北新闻网	2017 年 7 月 13 日

序号	标　题	来源	时间
215	中行曹妃甸分行积极推进与重点企业党建共建活动曹妃甸中行	河北新闻网	2017 年 7 月 13 日
216	［砥砺奋进的五年］曹妃甸：桥来桥往好风景	河北新闻网	2017 年 7 月 15 日
217	河北港口集团召开上半年经济活动分析、平安建设暨党风建设和反腐倡廉工作会议	河北新闻网	2017 年 7 月 18 日
218	中国银行曹妃甸分行成立志愿者服务协会	河北新闻网	2017 年 7 月 18 日
219	河北港口集团新战略助力供给侧结构性改革	河北新闻网	2017 年 7 月 19 日
220	曹妃甸举办城市产业招商推介会　现场签约 19 个项目	河北新闻网	2017 年 7 月 19 日
221	中国银行曹妃甸分行支农助小闯出"新路子"	河北新闻网	2017 年 7 月 21 日
222	全国首单京津冀协同发展债务融资工具成功落地招商银行唐山分行	河北新闻网	2017 年 7 月 21 日
223	曹妃甸在京举行旅游推介会　上百旅行社参会	河北新闻网	2017 年 7 月 24 日
224	河北截获"吃树小虫"针叶小蠹（dù）系全国首次	河北新闻网	2017 年 7 月 24 日
225	孙守顺：致富"领头雁"群众"主心骨"	河北新闻网	2017 年 7 月 24 日
226	中行曹妃甸分行开展公司客户营销"百日攻坚"活动	河北新闻网	2017 年 7 月 25 日
227	公安交警打响道路交通事故预防"四大攻坚战"	河北新闻网	2017 年 7 月 26 日
228	2017 年上半年河北省环境空气质量排名出炉	河北新闻网	2017 年 7 月 26 日

序号	标　题	来源	时间
229	河北上半年环境空气质量排名公布　张家口最好邯郸最差	河北新闻网	2017 年 7 月 27 日
230	河北省将开展四场攻坚战　排除交通安全隐患保安全	河北新闻网	2017 年 7 月 27 日
231	总书记视察唐山一周年：英雄之城谱新篇	河北新闻网	2017 年 7 月 28 日
232	凤凰城的新生活	河北新闻网	2017 年 7 月 30 日
233	唐山 10 家定点医院开通跨省异地就医直接结算业务	河北新闻网	2017 年 7 月 31 日
234	唐山服务业对经济增长贡献率达52.3%	河北新闻网	2017 年 7 月 31 日
235	京唐城际铁路唐山段征地拆迁启动	河北新闻网	2017 年 7 月 31 日
236	中国银行曹妃甸分行开展"八一"拥军慰问活动曹妃甸中行	河北新闻网	2017 年 8 月 2 日
237	河北：需严格保护的自然资源严禁开发利用	河北新闻网	2017 年 8 月 3 日
238	中行曹妃甸分行扎实推进机关作风整顿工作取得实效	河北新闻网	2017 年 8 月 3 日
239	河北省辖区口岸建立首个联合登临检查工作机制	河北新闻网	2017 年 8 月 3 日
240	中行曹妃甸分行优质服务获外宾客户拍手称赞	河北新闻网	2017 年 8 月 4 日
241	津冀将建世界级港口群	河北新闻网	2017 年 8 月 7 日
242	【砥砺奋进的五年·河北答卷】对接服务京津 加快发展自己	河北新闻网	2017 年 8 月 7 日
243	对接服务京津 加快发展自己	河北新闻网	2017 年 8 月 7 日
244	河北港口集团召开生产运行协调会	河北新闻网	2017 年 8 月 7 日
245	曹妃甸区按季开展公开评价营商环境工作	河北新闻网	2017 年 8 月 7 日
246	中行曹妃甸分行多措并举提升员工保密工作意识	河北新闻网	2017 年 8 月 7 日

序号	标　题	来源	时间
247	河北省大力推进食品安全"双安双创"工作	河北新闻网	2017 年 8 月 8 日
248	唐山市首届旅游发展大会将盛大启帷	河北新闻网	2017 年 8 月 9 日
249	曹妃甸煤炭公司月度吞吐量创新高	河北新闻网	2017 年 8 月 9 日
250	曹妃甸煤炭公司时间、任务"双过半"	河北新闻网	2017 年 8 月 9 日
251	秦皇岛港股份有限公司矿石港务分公司"四位一体"助力新纪录	河北新闻网	2017 年 8 月 9 日
252	中行曹妃甸分行以党建微信群助力党务工作开展	河北新闻网	2017 年 8 月 10 日
253	中行曹妃甸分行"送教上门"为企业通关业务开展专题培训	河北新闻网	2017 年 8 月 11 日
254	唐山市文艺工作者主题创作活动掠影：植根沃土彰显唐山精神	河北新闻网	2017 年 8 月 11 日
255	北京落户曹妃甸新能源专用车项目投产	河北新闻网	2017 年 8 月 14 日
256	用文化创意之笔，为传统农业作画	河北新闻网	2017 年 8 月 14 日
257	"稻田画"为新兴经济发展"添翼"	河北新闻网	2017 年 8 月 14 日
258	"创意农业"呈现"美丽河北"生态风景线	河北新闻网	2017 年 8 月 14 日
259	中行曹妃甸分行召开"两学一做"学习教育常态化制度化推进会	河北新闻网	2017 年 8 月 15 日
260	中行曹妃甸分行多措并举推动案防合规工作取得实效	河北新闻网	2017 年 8 月 15 日
261	唐山抓好"四个着力"建设国家产业转型升级示范区	河北新闻网	2017 年 8 月 17 日
262	北京市领导到河北省考察雄安新区规划建设	河北新闻网	2017 年 8 月 18 日
263	中行曹妃甸分行与曹妃甸发展投资集团签署党建共建协议	河北新闻网	2017 年 8 月 18 日
264	瞧，曲周县作为"全国青少年校园足球试点县"暑假都忙什么	河北新闻网	2017 年 8 月 18 日

序号	标　题	来源	时间
265	河北省京津冀协同办谈雄安新区规划建设战略合作协议	河北新闻网	2017 年 8 月 19 日
266	唐山市场监管行政调解中心成立	河北新闻网	2017 年 8 月 21 日
267	中行曹妃甸分行开展"安全保卫工作三年规划宣传月"活动	河北新闻网	2017 年 8 月 22 日
268	中行曹妃甸分行组织"坚守底线，警钟长鸣"合规教育活动	河北新闻网	2017 年 8 月 24 日
269	创建载体、激发活力、发挥作用、服务生产——秦港股份公司第七分公司"创新工作室"建设成果	河北新闻网	2017 年 8 月 24 日
270	河北成人高考今起报名！21 所高校招生公告来了	河北新闻网	2017 年 8 月 26 日
271	总投资 293.3 亿元！唐山 102 个项目集中开工	河北新闻网	2017 年 8 月 27 日
272	中行曹妃甸分行组织"金融知识进万家"宣传服务月活动	河北新闻网	2017 年 8 月 28 日
273	唐山市开发区上半年实现主营收入 7130.83 亿元	河北新闻网	2017 年 8 月 28 日
274	唐山构建融合发展旅游产业大格局	河北新闻网	2017 年 8 月 28 日
275	柏各庄大米被评为中国地理标志保护产品	河北新闻网	2017 年 8 月 28 日
276	唐山滦南县村民勇救落水者	河北新闻网	2017 年 8 月 28 日
277	中建二局土木公司唐曹铁路项目拱顺利合龙	河北新闻网	2017 年 8 月 31 日
278	中行曹妃甸分行召开加强风险管控和内部控制专题研讨会	河北新闻网	2017 年 8 月 31 日
279	唐曹铁路南堡跨世纪路特大桥 简支拱顺利合龙	河北新闻网	2017 年 9 月 1 日
280	曹妃甸区首届稻花节举办（图）	河北新闻网	2017 年 9 月 4 日
281	千里送真情 共谱同心曲 ——河北港口集团文艺演出队赴外埠慰问演出侧记	河北新闻网	2017 年 9 月 6 日

序号	标　题	来源	时间
282	激活精准扶贫"造血"干细胞	河北新闻网	2017 年 9 月 6 日
283	河北省干部群众认真学习《"拆掉围墙 八面来风"》	河北新闻网	2017 年 9 月 7 日
284	首届"京津冀"评剧票友大赛在滦南县举行（图）	河北新闻网	2017 年 9 月 7 日
285	全国文明村镇、文明单位推荐及保留荣誉称号名单公示	河北新闻网	2017 年 9 月 8 日
286	北京速冻食品领军品牌"金路易"在曹妃甸试生产	河北新闻网	2017 年 9 月 10 日
287	河北 5 市招聘近千人！一大拨事业单位带编制	河北新闻网	2017 年 9 月 13 日
288	中行曹妃甸分行为重点企业上市融资牵线搭桥	河北新闻网	2017 年 9 月 13 日
289	河北省服务农民、服务基层文化建设先进集体名单公示	河北新闻网	2017 年 9 月 13 日
290	第十一届环渤海人才 网络招聘大会 15 日举办	河北新闻网	2017 年 9 月 14 日
291	唐山劳动日报社副总编辑 殷建国	河北新闻网	2017 年 9 月 15 日
292	中行曹妃甸分行召开十九大信息安全保障暨"全员护网"行动动员大会	河北新闻网	2017 年 9 月 15 日
293	河北省新增 2 个国家级出口食品农产品质量安全示范区	河北新闻网	2017 年 9 月 15 日
294	唐山消防进军训"万人大会"	河北新闻网	2017 年 9 月 16 日
295	悠游山水 寻味唐山	河北新闻网	2017 年 9 月 16 日
296	第七届河北省沿海经济隆起带高级人才洽谈会在唐山举行	河北新闻网	2017 年 9 月 18 日
297	泰康人寿曹妃甸支公司周玉兰：赠人玫瑰手有余香	河北新闻网	2017 年 9 月 18 日
298	建设银行唐山曹妃甸工业区支行：诚信合规经营，以更为饱满的热情参与全国文明城市的创建	河北新闻网	2017 年 9 月 18 日

序号	标　题	来源	时间
299	唐山曹妃甸农信社李明侠：小小窗口给予贴心服务	河北新闻网	2017 年 9 月 18 日
300	中国银行曹妃甸分行助农"出实招"扶小"出实力"	河北新闻网	2017 年 9 月 19 日
301	中行曹妃甸分行营业部成功营销百万基金大单	河北新闻网	2017 年 9 月 19 日
302	唐山曹妃甸农村商业银行工业区支行：超越自我、完善自我，朝着既定的目标阔步迈进	河北新闻网	2017 年 9 月 19 日
303	中行曹妃甸分行中银 e 商贵金属线上销售开单率实现双百	河北新闻网	2017 年 9 月 19 日
304	秦皇岛唐山沧州举办海洋专题讲座进校园活动（图）	河北新闻网	2017 年 9 月 19 日
305	中国银行曹妃甸分行李淑娟：站在客户的角度　替客户着想	河北新闻网	2017 年 9 月 19 日
306	中国银行曹妃甸分行营业部：担当社会责任，做最好的银行	河北新闻网	2017 年 9 月 20 日
307	秦皇岛唐山沧州立行立改解决海洋督察问题	河北新闻网	2017 年 9 月 21 日
308	"中国发展新的支撑带"靠什么支撑?	河北新闻网	2017 年 9 月 21 日
309	厉害了! 河北 12 县获批国家级示范区，你家乡要走向世界	河北新闻网	2017 年 9 月 21 日
310	普及金融知识，共享安全环境——中国银行曹妃甸分行开展金融知识普及系列活动	河北新闻网	2017 年 9 月 22 日
311	唐山实现海上交通管理智能化	河北新闻网	2017 年 9 月 22 日
312	河北要建成 50 个左右通用机场　所在县区名单公布	河北新闻网	2017 年 9 月 22 日
313	1 至 8 月河北省外贸出口同比增长 7.2% 民营企业增长较快	河北新闻网	2017 年 9 月 23 日

序号	标　题	来源	时间
314	【砥砺奋进的五年· 瞰河北③】大地明珠（组图）	河北新闻网	2017 年 9 月 24 日
315	河北港口集团领导率队赴京走访中国五矿集团	河北新闻网	2017 年 9 月 25 日
316	2017 职业教育与城市发展高层对话会在唐山举行	河北新闻网	2017 年 9 月 27 日
317	唐山 1649 人驾照记满 12 分	河北新闻网	2017 年 9 月 28 日
318	曹妃甸：对接京津硕果累累 临港产业加速聚集	河北新闻网	2017 年 9 月 28 日
319	曹妃甸区深入创建省级文明城区	河北新闻网	2017 年 9 月 29 日
320	唐山 13 名北京挂职干部捐出 "市长特别奖"	河北新闻网	2017 年 9 月 29 日
321	曹妃甸区以农促游以游强农	河北新闻网	2017 年 9 月 29 日
322	曹妃甸葡萄远销哈萨克斯坦	河北新闻网	2017 年 9 月 29 日
323	北京速冻食品领军品牌 "金路易" 曹妃甸项目试生产	河北新闻网	2017 年 9 月 29 日
324	国内规模最大超低能耗绿色房建筑项目曹妃甸新城首堂·创业家封顶	河北新闻网	2017 年 9 月 29 日
325	唐山港曹妃甸港区货物吞吐量突破 2 亿吨	河北新闻网	2017 年 9 月 29 日
326	曹妃甸区首家企业成功挂牌新三板	河北新闻网	2017 年 9 月 29 日
327	省出入境检验检疫局曹妃甸办事处实现无纸化报检全覆盖	河北新闻网	2017 年 9 月 29 日
328	河北港口集团终结 "汽运煤" 时代	河北新闻网	2017 年 9 月 30 日
329	【砥砺奋进的 5 年】唐山大力提升群众幸福感	河北新闻网	2017 年 9 月 30 日
330	【砥砺奋进的五年】唐山迈向国际化沿海强市	河北新闻网	2017 年 9 月 30 日
331	【砥砺奋进的 5 年】在变与不变中写就 "唐山传奇"	河北新闻网	2017 年 9 月 30 日

序号	标　题	来源	时间
332	1 厅官被逮捕！河北 2 市多人被查处……	河北新闻网	2017 年 10 月 2 日
333	好消息！河北这些单位上榜"第五届全国文明单位候选单位名单"	河北新闻网	2017 年 10 月 5 日
334	【砥砺奋进的五年·瞰河北⑤】通衢大道（组图）	河北新闻网	2017 年 10 月 8 日
335	河北 8 个！全国综合实力百强县市，为家乡骄傲	河北新闻网	2017 年 10 月 9 日
336	迁曹高速一期工程 年底将实现通车	河北新闻网	2017 年 10 月 10 日
337	中行曹妃甸分行组织"金融知识进万家"宣传活动	河北新闻网	2017 年 10 月 10 日
338	河北港口集团"两节"期间装卸生产平稳运行	河北新闻网	2017 年 10 月 10 日
339	中行曹妃甸分行开展"平安中行"安全知识教育活动	河北新闻网	2017 年 10 月 11 日
340	唐山交警公布 47 处 新增电子警察点位	河北新闻网	2017 年 10 月 12 日
341	铺陈蓝湾新画卷——河北港口集团十八大以来成就回顾	河北新闻网	2017 年 10 月 12 日
342	到 2020 年河北省将新建通用机场 20 个	河北新闻网	2017 年 10 月 13 日
343	中行曹妃甸分行在各营业网点设立"中行温暖角"	河北新闻网	2017 年 10 月 13 日
344	中行曹妃甸分行开展文优服务提升专项行动	河北新闻网	2017 年 10 月 13 日
345	省教育厅谈"京津冀教育协同发展"	河北新闻网	2017 年 10 月 16 日
346	【砥砺奋进的五年·瞰河北⑦】蓝色海岸（视频）	河北新闻网	2017 年 10 月 18 日
347	曹妃甸区政府与中化能源及旭阳控股签署战略合作备忘录	河北新闻网	2017 年 10 月 18 日
348	唐山：空中通达近 20 城 唐山港位居全国第四	河北新闻网	2017 年 10 月 19 日

序号	标　题	来源	时间
349	唐山城南经济开发区建设全速启航	河北新闻网	2017 年 10 月 19 日
350	中行唐海支行与当地人行开展党建共建结对帮扶活动	河北新闻网	2017 年 10 月 19 日
351	"河北金融创城"活动入围名单揭晓线下竞技内容同步揭秘	河北新闻网	2017 年 10 月 20 日
352	中行曹妃甸分行组织各级党组织认真收看党的十九大开幕盛况	河北新闻网	2017 年 10 月 20 日
353	曹妃甸分行开展《习近平的七年知青岁月》学思践悟活动	河北新闻网	2017 年 10 月 20 日
354	入围名单公布了，快来围观！线下竞技内容同步揭秘！	河北新闻网	2017 年 10 月 20 日
355	唐山城南经济开发区建设正式启动	河北新闻网	2017 年 10 月 23 日
356	砥砺奋进再扬帆 铺陈蓝湾新画卷——河北港口集团十八大以来成就回顾	河北新闻网	2017 年 10 月 24 日
357	前三季度全省空气质量公布：张家口市最好	河北新闻网	2017 年 10 月 27 日
358	专访十九大代表张海波：迈进新时代 续写新篇章	河北新闻网	2017 年 10 月 30 日
359	唐山组织全市重点项目观摩调度	河北新闻网	2017 年 10 月 30 日
360	为转型升级开放发展注入强劲动能——曹妃甸区重点项目观摩活动侧记	河北新闻网	2017 年 10 月 31 日
361	路港携手 共建双赢——国投曹妃甸港与大秦车务段曹妃甸西站"路港联创"党建活动纪实	河北新闻网	2017 年 10 月 31 日
362	曹妃甸区行政审批局：首张全程电子化营业执照颁发	河北新闻网	2017 年 10 月 31 日
363	曹妃甸区：首例跨省异地缴税业务成功签约扣款	河北新闻网	2017 年 10 月 31 日
364	曹妃甸主城区共享单车新增 1500 辆	河北新闻网	2017 年 10 月 31 日
365	6 月至 9 月中旬曹妃甸区共签约项目153 个	河北新闻网	2017 年 10 月 31 日

序号	标　题	来源	时间
366	曹妃甸区集中供热长输管线工程加速推进	河北新闻网	2017 年 10 月 31 日
367	曹妃甸区农场水稻收割忙（图）	河北新闻网	2017 年 10 月 31 日
368	500 多只东方白鹳"做客"曹妃甸湿地	河北新闻网	2017 年 11 月 1 日
369	校企联动凝聚青年力量 携手共建奏响节水之歌——河北建投曹妃甸供水公司同华北理工大学联合开展大型节水宣传公益活动	河北新闻网	2017 年 11 月 1 日
370	中行曹妃甸分行召开党委中心组扩大会专题学习十九大精神	河北新闻网	2017 年 11 月 1 日
371	曹妃甸湿地环境改善引来大批珍稀候鸟	河北新闻网	2017 年 11 月 2 日
372	下好区域协调发展一盘棋	河北新闻网	2017 年 11 月 2 日
373	邮储银行曹妃甸区支行成功建立全行首个"爱心妈妈小屋"	河北新闻网	2017 年 11 月 2 日
374	20 万安家费！河北招选上千人，公务员、事业单位……	河北新闻网	2017 年 11 月 3 日
375	河北国控坚持"有所为有所不为"积极探索国有资本运营公司转型发展之路	河北新闻网	2017 年 11 月 3 日
376	打造河北"两翼"普及交通"一卡通"统一减排标准 京津冀协同发展向纵深拓展	河北新闻网	2017 年 11 月 3 日
377	京津冀协同发展三年多 河北累计引进京津项目 15560 个	河北新闻网	2017 年 11 月 7 日
378	唐山全面提速"三个努力建成"	河北新闻网	2017 年 11 月 7 日
379	曹妃甸将建亿吨级国际矿石交易中心	河北新闻网	2017 年 11 月 7 日
380	唐山又有 3 项产品获国家地理标志产品受理	河北新闻网	2017 年 11 月 7 日
381	聚焦"砥砺奋进的五年"河北元素闪耀大型成就展	河北新闻网	2017 年 11 月 7 日
382	京津冀交通变化大，这些出行便利你感受到了吗？	河北新闻网	2017 年 11 月 7 日

序号	标　题	来源	时间
383	北京城市新总体规划中的河北机遇	河北新闻网	2017 年 11 月 8 日
384	河北省委省政府第十环境保护督察组向唐山市反馈环保督察情况	河北新闻网	2017 年 11 月 9 日
385	"国保"珍禽唐山获救	河北新闻网	2017 年 11 月 9 日
386	京冀（曹妃甸）人力资源和社会保障服务中心正式成立	河北新闻网	2017 年 11 月 9 日
387	河北港口集团港口机械公司汽车队培育开在车轮上的企业文化之花	河北新闻网	2017 年 11 月 10 日
388	2017—2020，"八大协同"推动京津冀能源协同发展	河北新闻网	2017 年 11 月 10 日
389	迁曹高速跨迁曹铁路特大桥主桥顺利转体（图）	河北新闻网	2017 年 11 月 10 日
390	曹妃甸：四大班子领导下基层宣讲党的十九大精神	河北新闻网	2017 年 11 月 12 日
391	东方白鹳栖息曹妃甸湿地（图）	河北新闻网	2017 年 11 月 13 日
392	1—10 月份唐山港完成货物吞吐量 47888 万吨	河北新闻网	2017 年 11 月 15 日
393	滦南"梧桐树"招来北京"金凤凰"	河北新闻网	2017 年 11 月 16 日
394	再造一个新"路南"——城南经济开发区启动记	河北新闻网	2017 年 11 月 20 日
395	唐山现代装备制造科技成果对接会举办	河北新闻网	2017 年 11 月 20 日
396	河北与京津多地政府签署"教育合作协议"	河北新闻网	2017 年 11 月 21 日
397	路南打造唐山市的"城市副中心"	河北新闻网	2017 年 11 月 21 日
398	全国精神文明建设表彰大会召开　河北这些先进典型获表彰	河北新闻网	2017 年 11 月 21 日
399	唐山旅游惠民一卡通正式发行　涵盖八个县（市）区	河北新闻网	2017 年 11 月 24 日
400	让农业金字招牌更闪亮——曹妃甸区加快现代农业发展综述	河北新闻网	2017 年 11 月 24 日

续表

序号	标　题	来源	时间
401	曹妃甸湿地迎来大批南迁候鸟栖息　珍稀鸟类达到70多种	河北新闻网	2017 年 11 月 24 日
402	一切为了释放市场主体活力——曹妃甸区行政审批局深入推进"放管服"改革纪实	河北新闻网	2017 年 11 月 24 日
403	曹妃甸港实现超大型矿石船舶到港常态化	河北新闻网	2017 年 11 月 24 日
404	聚享现代农业园区实现稻田"立体养殖"	河北新闻网	2017 年 11 月 24 日
405	曹妃甸面塑作品妈祖像入藏湄洲岛妈祖文创馆	河北新闻网	2017 年 11 月 24 日
406	北京工美高级技校将建曹妃甸分校	河北新闻网	2017 年 11 月 24 日
407	"亲情关爱行动"走进唐山活动在曹妃甸举行	河北新闻网	2017 年 11 月 24 日
408	循环经济成三友集团最大增效点	河北新闻网	2017 年 11 月 28 日
409	唐山·曹妃甸港石嘴山内陆港揭牌（图）	河北新闻网	2017 年 12 月 1 日
410	河北 300 余家二级以上医疗机构"结亲"京津	河北新闻网	2017 年 12 月 1 日
411	唐山旅游惠民一卡通发行　27 家 A 级以上景区可全年不限次数免门票	河北新闻网	2017 年 12 月 4 日
412	"十大文化产业项目"命名	河北新闻网	2017 年 12 月 4 日
413	2030 年京津冀主要机场将与轨道交通有效衔接	河北新闻网	2017 年 12 月 6 日
414	河北省港口吞吐量首破 10 亿吨　居沿海省份第五	河北新闻网	2017 年 12 月 7 日
415	石家庄正定机场将继续改扩建　石家庄至雄安、石家庄至邯郸将建城际铁路	河北新闻网	2017 年 12 月 7 日
416	浅谈新形势下如何做好银行基层党建工作	河北新闻网	2017 年 12 月 8 日

续表

序号	标　题	来源	时间
417	王东峰在唐山调研检查：深入贯彻习近平总书记"三个努力建成"重要指示 率先全面建成高质量小康社会和现代化强市	河北新闻网	2017 年 12 月 10 日
418	唐山分行党委联合曹妃甸分行党委组织学习十九大精神暨党支部书记培训班	河北新闻网	2017 年 12 月 11 日
419	京津冀携手推进人社一体化	河北新闻网	2017 年 12 月 12 日
420	河北港口集团港口机械公司消防实战提技能	河北新闻网	2017 年 12 月 12 日
421	秦皇岛港流机分公司党委真抓实学重成效引领创新促发展	河北新闻网	2017 年 12 月 14 日
422	祝贺！首届河北省文明城市、城区和县城名单公布啦	河北新闻网	2017 年 12 月 15 日
423	京津冀科技精英共聚曹妃甸　献策三地科技创新协同发展	河北新闻网	2017 年 12 月 15 日
424	唐山·曹妃甸港石嘴山内陆港揭牌	河北新闻网	2017 年 12 月 18 日
425	唐山开展扶贫惠农领域政策不落实专项清理	河北新闻网	2017 年 12 月 18 日
426	中国银行曹妃甸分行组织开展十九大精神专题宣讲报告会	河北新闻网	2017 年 12 月 19 日
427	深入推进京津冀协同发展	河北新闻网	2017 年 12 月 20 日
428	京津冀初步明确"2+4+46"个产业转移承接重点平台	河北新闻网	2017 年 12 月 21 日
429	《关于加强京津冀产业转移承接重点平台建设的意见》解读	河北新闻网	2017 年 12 月 21 日
430	引导三地产业有序转移精准承接——《关于加强京津冀产业转移承接重点平台建设的意见》解读	河北新闻网	2017 年 12 月 21 日
431	京津冀联推 10 大休闲农业精品线路，哪条过你家？	河北新闻网	2017 年 12 月 21 日

序号	标 题	来源	时间
432	唐山曹妃甸城管大队加大商贩占道经营治理力度	河北新闻网	2017 年 12 月 22 日
433	省资产公司发挥专业优势助推产业升级	河北新闻网	2017 年 12 月 22 日
434	2017 国家级经开区绿色智慧发展产业对接在廊坊举行	河北新闻网	2017 年 12 月 22 日
435	唐山安全生产知识竞赛决赛圆满结束	河北新闻网	2017 年 12 月 22 日
436	强化六个观念 推动高质量发展	河北新闻网	2017 年 12 月 25 日
437	第四届京津冀协同创新共同体高峰论坛在曹妃甸举行	河北新闻网	2017 年 12 月 25 日
438	河北海水淡化产业迎来发展"风口"	河北新闻网	2017 年 12 月 28 日
439	四项重点领域改革取得突破 开发区对河北经济拉动加大	河北新闻网	2017 年 12 月 28 日
440	曹妃甸实业公司牵手巴西淡水河谷	河北新闻网	2017 年 12 月 28 日
441	2018 年河北省将强力实施重点项目"438"工程	河北新闻网	2017 年 12 月 29 日
442	曹妃甸积极吸引京津项目落地	河北新闻网	2017 年 12 月 29 日
443	曹妃甸 6 所学校上榜全国青少年校园足球特色学校	河北新闻网	2017 年 12 月 29 日
444	2018 年，河北要干这些事！	河北新闻网	2017 年 12 月 29 日
445	曹妃甸告别锅炉燃煤为主供热	河北新闻网	2017 年 12 月 29 日
446	北京电气工程学校曹妃甸分校揭牌	河北新闻网	2017 年 12 月 29 日
447	北京华美源与华北理工大学共建饲用酶工程技术研究中心	河北新闻网	2017 年 12 月 29 日
448	曹妃甸工业区甸头立交桥荣获国家优质工程奖	河北新闻网	2017 年 12 月 29 日
449	曹妃甸区冬季鱼塘捕捞忙（图）	河北新闻网	2017 年 12 月 29 日
450	沿海高速公路曹妃甸支线 1 月 1 日通车	河北新闻网	2017 年 12 月 31 日
451	河北港口集团年度生产再登峰	河北新闻网	2018 年 1 月 4 日
452	精准承接！2014 年以来北京 10150 户商户入驻河北	河北新闻网	2018 年 1 月 8 日

序号	标　题	来源	时间
453	河北停止收取部分城市路桥项目车辆通行费的公告	河北新闻网	2018 年 1 月 8 日
454	好消息！河北取消九个城市路桥项目车辆通行费	河北新闻网	2018 年 1 月 8 日
455	唐山港曹妃甸港区去年货物吞吐量突破 3 亿吨	河北新闻网	2018 年 1 月 9 日
456	滦南依托园区打造海洋经济"桥头堡"	河北新闻网	2018 年 1 月 9 日
457	河北发展五年回眸之二：抓突破建雄安，协同发展更深化	河北新闻网	2018 年 1 月 10 日
458	唐山 77 家食品生产经营企业 纳入电子追溯体系	河北新闻网	2018 年 1 月 11 日
459	"十三五"张家口承德秦皇岛保定将成为"基本无煤矿市"	河北新闻网	2018 年 1 月 12 日
460	河北 5 家企业跻身第三批国家林业重点龙头企业	河北新闻网	2018 年 1 月 12 日
461	唐山今年大动作一个接一个	河北新闻网	2018 年 1 月 15 日
462	河北表扬奖励全国文明城市和创建工作先进单位、先进个人	河北新闻网	2018 年 1 月 15 日
463	去年 12 月份河北空气质量排名 石家庄改善幅度最大	河北新闻网	2018 年 1 月 16 日
464	全省首个网商信用工作委员会在唐山成立	河北新闻网	2018 年 1 月 16 日
465	事关河北人出行、环境和收入！京津冀协同发展这些领域有突破	河北新闻网	2018 年 1 月 16 日
466	国家海洋督察组向河北反馈专项督察情况	河北新闻网	2018 年 1 月 17 日
467	去年河北港口集团吞吐量完成 3.81 亿吨	河北新闻网	2018 年 1 月 18 日
468	河北五企业跻身第三批国家林业重点龙头企业	河北新闻网	2018 年 1 月 18 日
469	2017 年河北省外贸扭转"两连降"企稳回升	河北新闻网	2018 年 1 月 19 日

续表

序号	标　题	来源	时间
470	【聚焦京津冀协同发展】产业协作 转型升级增动能	河北新闻网	2018 年 1 月 22 日
471	津冀两地海关确定 13 项通关协作措施	河北新闻网	2018 年 1 月 22 日
472	秦皇岛中理外轮理货有限责任公司 2017 年水尺服务质量提升卓有成效	河北新闻网	2018 年 1 月 23 日
473	许勤：2018 年将推动廊坊北三县与北京通州规划整合	河北新闻网	2018 年 1 月 25 日
474	【报告解读】展望今后五年 高质量落实五大理念	河北新闻网	2018 年 1 月 26 日
475	【报告解读】部署 2018 抓好十方面重点工作	河北新闻网	2018 年 1 月 26 日
476	曹妃甸倾力推进"一港双城"建设	河北新闻网	2018 年 1 月 26 日
477	唐山首个"鱼菜共生"项目投运	河北新闻网	2018 年 1 月 26 日
478	曹妃甸区六农场 开展"三考三创三评"党建特色活动	河北新闻网	2018 年 1 月 26 日
479	曹妃甸港将实施"西北（腹地）战略"	河北新闻网	2018 年 1 月 26 日
480	曹妃甸区与华北理工大学签署战略合作框架协议	河北新闻网	2018 年 1 月 26 日
481	曹妃甸区：公共区域免费 WiFi 覆盖一期项目开放	河北新闻网	2018 年 1 月 26 日
482	唐山打造"9＋N"新兴产业集群	河北新闻网	2018 年 1 月 26 日
483	唐山"一号文件"力挺新兴产业　重点打造"9＋N"产业集群	河北新闻网	2018 年 1 月 26 日
484	【两会·聚焦】协同发展 三大领域要有新突破	河北新闻网	2018 年 1 月 27 日
485	唐山 2017 年完成全部财政收入 733 亿元	河北新闻网	2018 年 1 月 30 日
486	调查丨京津冀共绘医疗合作"健康图谱"	河北新闻网	2018 年 2 月 1 日
487	保障京津冀取暖！河北进口液化天然气创新高	河北新闻网	2018 年 2 月 2 日

序号	标　题	来源	时间
488	抓住战略重点 推进协同发展	河北新闻网	2018 年 2 月 2 日
489	唐山春节惠民补贴菜肉开售	河北新闻网	2018 年 2 月 5 日
490	唐山农村电网改造惠及万千农户	河北新闻网	2018 年 2 月 6 日
491	唐山重点培育九大新兴产业集群	河北新闻网	2018 年 2 月 6 日
492	唐山迁安：农村电网改造惠及万千农户	河北新闻网	2018 年 2 月 6 日
493	河北港口集团首月生产开门红	河北新闻网	2018 年 2 月 6 日
494	曹妃甸区对虾北方反季节规模化养殖取得突破	河北新闻网	2018 年 2 月 7 日
495	廊坊综合保税区获国务院批复	河北新闻网	2018 年 2 月 7 日
496	"野滑"敲响安全警钟！请收好这份安全手册	河北新闻网	2018 年 2 月 7 日
497	河北省积极申建跨境电商综合试验区	河北新闻网	2018 年 2 月 8 日
498	定了！2018 年唐山将重点做好这八方面工作	河北新闻网	2018 年 2 月 8 日
499	稻花节，曹妃娘娘现身稻田中……	河北新闻网	2018 年 2 月 8 日
500	厉害了家乡！河北要重点建这些机场、高速、城际、园区……	河北新闻网	2018 年 2 月 8 日
501	石家庄海关简化通关流程助跨境电商发展	河北新闻网	2018 年 2 月 9 日
502	让全市人民感受共建共享的唐山温度	河北新闻网	2018 年 2 月 9 日
503	打好七套"组合拳"2018 年河北将全方位维护群众健康	河北新闻网	2018 年 2 月 9 日
504	曹妃甸举办首届海洋民俗过大年活动（图）	河北新闻网	2018 年 2 月 13 日
505	【网媒走转改】挂职干部李宏宇的京唐"双城"生活	河北新闻网	2018 年 2 月 14 日
506	中行曹妃甸分行多措并举推动公司存款快速增长	河北新闻网	2018 年 2 月 24 日
507	中行曹妃甸分行召开 2018 年工作会议	河北新闻网	2018 年 2 月 24 日

续表

序号	标　题	来源	时间
508	中行曹妃甸分行召开党委中心组（扩大）学习会议	河北新闻网	2018 年 2 月 24 日
509	中行曹妃甸唐海支行组织开展突发事件应急预案演练	河北新闻网	2018 年 2 月 24 日
510	加拿大西三一大学馨博合唱团来冀进行文化交流演出	河北新闻网	2018 年 2 月 24 日
511	【京津冀协同发展四年间】15560 个京津项目提速河北转型升级	河北新闻网	2018 年 2 月 25 日
512	《河北日报》冀平文章：在京津冀协同发展中推动河北高质量发展	河北新闻网	2018 年 2 月 26 日
513	中行曹妃甸分行以绩效考核为导向加强信用风险管理	河北新闻网	2018 年 2 月 26 日
514	"2017 年度河北省文明家庭"候选家庭公示	河北新闻网	2018 年 2 月 27 日
515	网媒走转改丨冬季闲置稻田变身冰雪运动场	河北新闻网	2018 年 2 月 27 日
516	唐山与京津签订亿元以上项目 442 项	河北新闻网	2018 年 2 月 28 日
517	曹妃甸港疏港矿石运输 2019 年全部实现"公转铁"	河北新闻网	2018 年 2 月 28 日
518	唐山今年谋划 10 亿元以上文旅项目 32 个	河北新闻网	2018 年 2 月 28 日
519	追访：河北省港口"一煤独大"运输结构正在改变	河北新闻网	2018 年 3 月 1 日
520	中国保险监督管理委员会河北监管局公告	河北新闻网	2018 年 3 月 1 日
521	打破壁垒 京津冀三地要素流动加快	河北新闻网	2018 年 3 月 1 日
522	河北确定省级水土流失重点预防区和重点治理区	河北新闻网	2018 年 3 月 1 日
523	中行曹妃甸分行多措并举扎实开展廉洁伙伴计划	河北新闻网	2018 年 3 月 2 日

序号	标　题	来源	时间
524	中行曹妃甸分行积极开展学雷锋志愿服务活动	河北新闻网	2018 年 3 月 2 日
525	中行曹妃甸分行加强引导规范基层党支部组织生活会程序	河北新闻网	2018 年 3 月 2 日
526	中行曹妃甸分行认真做好"两会"期间安全保卫工作	河北新闻网	2018 年 3 月 2 日
527	中行曹妃甸分行认真做好 2017 年度团内统计工作	河北新闻网	2018 年 3 月 2 日
528	今年唐山市实施投资逾 10 亿元文旅项目 32 个	河北新闻网	2018 年 3 月 6 日
529	唐山确定"一港双城"发展布局	河北新闻网	2018 年 3 月 6 日
530	中展集团（唐山）会展产业园项目在曹妃甸签约	河北新闻网	2018 年 3 月 7 日
531	曹妃甸区政府垫款解决某小区消防遗留问题	河北新闻网	2018 年 3 月 8 日
532	唐山连续 4 个月退出 74 个城市空气质量排名后十位	河北新闻网	2018 年 3 月 8 日
533	唐山 2 月份再次退出空气质量排名后十位	河北新闻网	2018 年 3 月 8 日
534	河北省海洋主体功能区规划出炉　三类区域保障海洋生态安全	河北新闻网	2018 年 3 月 8 日
535	曹妃甸：多措并举 引得英才汇集	河北新闻网	2018 年 3 月 9 日
536	【两会特稿】协同发展　合力向深度和广度拓展	河北新闻网	2018 年 3 月 11 日
537	中行曹妃甸分行开展 2018 年"金融消费者权益日"活动	河北新闻网	2018 年 3 月 12 日
538	中行曹妃甸分行开展 2017 年度共青团和青年评优表彰活动	河北新闻网	2018 年 3 月 12 日
539	中行曹妃甸分行开展"做有担当的中行好青年"志愿服务活动	河北新闻网	2018 年 3 月 12 日

序号	标　题	来源	时间
540	中行曹妃甸分行与曹妃甸区招商局签署党建共建暨廉洁共建协议	河北新闻网	2018 年 3 月 12 日
541	中行曹妃甸分行召开 2018 年党风廉政建设工作会议	河北新闻网	2018 年 3 月 12 日
542	【阳光理政周报】房产交易问题最受关注	河北新闻网	2018 年 3 月 12 日
543	曹妃甸与中展集团签约会展产业园项目	河北新闻网	2018 年 3 月 13 日
544	唐山市人才总量突破 148 万人	河北新闻网	2018 年 3 月 13 日
545	【两会会客厅】三位代表委员共话新打算　用实干让"任务"清单变为美好现实	河北新闻网	2018 年 3 月 16 日
546	【京津冀代表委员共话协同发展】围绕功能定位　优化城市布局	河北新闻网	2018 年 3 月 16 日
547	【今日关注】承接产业转移，必须打好"精准牌"	河北新闻网	2018 年 3 月 19 日
548	天津港与曹妃甸港将开展多领域合作	河北新闻网	2018 年 3 月 22 日
549	周末来唐山徒步采摘吃海鲜大餐	河北新闻网	2018 年 3 月 22 日
550	河北省将大力培育发展物流新模式新业态	河北新闻网	2018 年 3 月 22 日
551	河北省在雄安新区等地开展"证照分离"改革试点	河北新闻网	2018 年 3 月 22 日
552	中国银行河北省曹妃甸分行与曹妃甸担保有限公司建立廉洁伙伴关系	河北新闻网	2018 年 3 月 26 日
553	中国银行河北省曹妃甸分行组织开展《厉害了我的国》观影活动	河北新闻网	2018 年 3 月 26 日
554	中国银行河北省分行曹妃甸分行开展 3·15 诚信文化教育和征信知识宣传活动	河北新闻网	2018 年 3 月 26 日
555	中国银行河北省分行曹妃甸唐海支行组织风险管控 127 条知识测试	河北新闻网	2018 年 3 月 26 日
556	中国银行河北省分行曹妃甸唐海支行组织召开基层党支部组织生活会	河北新闻网	2018 年 3 月 26 日

序号	标　题	来源	时间
557	推进物流降本增效　促进实体经济发展　河北省将大力培育物流新模式新业态	河北新闻网	2018 年 3 月 26 日
558	曹妃甸港区中欧班列开行	河北新闻网	2018 年 3 月 27 日
559	曹妃甸区 3 个月签约 140 个项目	河北新闻网	2018 年 3 月 27 日
560	唐山点名通报：8 个区存在这些问题	河北新闻网	2018 年 3 月 27 日
561	中国银行曹妃甸分行召开首季开门红决战冲刺动员大会	河北新闻网	2018 年 3 月 27 日
562	中国银行曹妃甸唐海建设大街支行向员工和客户推介"平安中行"公众号	河北新闻网	2018 年 3 月 27 日
563	中国银行曹妃甸分行营业部与曹妃甸金控举行廉洁共建签约仪式	河北新闻网	2018 年 3 月 27 日
564	中国银行曹妃甸唐海建设大街支行为客户找回"遗失"存款	河北新闻网	2018 年 3 月 27 日
565	天津港与曹妃甸港签署项目合作意向书	河北新闻网	2018 年 3 月 27 日
566	【新时代新作为】河北省：确保外资外贸上半年时间任务"双过半"	河北新闻网	2018 年 3 月 30 日
567	曹妃甸区着力打造港产城融合北方新城	河北新闻网	2018 年 3 月 30 日
568	曹妃甸区积极营造"四最"营商环境	河北新闻网	2018 年 3 月 30 日
569	曹妃甸区第八农场引进新型种植模式	河北新闻网	2018 年 3 月 30 日
570	曹妃甸区 40 个项目集中开工　总投资 197 亿元	河北新闻网	2018 年 3 月 30 日
571	曹妃甸进口木材处理区成功升级	河北新闻网	2018 年 3 月 30 日
572	曹妃甸区携手阿里巴巴建设电商运营孵化中心	河北新闻网	2018 年 3 月 30 日
573	国投曹妃甸港低压船舶岸电设备投用	河北新闻网	2018 年 3 月 30 日
574	曹妃甸湿地迎来百余只天鹅栖息	河北新闻网	2018 年 3 月 30 日
575	唐山多家单位进京引进高层次人才 231 人确定引进意向	河北新闻网	2018 年 3 月 30 日
576	雄安将试点房地产新模式　按落户标准购房	香港《文汇报》	2017 年 4 月 6 日

序号	标　题	来源	时间
577	不同深圳和浦东　新区定位有新意	香港《文汇报》	2017 年 4 月 13 日
578	专题｜雄安「满月」新区「四问」	香港《文汇报》	2017 年 4 月 30 日
579	洪明基：鼓励创业创新　推动京津冀一体化	香港《文汇报》	2017 年 6 月 22 日
580	做优做强　筑梦「一带一路」	香港《文汇报》	2017 年 6 月 29 日
581	北京全力支持雄安新区建设	香港《文汇报》	2017 年 8 月 18 日
582	京津冀建产业精准转接平台	香港《文汇报》	2017 年 12 月 20 日
583	京津冀明确「2 + 4 + 46」格局	香港《文汇报》	2017 年 12 月 21 日
584	【数码收发站】北控纳入北燃蓝天快成事	香港《文汇报》	2017 年 12 月 29 日
585	黄渤海区域发现 10 平方公里海草床	香港《文汇报》	2018 年 1 月 30 日
586	润电派息率 90%　上市新高	香港《文汇报》	2018 年 3 月 20 日
587	唐山·曹妃甸港乌兰察布内陆港揭牌　打造中国西北出海新通道	《世界日报》（菲律宾）	2017 年 9 月 9 日
588	填海变「摇钱树」年毁上万顷海岸	《世界日报》（菲律宾）	2017 年 12 月 31 日
589	法媒：中国发展卫星城解决人口拥挤	《欧洲时报》（法国）	2017 年 6 月 2 日
590	找个理由一起来结婚　中国和欧洲都流行集体婚礼？	《欧洲时报》（法国）	2017 年 6 月 14 日
591	中国打响冬季治霾战令钢厂减产：全球市场恐大受打击	《信报》（新西兰）	2017 年 10 月 4 日

附录二　语料库 A、B 内新闻标题汇总表

语料库 A 内新闻标题汇总表

样本序号	新闻标题	来源	日期
样本 1	中铁航空港曹妃甸项目创造我国房建施工纪录	新华社	2016/10/21
样本 2	曹妃甸承接京津产业转移加速　京津开工项目 44 个	新华社	2016/10/25
样本 3	津冀两地联手共推天津自贸区曹妃甸片区	新华社	2017/3/11
样本 4	京冀举行加快曹妃甸协同发展示范区建设座谈会	河北新闻网	2016/4/24
样本 5	曹妃甸加速融入京津旅游市场	河北新闻网	2016/5/9
样本 6	唐山曹妃甸少年海事学校学生在海巡船上光荣入团	河北新闻网	2016/5/13
样本 7	曹妃甸加快承接北京专用车产业转移	河北新闻网	2016/5/16
样本 8	中信银行曹妃甸支行成功堵截持虚假证件办理信用卡事件	河北新闻网	2016/5/16
样本 9	曹妃甸举办汉唐集体婚礼	河北新闻网	2016/5/25
样本 10	人保财险唐山曹妃甸支公司荣获平安建设"先进集体"	河北新闻网	2016/5/27
样本 11	北京景山学校曹妃甸分校今年招生	河北新闻网	2016/5/30
样本 12	曹妃甸·国际汉唐大型集体婚礼举行	河北新闻网	2016/5/30
样本 13	曹妃甸大病客户获泰康理赔 33 万送锦旗	河北新闻网	2016/5/31
样本 14	曹妃甸中东海湾大型炼化一体化项目签约	河北新闻网	2016/6/6
样本 15	北京曹妃甸国际职教城建设侧记:"智慧城市"这样建	河北新闻网	2016/6/13
样本 16	唐山市曹妃甸区成立 54 个安全生产专项执法检查组	河北新闻网	2016/6/22
样本 17	唐山曹妃甸区"赤脚医生"养老补助审核方案将于 7 月出台	河北新闻网	2016/6/24

续表

样本序号	新闻标题	来源	日期
样本 18	河北出入境检验检疫局曹妃甸口岸首次截获背点伊蚊	河北新闻网	2016/6/30
样本 19	曹妃甸：跨纳潮河中山大桥右幅正式通车	河北新闻网	2016/7/1
样本 20	曹妃甸跨纳潮河中山大桥右幅通车	河北新闻网	2016/7/4
样本 21	曹妃甸区富康村立体种养模式产出放心食品	河北新闻网	2016/7/11
样本 22	曹妃甸区出口食品农产品示范区通过验收	河北新闻网	2016/7/11
样本 23	曹妃甸青龙湾大桥正式通车	河北新闻网	2016/7/11
样本 24	"波特曼"轮靠泊杂货码头——曹妃甸实业公司实现外贸出口业务新突破	河北新闻网	2016/7/13
样本 25	唐山曹妃甸滨海大道无路灯 年底完工	河北新闻网	2016/7/13
样本 26	唐山曹妃甸加速承接京津产业转移 上半年签约项目 27 个	河北新闻网	2016/7/17
样本 27	人保财险唐山曹妃甸支公司完善三农保险服务体系	河北新闻网	2016/7/18
样本 28	京津冀开发区产业合作再升级 曹妃甸签下 6 项目	河北新闻网	2016/7/24
样本 29	曹妃甸区引进京津资源发展旅游产业 京津游客将拥有身边的海岛沙滩	河北新闻网	2016/7/25
样本 30	曹妃甸口岸截获多种有害生物 其中两种为全国首次截获	河北新闻网	2016/7/26
样本 31	曹妃甸布局"一带一路"	河北新闻网	2016/7/28
样本 32	曹妃甸综合保税区通用码头将试运营	河北新闻网	2016/8/1
样本 33	曹妃甸煤炭公司单月吞吐量首破 120 万吨	河北新闻网	2016/8/8
样本 34	首都名医来到家门口——北京友谊医院专家团曹妃甸区坐诊	河北新闻网	2016/8/15
样本 35	曹妃甸与安贞医院共建"合作医院"	河北新闻网	2016/8/22
样本 36	河北港口集团主要领导到曹妃甸港区调研	河北新闻网	2016/8/24
样本 37	1 至 7 月曹妃甸进口木材突破 30 万方 同比增长 6.27 倍	河北新闻网	2016/8/31

样本序号	新闻标题	来源	日期
样本 38	唐山曹妃甸区安监局夜查发现事故隐患 35 处	河北新闻网	2016/9/1
样本 39	唐山曹妃甸区水曹铁路全线开工	河北新闻网	2016/9/5
样本 40	秦皇岛港股份有限公司曹妃甸煤炭公司组织灭火应急救援演练	河北新闻网	2016/9/7
样本 41	曹妃甸力促天津自贸区政策延伸落地	河北新闻网	2016/9/19
样本 42	无限极 2016 世界行走日活动在曹妃甸湿地公园举办	河北新闻网	2016/9/26
样本 43	曹妃甸建设信息技术服务外包基地	河北新闻网	2016/10/10
样本 44	曹妃甸港液体化工码头吞吐量突破百万吨大关	河北新闻网	2016/10/11
样本 45	唐山市公布 9 月份空气质量排名 曹妃甸最好开平垫底	河北新闻网	2016/10/13
样本 46	曹妃甸将打造"世界一流"石化基地	河北新闻网	2016/10/21
样本 47	项目建设提速 管理服务高效 曹妃甸开发区产业加速聚集	河北新闻网	2016/10/24
样本 48	中信银行唐山曹妃甸支行举办"小小银行家"亲子活动	河北新闻网	2016/10/25
样本 49	500 多只东方白鹳栖息曹妃甸	河北新闻网	2016/11/7
样本 50	曹妃甸港：十年写就功与名	河北新闻网	2016/11/8
样本 51	打造西北地区新的出海口 曹妃甸港首个西北内陆港在包头设立	河北新闻网	2016/11/9
样本 52	曹妃甸区"七化一体"创新政务服务 促进项目建设和市场繁荣	河北新闻网	2016/11/21
样本 53	情系曹妃甸 为党徽添彩——记河北港口集团港口工程公司曹妃甸第一项目部合同员王怡涵	河北新闻网	2016/11/22
样本 54	曹妃甸有机莲藕热销北京	河北新闻网	2016/11/28
样本 55	曹妃甸 LNG 码头接卸"洋气"进京	河北新闻网	2016/12/5
样本 56	人保财险唐山曹妃甸支公司开展知识竞赛强化学习型组织建设	河北新闻网	2016/12/6

续表

样本序号	新闻标题	来源	日期
样本 57	曹妃甸发现古墓群专家初步怀疑为元代驻军墓葬	河北新闻网	2016/12/8
样本 58	曹妃甸蚕沙口村发现古墓群　疑为元代墓葬	河北新闻网	2016/12/8
样本 59	秦皇岛港股份有限公司曹妃甸实业公司党委开展党章党规知识答题	河北新闻网	2016/12/9
样本 60	33 只东方白鹳曹妃甸获救助	河北新闻网	2016/12/12
样本 61	唐山曹妃甸区实行"车位式"管理小摊点	河北新闻网	2016/12/13
样本 62	海事部门多项举措助力曹妃甸"世界新港"建设	河北新闻网	2016/12/23
样本 63	曹妃甸举办迎新年·文化旅游商品展	河北新闻网	2016/12/26
样本 64	首钢基金投资曹妃甸工人医院	河北新闻网	2016/12/26
样本 65	唐山曹妃甸区"智慧监管"保安全	河北新闻网	2016/12/30
样本 66	唐山曹妃甸区：电梯二维码监管系统实现全覆盖	河北新闻网	2017/1/9
样本 67	人保财险唐山曹妃甸支公司积极拓展温室大棚保险	河北新闻网	2017/1/18
样本 68	北京中关村曹妃甸高新技术成果转化基地初步建成	河北新闻网	2017/1/23
样本 69	到 2020 年北京中关村曹妃甸高新技术成果转化基地初步建成	河北新闻网	2017/1/23
样本 70	曹妃甸港区首月货物吞吐量突破 2000 万吨	河北新闻网	2017/2/13
样本 71	曹妃甸打造首都高校疏解集中承载区	河北新闻网	2017/2/20
样本 72	曹妃甸区开展个体诊所用药安全大检查	河北新闻网	2017/2/20
样本 73	沿海高速曹妃甸支线今年将建成通车	河北新闻网	2017/2/21
样本 74	发起设立京冀协同发展基金从"山"到"海"首钢扎根曹妃甸	河北新闻网	2017/2/24
样本 75	到 2020 年曹妃甸将打造 5 个智能工厂或互联工厂	河北新闻网	2017/2/27
样本 76	推动北京制造业向曹妃甸转移，打造 5 个智能工厂或互联工厂	河北新闻网	2017/2/27

续表

样本序号	新闻标题	来源	日期
样本 77	曹妃甸区争当"三个走在前列"排头兵	河北新闻网	2017/2/27
样本 78	唐山曹妃甸实业港务公司做好除尘设备春季检查	河北新闻网	2017/3/9
样本 79	天津滨海新区与曹妃甸共推天津自贸区曹妃甸片区申报	河北新闻网	2017/3/19
样本 80	民生银行唐山曹妃甸支行参与 3·15 诚信文化教育和征信专题宣传活动	河北新闻网	2017/3/20
样本 81	中行曹妃甸分行助居民激活健康卡	河北新闻网	2017/3/21
样本 82	联合国教科文组织将在曹妃甸设立职业教育培训基地	河北新闻网	2017/3/24
样本 83	到 2020 年曹妃甸将创办培育 3 个大学生创新创业基地	河北新闻网	2017/3/27
样本 84	唐山力求办好曹妃甸、芦汉两大协同发展示范区	河北新闻网	2017/3/27
样本 85	旭阳集团大型炼化项目落户唐山曹妃甸	河北新闻网	2017/3/27
样本 86	伤愈丹顶鹤在曹妃甸湿地重回蓝天	河北新闻网	2017/3/29
样本 87	丹顶鹤受伤得救助 痊愈后在曹妃甸湿地重返自然	河北新闻网	2017/3/30

语料库 B 内新闻标题汇总表

样本序号	新闻标题	来源	日期
样本 88	北京外迁企业结伴涌向曹妃甸	《人民日报》	2017/12/22
样本 89	河北唐山港曹妃甸港区今年 1 至 8 月货物吞吐量突破 2 亿吨	《光明日报》	2017/9/9
样本 90	河北唐山市曹妃甸区公安局党委委员徐大志接受组织审查	新华社	2017/4/6
样本 91	曹妃甸上半年签约京津项目 41 个　总投资 821 亿元	新华社	2017/7/27
样本 92	曹妃甸"绿色"火电工程加紧建设	新华社	2017/8/3
样本 93	京冀在曹妃甸共建人力社保服务中心	新华社	2017/11/9
样本 94	河北沿海高速曹妃甸支线跨迁曹铁路大桥成功转体	新华社	2017/11/11
样本 95	东方白鹳"做客"河北曹妃甸湿地	新华社	2017/11/13
样本 96	曹妃甸"绿色"火电工程稳步推进	新华社	2018/1/29
样本 97	唐山市曹妃甸：冰天雪地测海冰	新华社	2018/1/30
样本 98	唐山曹妃甸："鱼菜共生"生态种养	新华社	2018/2/9
样本 99	北京首个跨省人力社保服务中心落户曹妃甸	新华网	2017/11/9
样本 100	曹妃甸将建设亿吨级国际矿石交易中心	新华网	2017/11/24
样本 101	唐山·曹妃甸港石嘴山内陆港正式揭牌	新华网	2017/11/30
样本 102	曹妃甸港至蒙古国乌兰巴托中欧班列开行	新华网	2018/3/26
样本 103	曹妃甸湿地集中放飞珍稀鸟类	《河北日报》	2017/12/29
样本 104	曹妃甸车管所组织记满 12 分驾驶人开展志愿者服务	《燕赵都市报》	2017/6/23
样本 105	曹妃甸 19 个项目签约总投资 258.6 亿元	《燕赵都市报》	2017/7/20
样本 106	曹妃甸稻花节邀你来一场秋天的约会	《燕赵都市报》	2017/8/28
样本 107	曹妃甸港区货物吞吐量突破 2 亿吨	《燕赵都市报》	2017/9/6
样本 108	中国银行曹妃甸分行为区内某重点企业叙做大额授信 15.12 亿元	河北新闻网	2017/4/6
样本 109	唐山市曹妃甸区公安局党委委员徐大志接受组织审查	河北新闻网	2017/4/6

样本序号	新闻标题	来源	日期
样本 110	中行河北省曹妃甸分行走进"田间地头"助居民激活健康卡	河北新闻网	2017/4/7
样本 111	唐山曹妃甸工业区新建"城市书房"	河北新闻网	2017/4/10
样本 112	中行曹妃甸分行 15.1 亿支持企业发展	河北新闻网	2017/4/11
样本 113	中国银行曹妃甸分行以最好党建引领最好银行建设	河北新闻网	2017/4/12
样本 114	中国银行曹妃甸分行多措并举提升文优服务水平	河北新闻网	2017/4/14
样本 115	8 个中关村项目成功落户曹妃甸	河北新闻网	2017/4/16
样本 116	想客户之所想　急客户之所急　中行曹妃甸分行为当地中小企业成长注入"金融活水"	河北新闻网	2017/4/17
样本 117	曹妃甸区沿海经济扩量提质升级	河北新闻网	2017/4/17
样本 118	中国银行曹妃甸分行成功营销代发薪业务 9600 万元	河北新闻网	2017/4/20
样本 119	中国银行曹妃甸分行组织"青春在线、激流勇进"五四青年节系列活动	河北新闻网	2017/4/25
样本 120	中国银行曹妃甸分行组织开展"三违反"、"三套利"行为专项自查活动	河北新闻网	2017/4/25
样本 121	曹妃甸海事局揭牌成立	河北新闻网	2017/4/27
样本 122	华北理工大学举行曹妃甸新校园首届运动会	河北新闻网	2017/4/27
样本 123	中国银行曹妃甸分行组织五四青年节"I 朗读"主题活动	河北新闻网	2017/5/9
样本 124	中国银行曹妃甸唐海支行组织"爱中行.爱健康"员工健步走活动	河北新闻网	2017/5/10
样本 125	中国银行曹妃甸分行积极推进"两学一做"学习教育常态化	河北新闻网	2017/5/11
样本 126	北京与曹妃甸签订旅游发展战略合作协议	河北新闻网	2017/5/15
样本 127	中国银行曹妃甸分行积极开展机关作风整顿工作	河北新闻网	2017/5/15

续表

样本序号	新闻标题	来源	日期
样本 128	中国银行曹妃甸分行积极推动党建共建活动开展	河北新闻网	2017/5/15
样本 129	中国银行曹妃甸分行组织召开青年员工座谈会	河北新闻网	2017/5/17
样本 130	唐山曹妃甸区完成全国跨省异地住院结算工作	河北新闻网	2017/5/22
样本 131	唐山港曹妃甸港区国投煤码头续建工程（尾留部分）顺利通过验收	河北新闻网	2017/5/23
样本 132	人保财险唐山曹妃甸支公司护航曹妃甸湿地半程马拉松比赛	河北新闻网	2017/5/23
样本 133	中国银行曹妃甸分行组织"青春在线、激流勇进"员工健步走活动	河北新闻网	2017/5/26
样本 134	中国银行曹妃甸分行召开"两学一做"学习教育制度化常态化专题研讨学习会	河北新闻网	2017/5/27
样本 135	中国银行曹妃甸分行智能柜台顺利投产	河北新闻网	2017/5/31
样本 136	中国银行曹妃甸分行积极组织非法集资宣传活动	河北新闻网	2017/6/5
样本 137	中国银行曹妃甸分行组织财富私行产品知识培训	河北新闻网	2017/6/5
样本 138	中国银行曹妃甸分行多措并举做大做强基础客户群	河北新闻网	2017/6/7
样本 139	中国银行曹妃甸分行积极开展庆"七一"系列活动	河北新闻网	2017/6/8
样本 140	曹妃甸重点打造全域旅游模式 推动旅游产业链深度延伸	河北新闻网	2017/6/12
样本 141	中国银行曹妃甸分行召开 2017 年中增存增收工作动员大会	河北新闻网	2017/6/15
样本 142	中国银行曹妃甸分行推动党委中心组学习制度化、常态化	河北新闻网	2017/6/16
样本 143	中国银行曹妃甸分行积极开展"普及金融知识万里行"活动	河北新闻网	2017/6/20

样本序号	新闻标题	来源	日期
样本 144	中国银行曹妃甸分行积极助力当地文明城市创建活动	河北新闻网	2017/6/21
样本 145	唐山曹妃甸客运站出租车车主倒客　已进行劝诫	河北新闻网	2017/6/26
样本 146	2017 年河北曹妃甸水域溢油应急演习举办	河北新闻网	2017/6/27
样本 147	中国银行曹妃甸分行积极开展文明优质服务百日竞赛活动	河北新闻网	2017/6/28
样本 148	中国银行曹妃甸分行不断加强和规范反洗钱工作	河北新闻网	2017/6/28
样本 149	中国银行曹妃甸分行组织员工观看警示教育片	河北新闻网	2017/6/28
样本 150	中行曹妃甸唐海支行为客户追回 8000 元盗刷资金	河北新闻网	2017/6/30
样本 151	中行曹妃甸分行多措并举实现储蓄存款快速增长	河北新闻网	2017/7/4
样本 152	中行曹妃甸分行开展党委书记讲党课活动	河北新闻网	2017/7/5
样本 153	中行曹妃甸分行组织员工到监狱开展警示教育活动	河北新闻网	2017/7/6
样本 154	中行曹妃甸分行组织员工参加"中国银行公益微跑河北站"活动	河北新闻网	2017/7/10
样本 155	中国银行曹妃甸分行机关作整顿实行全员承诺制	河北新闻网	2017/7/11
样本 156	中行曹妃甸分行积极推进与重点企业党建共建活动曹妃甸中行	河北新闻网	2017/7/13
样本 157	[砥砺奋进的五年] 曹妃甸：桥来桥往好风景	河北新闻网	2017/7/15
样本 158	中国银行曹妃甸分行成立志愿者服务协会	河北新闻网	2017/7/18
样本 159	曹妃甸举办城市产业招商推介会　现场签约 19 个项目	河北新闻网	2017/7/19
样本 160	中国银行曹妃甸分行支农助小闯出"新路子"	河北新闻网	2017/7/21

续表

样本序号	新闻标题	来源	日期
样本 161	曹妃甸在京举行旅游推介会 上百旅行社参会	河北新闻网	2017/7/24
样本 162	中行曹妃甸分行开展公司客户营销"百日攻坚"活动	河北新闻网	2017/7/25
样本 163	中国银行曹妃甸分行开展"八一"拥军慰问活动曹妃甸中行	河北新闻网	2017/8/2
样本 164	中行曹妃甸分行扎实推进机关作风整顿工作取得实效	河北新闻网	2017/8/3
样本 165	中行曹妃甸分行优质服务获外宾客户拍手称赞	河北新闻网	2017/8/4
样本 166	曹妃甸区按季开展公开评价营商环境工作	河北新闻网	2017/8/7
样本 167	中行曹妃甸分行多措并举提升员工保密工作意识	河北新闻网	2017/8/7
样本 168	曹妃甸煤炭公司月度吞吐量创新高	河北新闻网	2017/8/9
样本 169	曹妃甸煤炭公司时间、任务"双过半"	河北新闻网	2017/8/9
样本 170	中行曹妃甸分行以党建微信群助力党务工作开展	河北新闻网	2017/8/10
样本 171	中行曹妃甸分行"送教上门"为企业通关业务开展专题培训	河北新闻网	2017/8/11
样本 172	北京落户曹妃甸新能源专用车项目投产	河北新闻网	2017/8/14
样本 173	中行曹妃甸分行召开"两学一做"学习教育常态化制度化推进会	河北新闻网	2017/8/15
样本 174	中行曹妃甸分行多措并举推动案防合规工作取得实效	河北新闻网	2017/8/15
样本 175	中行曹妃甸分行与曹妃甸发展投资集团签署党建共建协议	河北新闻网	2017/8/18
样本 176	中行曹妃甸分行开展"安全保卫工作三年规划宣传月"活动	河北新闻网	2017/8/22
样本 177	中行曹妃甸分行组织"坚守底线,警钟长鸣"合规教育活动	河北新闻网	2017/8/24

样本序号	新闻标题	来源	日期
样本 178	中行曹妃甸分行组织"金融知识进万家"宣传服务月活动	河北新闻网	2017/8/28
样本 179	中行曹妃甸分行召开加强风险管控和内部控制专题研讨会	河北新闻网	2017/8/31
样本 180	曹妃甸区首届稻花节举办	河北新闻网	2017/9/4
样本 181	北京速冻食品领军品牌"金路易"在曹妃甸试生产	河北新闻网	2017/9/10
样本 182	中行曹妃甸分行为重点企业上市融资牵线搭桥	河北新闻网	2017/9/13
样本 183	中行曹妃甸分行召开十九大信息安全保障暨"全员护网"行动动员大会	河北新闻网	2017/9/15
样本 184	泰康人寿曹妃甸支公司周玉兰：赠人玫瑰手有余香	河北新闻网	2017/9/18
样本 185	建设银行唐山曹妃甸工业区支行：诚信合规经营，以更为饱满的热情参与全国文明城市的创建	河北新闻网	2017/9/18
样本 186	唐山曹妃甸农信社李明侠：小小窗口给予贴心服务	河北新闻网	2017/9/18
样本 187	中国银行曹妃甸分行助农"出实招"扶小"出实力"	河北新闻网	2017/9/19
样本 188	中行曹妃甸分行营业部成功营销百万基金大单	河北新闻网	2017/9/19
样本 189	唐山曹妃甸农村商业银行工业区支行：超越自我、完善自我，朝着既定的目标阔步迈进	河北新闻网	2017/9/19
样本 190	中行曹妃甸分行中银 e 商贵金属线上销售开单率实现双百	河北新闻网	2017/9/19
样本 191	中国银行曹妃甸分行李淑娟：站在客户的角度　替客户着想	河北新闻网	2017/9/19

续表

样本序号	新闻标题	来源	日期
样本 192	中国银行曹妃甸分行营业部：担当社会责任，做最好的银行	河北新闻网	2017/9/20
样本 193	普及金融知识，共享安全环境——中国银行曹妃甸分行开展金融知识普及系列活动	河北新闻网	2017/9/22
样本 194	曹妃甸：对接京津硕果累累　临港产业加速聚集	河北新闻网	2017/9/28
样本 195	曹妃甸区深入创建省级文明城区	河北新闻网	2017/9/29
样本 196	曹妃甸区以农促游以游强农	河北新闻网	2017/9/29
样本 197	曹妃甸葡萄远销哈萨克斯坦	河北新闻网	2017/9/29
样本 198	北京速冻食品领军品牌"金路易"曹妃甸项目试生产	河北新闻网	2017/9/29
样本 199	国内规模最大超低能耗绿色房建筑项目曹妃甸新城首堂·创业家封顶	河北新闻网	2017/9/29
样本 200	唐山港曹妃甸港区货物吞吐量突破 2 亿吨	河北新闻网	2017/9/29
样本 201	曹妃甸区首家企业成功挂牌新三板	河北新闻网	2017/9/29
样本 202	省出入境检验检疫局曹妃甸办事处实现无纸化报检全覆盖	河北新闻网	2017/9/29
样本 203	中行曹妃甸分行组织"金融知识进万家"宣传活动	河北新闻网	2017/10/10
样本 204	中行曹妃甸分行开展"平安中行"安全知识教育活动	河北新闻网	2017/10/11
样本 205	中行曹妃甸分行在各营业网点设立"中行温暖角"	河北新闻网	2017/10/13
样本 206	中行曹妃甸分行开展文优服务提升专项行动	河北新闻网	2017/10/13
样本 207	曹妃甸区政府与中化能源及旭阳控股签署战略合作备忘录	河北新闻网	2017/10/18
样本 208	中行曹妃甸分行组织各级党组织认真收看党的十九大开幕盛况	河北新闻网	2017/10/20
样本 209	曹妃甸分行开展《习近平的七年知青岁月》学思践悟活动	河北新闻网	2017/10/20

续表

样本序号	新闻标题	来源	日期
样本 210	为转型升级开放发展注入强劲动能——曹妃甸区重点项目观摩活动侧记	河北新闻网	2017/10/31
样本 211	路港携手 共建双赢——国投曹妃甸港与大秦车务段曹妃甸西站"路港联创"党建活动纪实	河北新闻网	2017/10/31
样本 212	曹妃甸区行政审批局：首张全程电子化营业执照颁发	河北新闻网	2017/10/31
样本 213	曹妃甸区：首例跨省异地缴税业务成功签约扣款	河北新闻网	2017/10/31
样本 214	曹妃甸主城区共享单车新增 1500 辆	河北新闻网	2017/10/31
样本 215	6 月至 9 月中旬曹妃甸区共签约项目 153 个	河北新闻网	2017/10/31
样本 216	曹妃甸区集中供热长输管线工程加速推进	河北新闻网	2017/10/31
样本 217	曹妃甸区农场水稻收割忙	河北新闻网	2017/10/31
样本 218	500 多只东方白鹳"做客"曹妃甸湿地	河北新闻网	2017/11/1
样本 219	校企联动凝聚青年力量 携手共建奏响节水之歌——河北建投曹妃甸供水公司同华北理工大学联合开展大型节水宣传公益活动	河北新闻网	2017/11/1
样本 220	中行曹妃甸分行召开党委中心组扩大会专题学习十九大精神	河北新闻网	2017/11/1
样本 221	曹妃甸湿地环境改善引来大批珍稀候鸟	河北新闻网	2017/11/2
样本 222	邮储银行曹妃甸区支行成功建立全行首个"爱心妈妈小屋"	河北新闻网	2017/11/2
样本 223	曹妃甸将建亿吨级国际矿石交易中心	河北新闻网	2017/11/7
样本 224	京冀（曹妃甸）人力资源和社会保障服务中心正式成立	河北新闻网	2017/11/9
样本 225	曹妃甸：四大班子领导下基层宣讲党的十九大精神	河北新闻网	2017/11/12
样本 226	东方白鹳栖息曹妃甸湿地	河北新闻网	2017/11/13
样本 227	让农业金字招牌更闪亮——曹妃甸区加快现代农业发展综述	河北新闻网	2017/11/24

续表

样本序号	新闻标题	来源	日期
样本 228	曹妃甸湿地迎来大批南迁候鸟栖息　珍稀鸟类达到 70 多种	河北新闻网	2017/11/24
样本 229	一切为了释放市场主体活力——曹妃甸区行政审批局深入推进"放管服"改革纪实	河北新闻网	2017/11/24
样本 230	曹妃甸港实现超大型矿石船舶到港常态化	河北新闻网	2017/11/24
样本 231	曹妃甸面塑作品妈祖像入藏湄洲岛妈祖文创馆	河北新闻网	2017/11/24
样本 232	北京工美高级技校将建曹妃甸分校	河北新闻网	2017/11/24
样本 233	"亲情关爱行动"走进唐山活动在曹妃甸举行	河北新闻网	2017/11/24
样本 234	唐山·曹妃甸港石嘴山内陆港揭牌	河北新闻网	2017/12/1
样本 235	唐山分行党委联合曹妃甸分行党委组织学习十九大精神暨党支部书记培训班	河北新闻网	2017/12/11
样本 236	京津冀科技精英共聚曹妃甸 献策三地科技创新协同发展	河北新闻网	2017/12/15
样本 237	唐山·曹妃甸港石嘴山内陆港揭牌	河北新闻网	2017/12/18
样本 238	中国银行曹妃甸分行组织开展十九大精神专题宣讲报告会	河北新闻网	2017/12/19
样本 239	唐山曹妃甸城管大队加大商贩占道经营治理力度	河北新闻网	2017/12/22
样本 240	第四届京津冀协同创新共同体高峰论坛在曹妃甸举行	河北新闻网	2017/12/25
样本 241	曹妃甸实业公司牵手巴西淡水河谷	河北新闻网	2017/12/28
样本 242	曹妃甸积极吸引京津项目落地	河北新闻网	2017/12/29
样本 243	曹妃甸 6 所学校上榜全国青少年校园足球特色学校	河北新闻网	2017/12/29
样本 244	曹妃甸告别锅炉燃煤为主供热	河北新闻网	2017/12/29
样本 245	北京电气工程学校曹妃甸分校揭牌	河北新闻网	2017/12/29
样本 246	曹妃甸工业区甸头立交桥荣获国家优质工程奖	河北新闻网	2017/12/29

样本序号	新闻标题	来源	日期
样本 247	曹妃甸区冬季鱼塘捕捞忙	河北新闻网	2017/12/29
样本 248	沿海高速公路曹妃甸支线 1 月 1 日通车	河北新闻网	2017/12/31
样本 249	唐山港曹妃甸港区去年货物吞吐量突破 3 亿吨	河北新闻网	2018/1/9
样本 250	曹妃甸倾力推进"一港双城"建设	河北新闻网	2018/1/26
样本 251	曹妃甸区六农场 开展"三考三创三评"党建特色活动	河北新闻网	2018/1/26
样本 252	曹妃甸港将实施"西北（腹地）战略"	河北新闻网	2018/1/26
样本 253	曹妃甸区与华北理工大学签署战略合作框架协议	河北新闻网	2018/1/26
样本 254	曹妃甸区：公共区域免费 WiFi 覆盖一期项目开放	河北新闻网	2018/1/26
样本 255	曹妃甸区对虾北方反季节规模化养殖取得突破	河北新闻网	2018/2/7
样本 256	曹妃甸举办首届海洋民俗过大年活动	河北新闻网	2018/2/13
样本 257	中行曹妃甸分行多措并举推动公司存款快速增长	河北新闻网	2018/2/24
样本 258	中行曹妃甸分行召开 2018 年工作会议	河北新闻网	2018/2/24
样本 259	中行曹妃甸分行召开党委中心组（扩大）学习会议	河北新闻网	2018/2/24
样本 260	中行曹妃甸唐海支行组织开展突发事件应急预案演练	河北新闻网	2018/2/24
样本 261	中行曹妃甸分行以绩效考核为导向加强信用风险管理	河北新闻网	2018/2/26
样本 262	曹妃甸港疏港矿石运输 2019 年全部实现"公转铁"	河北新闻网	2018/2/28
样本 263	中行曹妃甸分行多措并举扎实开展廉洁伙伴计划	河北新闻网	2018/3/2
样本 264	中行曹妃甸分行积极开展学雷锋志愿服务活动	河北新闻网	2018/3/2

样本序号	新闻标题	来源	日期
样本 265	中行曹妃甸分行加强引导规范基层党支部组织生活会程序	河北新闻网	2018/3/2
样本 266	中行曹妃甸分行认真做好"两会"期间安全保卫工作	河北新闻网	2018/3/2
样本 267	中行曹妃甸分行认真做好 2017 年度团内统计工作	河北新闻网	2018/3/2
样本 268	中展集团（唐山）会展产业园项目在曹妃甸签约	河北新闻网	2018/3/7
样本 269	曹妃甸区政府垫款解决某小区消防遗留问题	河北新闻网	2018/3/8
样本 270	曹妃甸：多措并举 引得英才汇集	河北新闻网	2018/3/9
样本 271	中行曹妃甸分行开展 2018 年"金融消费者权益日"活动	河北新闻网	2018/3/12
样本 272	中行曹妃甸分行开展 2017 年度共青团和青年评优表彰活动	河北新闻网	2018/3/12
样本 273	中行曹妃甸分行开展"做有担当的中行好青年"志愿服务活动	河北新闻网	2018/3/12
样本 274	中行曹妃甸分行与曹妃甸区招商局签署党建共建暨廉洁共建协议	河北新闻网	2018/3/12
样本 275	中行曹妃甸分行召开 2018 年党风廉政建设工作会议	河北新闻网	2018/3/12
样本 276	曹妃甸与中展集团签约会展产业园项目	河北新闻网	2018/3/13
样本 277	天津港与曹妃甸港将开展多领域合作	河北新闻网	2018/3/22
样本 278	中国银行河北省曹妃甸分行与曹妃甸担保有限公司建立廉洁伙伴关系	河北新闻网	2018/3/26
样本 279	中国银行河北省曹妃甸分行组织开展《厉害了我的国》观影活动	河北新闻网	2018/3/26
样本 280	中国银行河北省分行曹妃甸分行开展 3·15 诚信文化教育和征信知识宣传活动	河北新闻网	2018/3/26
样本 281	中国银行河北省分行曹妃甸唐海支行组织风险管控 127 条知识测试	河北新闻网	2018/3/26

样本序号	新闻标题	来源	日期
样本 282	中国银行河北省分行曹妃甸唐海支行组织召开基层党支部组织生活会	河北新闻网	2018/3/26
样本 283	曹妃甸港区中欧班列开行	河北新闻网	2018/3/27
样本 284	曹妃甸区 3 个月签约 140 个项目	河北新闻网	2018/3/27
样本 285	中国银行曹妃甸分行召开首季开门红决战冲刺动员大会	河北新闻网	2018/3/27
样本 286	中国银行曹妃甸唐海建设大街支行向员工和客户推介"平安中行"公众号	河北新闻网	2018/3/27
样本 287	中国银行曹妃甸分行营业部与曹妃甸金控举行廉洁共建签约仪式	河北新闻网	2018/3/27
样本 288	中国银行曹妃甸唐海建设大街支行为客户找回"遗失"存款	河北新闻网	2018/3/27
样本 289	天津港与曹妃甸港签署项目合作意向书	河北新闻网	2018/3/27
样本 290	曹妃甸区着力打造港产城融合北方新城	河北新闻网	2018/3/30
样本 291	曹妃甸区积极营造"四最"营商环境	河北新闻网	2018/3/30
样本 292	曹妃甸区第八农场引进新型种植模式	河北新闻网	2018/3/30
样本 293	曹妃甸区 40 个项目集中开工 总投资 197 亿元	河北新闻网	2018/3/30
样本 294	曹妃甸进口木材处理区成功升级	河北新闻网	2018/3/30
样本 295	曹妃甸区携手阿里巴巴建设电商运营孵化中心	河北新闻网	2018/3/30
样本 296	国投曹妃甸港低压船舶岸电设备投用	河北新闻网	2018/3/30
样本 297	曹妃甸湿地迎来百余只天鹅栖息	河北新闻网	2018/3/30

附录三　语料库 A、B 内小句及其及物性过程和语气类型汇总表

语料库 A 内小句及其及物性过程和语气类型汇总表

小句序号	小句	及物性	语气
小句 1	中铁航空港曹妃甸项目创造我国房建施工纪录	AP	IM
小句 2	曹妃甸承接京津产业转移加速	AP	IM
小句 3	京津开工项目 44 个	RP	IM
小句 4	津冀两地联手共推天津自贸区曹妃甸片区	AP	IM
小句 5	京冀举行加快曹妃甸协同发展示范区建设座谈会	AP	IM
小句 6	曹妃甸加速融入京津旅游市场	AP	IM
小句 7	唐山曹妃甸少年海事学校学生在海巡船上光荣入团	AP	IM
小句 8	曹妃甸加快承接北京专用车产业转移	AP	IM
小句 9	中信银行曹妃甸支行成功堵截持虚假证件办理信用卡事件	AP	IM
小句 10	曹妃甸举办汉唐集体婚礼	AP	IM
小句 11	人保财险唐山曹妃甸支公司荣获平安建设"先进集体"	AP	IM
小句 12	北京景山学校曹妃甸分校今年招生	AP	IM
小句 13	曹妃甸·国际汉唐大型集体婚礼举行	AP	IM
小句 14	曹妃甸大病客户获泰康理赔 33 万送锦旗	AP	IM
小句 15	曹妃甸中东海湾大型炼化一体化项目签约	AP	IM
小句 16	北京曹妃甸国际职教城建设侧记："智慧城市"这样建	AP	EM
小句 17	唐山市曹妃甸区成立 54 个安全生产专项执法检查组	AP	IM
小句 18	唐山曹妃甸区"赤脚医生"养老补助审核方案将于 7 月出台	AP	IM
小句 19	河北出入境检验检疫局曹妃甸口岸首次截获背点伊蚊	AP	IM
小句 20	曹妃甸：跨纳潮河中山大桥右幅正式通车	AP	IM
小句 21	曹妃甸跨纳潮河中山大桥右幅通车	AP	IM
小句 22	曹妃甸区富康村立体种养模式产出放心食品	AP	IM
小句 23	曹妃甸区出口食品农产品示范区通过验收	AP	IM

小句序号	小　句	及物性	语气
小句 24	曹妃甸青龙湾大桥正式通车	AP	IM
小句 25	"波特曼"轮靠泊杂货码头	AP	IM
小句 26	曹妃甸实业公司实现外贸出口业务新突破	RP	IM
小句 27	唐山曹妃甸滨海大道无路灯	EP	IM
小句 28	年底完工	AP	IM
小句 29	唐山曹妃甸加速承接京津产业转移	AP	IM
小句 30	上半年签约项目 27 个	RP	IM
小句 31	人保财险唐山曹妃甸支公司完善三农保险服务体系	AP	IM
小句 32	京津冀开发区产业合作再升级	AP	IM
小句 33	曹妃甸签下 6 项目	AP	IM
小句 34	曹妃甸区引进京津资源发展旅游产业	AP	IM
小句 35	京津游客将拥有身边的海岛沙滩	RP	IM
小句 36	曹妃甸口岸截获多种有害生物	AP	IM
小句 37	其中两种为全国首次截获	RP	IM
小句 38	曹妃甸布局"一带一路"	AP	IM
小句 39	曹妃甸综合保税区通用码头将试运营	AP	IM
小句 40	曹妃甸煤炭公司单月吞吐量首破 120 万吨	AP	IM
小句 41	首都名医来到家门口	AP	IM
小句 42	北京友谊医院专家团曹妃甸区坐诊	AP	IM
小句 43	曹妃甸与安贞医院共建"合作医院"	AP	IM
小句 44	河北港口集团主要领导到曹妃甸港区调研	AP	IM
小句 45	1 至 7 月曹妃甸进口木材突破 30 万方	AP	IM
小句 46	同比增长 6.27 倍	AP	IM
小句 47	唐山曹妃甸区安监局夜查发现事故隐患 35 处	RP	IM
小句 48	唐山曹妃甸区水曹铁路全线开工	AP	IM
小句 49	秦皇岛港股份有限公司曹妃甸煤炭公司组织灭火应急救援演练	AP	IM
小句 50	曹妃甸力促天津自贸区政策延伸落地	AP	IM
小句 51	无限极 2016 世界行走日活动在曹妃甸湿地公园举办	AP	IM
小句 52	曹妃甸建设信息技术服务外包基地	AP	IM

续表

小句序号	小 句	及物性	语气
小句 53	曹妃甸港液体化工码头吞吐量突破百万吨大关	AP	IM
小句 54	唐山市公布 9 月份空气质量排名 曹妃甸最好	RP	IM
小句 55	(唐山市公布 9 月份空气质量排名) 开平垫底	AP	IM
小句 56	曹妃甸将打造"世界一流"石化基地	AP	IM
小句 57	项目建设提速	AP	IM
小句 58	管理服务高效	RP	IM
小句 59	曹妃甸开发区产业加速聚集	AP	IM
小句 60	中信银行唐山曹妃甸支行举办"小小银行家"亲子活动	AP	IM
小句 61	500 多只东方白鹳栖息曹妃甸	RP	IM
小句 62	曹妃甸港：十年写就功与名	AP	IM
小句 63	打造西北地区新的出海口	AP	IM
小句 64	曹妃甸港首个西北内陆港在包头设立	AP	IM
小句 65	曹妃甸区"七化一体"创新政务服务	AP	IM
小句 66	促进项目建设和市场繁荣	AP	IM
小句 67	情系曹妃甸	MP	EM
小句 68	为党徽添彩	AP	EM
小句 69	记河北港口集团港口工程公司曹妃甸第一项目部合同员王怡涵	AP	IM
小句 70	曹妃甸有机莲藕热销北京	RP	IM
小句 71	曹妃甸 LNG 码头接卸"洋气"进京	AP	IM
小句 72	人保财险唐山曹妃甸支公司开展知识竞赛强化学习型组织建设	AP	IM
小句 73	曹妃甸发现古墓群	MP	IM
小句 74	专家初步怀疑为元代驻军墓葬	RP	IM
小句 75	曹妃甸蚕沙口村发现古墓群	MP	IM
小句 76	疑为元代墓葬	RP	IM
小句 77	秦皇岛港股份有限公司曹妃甸实业公司党委开展党章党规知识答题	AP	IM
小句 78	33 只东方白鹳曹妃甸获救助	AP	IM
小句 79	唐山曹妃甸区实行"车位式"管理小摊点	AP	IM

续表

小句序号	小 句	及物性	语气
小句 80	海事部门多项举措助力曹妃甸"世界新港"建设	AP	IM
小句 81	曹妃甸举办迎新年·文化旅游商品展	AP	IM
小句 82	首钢基金投资曹妃甸工人医院	AP	IM
小句 83	唐山曹妃甸区"智慧监管"保安全	RP	IM
小句 84	唐山曹妃甸区：电梯二维码监管系统实现全覆盖	RP	IM
小句 85	人保财险唐山曹妃甸支公司积极拓展温室大棚保险	AP	IM
小句 86	北京中关村曹妃甸高新技术成果转化基地初步建成	AP	IM
小句 87	到 2020 年北京中关村曹妃甸高新技术成果转化基地初步建成	AP	IM
小句 88	曹妃甸港区首月货物吞吐量突破 2000 万吨	AP	IM
小句 89	曹妃甸打造首都高校疏解集中承载区	AP	IM
小句 90	曹妃甸区开展个体诊所用药安全大检查	AP	IM
小句 91	沿海高速曹妃甸支线今年将建成通车	AP	IM
小句 92	发起设立京冀协同发展基金从"山"到"海"	AP	IM
小句 93	首钢扎根曹妃甸	RP	IM
小句 94	到 2020 年曹妃甸将打造 5 个智能工厂或互联工厂	AP	IM
小句 95	推动北京制造业向曹妃甸转移	AP	IM
小句 96	打造 5 个智能工厂或互联工厂	AP	IM
小句 97	曹妃甸区争当"三个走在前列"排头兵	RP	IM
小句 98	唐山曹妃甸实业港务公司做好除尘设备春季检查	AP	IM
小句 99	天津滨海新区与曹妃甸共推天津自贸区曹妃甸片区申报	AP	IM
小句 100	民生银行唐山曹妃甸支行参与 3·15 诚信文化教育和征信专题宣传活动	AP	IM
小句 101	中行曹妃甸分行助居民激活健康卡	AP	IM
小句 102	联合国教科文组织将在曹妃甸设立职业教育培训基地	AP	IM
小句 103	到 2020 年曹妃甸将创办培育 3 个大学生创新创业基地	AP	IM
小句 104	唐山力求办好曹妃甸、芦汉两大协同发展示范区	AP	IM
小句 105	旭阳集团大型炼化项目落户唐山曹妃甸	RP	IM
小句 106	伤愈丹顶鹤在曹妃甸湿地重回蓝天	AP	IM
小句 107	丹顶鹤受伤得救助	AP	IM
小句 108	痊愈后在曹妃甸湿地重返自然	AP	IM

语料库 B 内小句及其及物性过程和语气类型汇总表

小句序号	小句	及物性	语气
小句 109	北京外迁企业结伴涌向曹妃甸	AP	IM
小句 110	河北唐山港曹妃甸港区今年 1 至 8 月货物吞吐量突破 2 亿吨	AP	IM
小句 111	河北唐山市曹妃甸区公安局党委委员徐大志接受组织审查	AP	IM
小句 112	曹妃甸上半年签约京津项目 41 个	RP	IM
小句 113	总投资 821 亿元	RP	IM
小句 114	曹妃甸"绿色"火电工程加紧建设	AP	IM
小句 115	京冀在曹妃甸共建人力社保服务中心	AP	IM
小句 116	河北沿海高速曹妃甸支线跨迁曹铁路大桥成功转体	AP	IM
小句 117	东方白鹳"做客"河北曹妃甸湿地	RP	IM
小句 118	曹妃甸"绿色"火电工程稳步推进	AP	IM
小句 119	唐山市曹妃甸：冰天雪地测海冰	AP	IM
小句 120	唐山曹妃甸："鱼菜共生"	AP	IM
小句 121	（唐山曹妃甸：）生态种养	AP	IM
小句 122	北京首个跨省人力社保服务中心落户曹妃甸	RP	IM
小句 123	曹妃甸将建设亿吨级国际矿石交易中心	AP	IM
小句 124	唐山·曹妃甸港石嘴山内陆港正式揭牌	AP	IM
小句 125	曹妃甸港至蒙古国乌兰巴托中欧班列开行	AP	IM
小句 126	曹妃甸湿地集中放飞珍稀鸟类	AP	IM
小句 127	曹妃甸车管所组织记满 12 分驾驶人开展志愿者服务	AP	IM
小句 128	曹妃甸 19 个项目签约总投资 258.6 亿元	RP	IM
小句 129	曹妃甸稻花节邀你来一场秋天的约会	AP	IM
小句 130	曹妃甸港区货物吞吐量突破 2 亿吨	AP	IM
小句 131	中国银行曹妃甸分行为区内某重点企业叙做大额授信 15.12 亿元	RP	IM
小句 132	唐山市曹妃甸区公安局党委委员徐大志接受组织审查	AP	IM
小句 133	中行河北省曹妃甸分行走进"田间地头"	AP	IM
小句 134	助居民激活健康卡	AP	IM
小句 135	唐山曹妃甸工业区新建"城市书房"	AP	IM

小句序号	小　句	及物性	语气
小句 136	中行曹妃甸分行 15.1 亿支持企业发展	AP	IM
小句 137	中国银行曹妃甸分行以最好党建引领最好银行建设	AP	IM
小句 138	中国银行曹妃甸分行多措并举提升文优服务水平	AP	IM
小句 139	8 个中关村项目成功落户曹妃甸	RP	IM
小句 140	想客户之所想	MP	IM
小句 141	急客户之所急	MP	IM
小句 142	中行曹妃甸分行为当地中小企业成长注入"金融活水"	AP	IM
小句 143	曹妃甸区沿海经济扩量提质升级	AP	IM
小句 144	中国银行曹妃甸分行成功营销代发薪业务 9600 万元	RP	IM
小句 145	中国银行曹妃甸分行组织"青春在线、激流勇进"五四青年节系列活动	AP	IM
小句 146	中国银行曹妃甸分行组织开展"三违反"、"三套利"行为专项自查活动	AP	IM
小句 147	曹妃甸海事局揭牌成立	AP	IM
小句 148	华北理工大学举行曹妃甸新校园首届运动会	AP	IM
小句 149	中国银行曹妃甸分行组织五四青年节"I 朗读"主题活动	AP	IM
小句 150	中国银行曹妃甸唐海支行组织"爱中行·爱健康"员工健步走活动	AP	IM
小句 151	中国银行曹妃甸分行积极推进"两学一做"学习教育常态化	RP	IM
小句 152	北京与曹妃甸签订旅游发展战略合作协议	AP	IM
小句 153	中国银行曹妃甸分行积极开展机关作风整顿工作	AP	IM
小句 154	中国银行曹妃甸分行积极推动党建共建活动开展	AP	IM
小句 155	中国银行曹妃甸分行组织召开青年员工座谈会	AP	IM
小句 156	唐山曹妃甸区完成全国跨省异地住院结算工作	AP	IM
小句 157	唐山港曹妃甸港区国投煤码头续建工程（尾留部分）顺利通过验收	AP	IM
小句 158	人保财险唐山曹妃甸支公司护航曹妃甸湿地半程马拉松比赛	AP	IM

续表

小句序号	小　句	及物性	语气
小句 159	中国银行曹妃甸分行组织"青春在线、激流勇进"员工健步走活动	AP	IM
小句 160	中国银行曹妃甸分行召开"两学一做"学习教育制度化常态化专题研讨学习会	AP	IM
小句 161	中国银行曹妃甸分行智能柜台顺利投产	AP	IM
小句 162	中国银行曹妃甸分行积极组织非法集资宣传活动	AP	IM
小句 163	中国银行曹妃甸分行组织财富私行产品知识培训	AP	IM
小句 164	中国银行曹妃甸分行多措并举做大做强基础客户群	AP	IM
小句 165	中国银行曹妃甸分行积极开展庆"七一"系列活动	AP	IM
小句 166	曹妃甸重点打造全域旅游模式	AP	IM
小句 167	推动旅游产业链深度延伸	AP	IM
小句 168	中国银行曹妃甸分行召开 2017 年中增存增收工作动员大会	AP	IM
小句 169	中国银行曹妃甸分行推动党委中心组学习制度化、常态化	RP	IM
小句 170	中国银行曹妃甸分行积极开展"普及金融知识万里行"活动	AP	IM
小句 171	中国银行曹妃甸分行积极助力当地文明城市创建活动	AP	IM
小句 172	唐山曹妃甸客运站出租车车主倒客	AP	IM
小句 173	已进行劝诫	CP	IM
小句 174	2017 年河北曹妃甸水域溢油应急演习举办	AP	IM
小句 175	中国银行曹妃甸分行积极开展文明优质服务百日竞赛活动	AP	IM
小句 176	中国银行曹妃甸分行不断加强和规范反洗钱工作	AP	IM
小句 177	中国银行曹妃甸分行组织员工观看警示教育片	MP	IM
小句 178	中行曹妃甸唐海支行为客户追回 8000 元盗刷资金	AP	IM
小句 179	中行曹妃甸分行多措并举实现储蓄存款快速增长	RP	IM
小句 180	中行曹妃甸分行开展党委书记讲党课活动	AP	IM
小句 181	中行曹妃甸分行组织员工到监狱开展警示教育活动	AP	IM
小句 182	中行曹妃甸分行组织员工参加"中国银行公益微跑河北站"活动	AP	IM

续表

小句序号	小　句	及物性	语气
小句 183	中国银行曹妃甸分行机关作整顿实行全员承诺制	AP	IM
小句 184	中行曹妃甸分行积极推进与重点企业党建共建活动曹妃甸中行	AP	IM
小句 185	曹妃甸：桥来桥往好风景	EP	EM
小句 186	中国银行曹妃甸分行成立志愿者服务协会	AP	IM
小句 187	曹妃甸举办城市产业招商推介会	AP	IM
小句 188	现场签约 19 个项目	AP	IM
小句 189	中国银行曹妃甸分行支农助小闯出"新路子"	AP	IM
小句 190	曹妃甸在京举行旅游推介会	AP	IM
小句 191	上百旅行社参会	AP	IM
小句 192	中行曹妃甸分行开展公司客户营销"百日攻坚"活动	AP	IM
小句 193	中国银行曹妃甸分行开展"八一"拥军慰问活动曹妃甸中行	AP	IM
小句 194	中行曹妃甸分行扎实推进机关作风整顿工作取得实效	AP	IM
小句 195	中行曹妃甸分行优质服务获外宾客户拍手称赞	CP	IM
小句 196	曹妃甸区按季开展公开评价营商环境工作	AP	IM
小句 197	中行曹妃甸分行多措并举提升员工保密工作意识	AP	IM
小句 198	曹妃甸煤炭公司月度吞吐量创新高	AP	IM
小句 199	曹妃甸煤炭公司时间、任务"双过半"	AP	IM
小句 200	中行曹妃甸分行以党建微信群助力党务工作开展	AP	IM
小句 201	中行曹妃甸分行"送教上门"为企业通关业务开展专题培训	AP	IM
小句 202	北京落户曹妃甸新能源专用车项目投产	AP	IM
小句 203	中行曹妃甸分行召开"两学一做"学习教育常态化制度化推进会	AP	IM
小句 204	中行曹妃甸分行多措并举推动案防合规工作取得实效	AP	IM
小句 205	中行曹妃甸分行与曹妃甸发展投资集团签署党建共建协议	AP	IM
小句 206	中行曹妃甸分行开展"安全保卫工作三年规划宣传月"活动	AP	IM

小句序号	小　句	及物性	语气
小句 207	中行曹妃甸分行组织"坚守底线，警钟长鸣"合规教育活动	AP	IM
小句 208	中行曹妃甸分行组织"金融知识进万家"宣传服务月活动	AP	IM
小句 209	中行曹妃甸分行召开加强风险管控和内部控制专题研讨会	AP	IM
小句 210	曹妃甸区首届稻花节举办	AP	IM
小句 211	北京速冻食品领军品牌"金路易"在曹妃甸试生产	AP	IM
小句 212	中行曹妃甸分行为重点企业上市融资牵线搭桥	AP	IM
小句 213	中行曹妃甸分行召开十九大信息安全保障暨"全员护网"行动动员大会	AP	IM
小句 214	泰康人寿曹妃甸支公司周玉兰：赠人玫瑰	AP	IM
小句 215	（泰康人寿曹妃甸支公司周玉兰：）手有余香	EP	IM
小句 216	建设银行唐山曹妃甸工业区支行：诚信合规经营	AP	EM
小句 217	（建设银行唐山曹妃甸工业区支行：）以更为饱满的热情参与全国文明城市的创建	AP	EM
小句 218	唐山曹妃甸农信社李明侠：小小窗口给予贴心服务	AP	IM
小句 219	中国银行曹妃甸分行助农"出实招"扶小"出实力"	AP	IM
小句 220	中行曹妃甸分行营业部成功营销百万基金大单	AP	IM
小句 221	唐山曹妃甸农村商业银行工业区支行：超越自我	AP	EM
小句 222	（唐山曹妃甸农村商业银行工业区支行：）完善自我	AP	EM
小句 223	（唐山曹妃甸农村商业银行工业区支行：）朝着既定的目标阔步迈进	AP	EM
小句 224	中行曹妃甸分行中银 e 商贵金属线上销售开单率实现双百	RP	IM
小句 225	中国银行曹妃甸分行李淑娟：站在客户的角度	RP	IM
小句 226	（中国银行曹妃甸分行李淑娟：）替客户着想	MP	IM
小句 227	中国银行曹妃甸分行营业部：担当社会责任	AP	IM
小句 228	（中国银行曹妃甸分行营业部：）做最好的银行	RP	IM
小句 229	普及金融知识	AP	EM

小句序号	小 句	及物性	语气
小句230	共享安全环境	RP	EM
小句231	中国银行曹妃甸分行开展金融知识普及系列活动	AP	IM
小句232	曹妃甸：对接京津硕果累累	RP	IM
小句233	（曹妃甸：）临港产业加速聚集	AP	IM
小句234	曹妃甸区深入创建省级文明城区	AP	IM
小句235	曹妃甸区以农促游以游强农	AP	IM
小句236	曹妃甸葡萄远销哈萨克斯坦	AP	IM
小句237	北京速冻食品领军品牌"金路易"曹妃甸项目试生产	AP	IM
小句238	国内规模最大超低能耗绿色房建筑项目曹妃甸新城首堂·创业家封顶	AP	IM
小句239	唐山港曹妃甸港区货物吞吐量突破2亿吨	AP	IM
小句240	曹妃甸区首家企业成功挂牌新三板	AP	IM
小句241	省出入境检验检疫局曹妃甸办事处实现无纸化报检全覆盖	RP	IM
小句242	中行曹妃甸分行组织"金融知识进万家"宣传活动	AP	IM
小句243	中行曹妃甸分行开展"平安中行"安全知识教育活动	AP	IM
小句244	中行曹妃甸分行在各营业网点设立"中行温暖角"	AP	IM
小句245	中行曹妃甸分行开展文优服务提升专项行动	AP	IM
小句246	曹妃甸区政府与中化能源及旭阳控股签署战略合作备忘录	AP	IM
小句247	中行曹妃甸分行组织各级党组织认真收看党的十九大开幕盛况	MP	IM
小句248	曹妃甸分行开展《习近平的七年知青岁月》学思践悟活动	AP	IM
小句249	为转型升级开放发展注入强劲动能	AP	IM
小句250	路港携手 共建双赢	AP	EM
小句251	曹妃甸区行政审批局：首张全程电子化营业执照颁发	AP	IM
小句252	曹妃甸区：首例跨省异地缴税业务成功签约扣款	AP	IM
小句253	曹妃甸主城区共享单车新增1500辆	AP	IM
小句254	6月至9月中旬曹妃甸区共签约项目153个	RP	IM

续表

小句序号	小句	及物性	语气
小句 255	曹妃甸区集中供热长输管线工程加速推进	AP	IM
小句 256	曹妃甸区农场水稻收割忙	RP	IM
小句 257	500 多只东方白鹳"做客"曹妃甸湿地	RP	IM
小句 258	校企联动凝聚青年力量	AP	EM
小句 259	携手共建奏响节水之歌	AP	EM
小句 260	河北建投曹妃甸供水公司同华北理工大学联合开展大型节水宣传公益活动	AP	IM
小句 261	中行曹妃甸分行召开党委中心组扩大会	AP	IM
小句 262	专题学习十九大精神	MP	IM
小句 263	曹妃甸湿地环境改善引来大批珍稀候鸟	AP	IM
小句 264	邮储银行曹妃甸区支行成功建立全行首个"爱心妈妈小屋"	AP	IM
小句 265	曹妃甸将建亿吨级国际矿石交易中心	AP	IM
小句 266	京冀（曹妃甸）人力资源和社会保障服务中心正式成立	AP	IM
小句 267	曹妃甸：四大班子领导下基层宣讲党的十九大精神	CP	IM
小句 268	东方白鹳栖息曹妃甸湿地	RP	IM
小句 269	让农业金字招牌更闪亮	RP	IM
小句 270	曹妃甸湿地迎来大批南迁候鸟栖息	AP	IM
小句 271	珍稀鸟类达到 70 多种	RP	IM
小句 272	一切为了释放市场主体活力	AP	IM
小句 273	曹妃甸港实现超大型矿石船舶到港常态化	RP	IM
小句 274	曹妃甸面塑作品妈祖像入藏湄洲岛妈祖文创馆	AP	IM
小句 275	北京工美高级技校将建曹妃甸分校	AP	IM
小句 276	"亲情关爱行动"走进唐山活动在曹妃甸举行	AP	IM
小句 277	唐山·曹妃甸港石嘴山内陆港揭牌	AP	IM
小句 278	唐山分行党委联合曹妃甸分行党委组织学习十九大精神暨党支部书记培训班	AP	IM
小句 279	京津冀科技精英共聚曹妃甸	RP	IM
小句 280	献策三地科技创新协同发展	AP	IM
小句 281	唐山·曹妃甸港石嘴山内陆港揭牌	AP	IM

小句序号	小 句	及物性	语气
小句 282	中国银行曹妃甸分行组织开展十九大精神专题宣讲报告会	AP	IM
小句 283	唐山曹妃甸城管大队加大商贩占道经营治理力度	AP	IM
小句 284	第四届京津冀协同创新共同体高峰论坛在曹妃甸举行	AP	IM
小句 285	曹妃甸实业公司牵手巴西淡水河谷	AP	IM
小句 286	曹妃甸积极吸引京津项目落地	AP	IM
小句 287	曹妃甸6所学校上榜全国青少年校园足球特色学校	AP	IM
小句 288	曹妃甸告别锅炉燃煤为主供热	AP	IM
小句 289	北京电气工程学校曹妃甸分校揭牌	AP	IM
小句 290	曹妃甸工业区甸头立交桥荣获国家优质工程奖	AP	IM
小句 291	曹妃甸区冬季鱼塘捕捞忙	RP	IM
小句 292	沿海高速公路曹妃甸支线1月1日通车	AP	IM
小句 293	唐山港曹妃甸港区去年货物吞吐量突破3亿吨	AP	IM
小句 294	曹妃甸倾力推进"一港双城"建设	AP	IM
小句 295	曹妃甸区六农场开展"三考三创三评"党建特色活动	AP	IM
小句 296	曹妃甸港将实施"西北（腹地）战略"	AP	IM
小句 297	曹妃甸区与华北理工大学签署战略合作框架协议	AP	IM
小句 298	曹妃甸区：公共区域免费 WiFi 覆盖一期项目开放	AP	IM
小句 299	曹妃甸区对虾北方反季节规模化养殖取得突破	AP	IM
小句 300	曹妃甸举办首届海洋民俗过大年活动	AP	IM
小句 301	中行曹妃甸分行多措并举推动公司存款快速增长	AP	IM
小句 302	中行曹妃甸分行召开 2018 年工作会议	AP	IM
小句 303	中行曹妃甸分行召开党委中心组（扩大）学习会议	AP	IM
小句 304	中行曹妃甸唐海支行组织开展突发事件应急预案演练	AP	IM
小句 305	中行曹妃甸分行以绩效考核为导向加强信用风险管理	AP	IM
小句 306	曹妃甸港疏港矿石运输 2019 年全部实现"公转铁"	RP	IM
小句 307	中行曹妃甸分行多措并举扎实开展廉洁伙伴计划	AP	IM
小句 308	中行曹妃甸分行积极开展学雷锋志愿服务活动	AP	IM
小句 309	中行曹妃甸分行加强引导规范基层党支部组织生活会程序	AP	IM

续表

小句序号	小　　句	及物性	语气
小句 310	中行曹妃甸分行认真做好"两会"期间安全保卫工作	AP	IM
小句 311	中行曹妃甸分行认真做好 2017 年度团内统计工作	AP	IM
小句 312	中展集团（唐山）会展产业园项目在曹妃甸签约	AP	IM
小句 313	曹妃甸区政府垫款解决某小区消防遗留问题	AP	IM
小句 314	曹妃甸：多措并举引得英才汇集	AP	IM
小句 315	中行曹妃甸分行开展 2018 年"金融消费者权益日"活动	AP	IM
小句 316	中行曹妃甸分行开展 2017 年度共青团和青年评优表彰活动	AP	IM
小句 317	中行曹妃甸分行开展"做有担当的中行好青年"志愿服务活动	AP	IM
小句 318	中行曹妃甸分行与曹妃甸区招商局签署党建共建暨廉洁共建协议	AP	IM
小句 319	中行曹妃甸分行召开 2018 年党风廉政建设工作会议	AP	IM
小句 320	曹妃甸与中展集团签约会展产业园项目	AP	IM
小句 321	天津港与曹妃甸港将开展多领域合作	AP	IM
小句 322	中国银行河北省曹妃甸分行与曹妃甸担保有限公司建立廉洁伙伴关系	AP	IM
小句 323	中国银行河北省曹妃甸分行组织开展《厉害了我的国》观影活动	AP	IM
小句 324	中国银行河北省分行曹妃甸分行开展 3·15 诚信文化教育和征信知识宣传活动	AP	IM
小句 325	中国银行河北省分行曹妃甸唐海支行组织风险管控 127 条知识测试	AP	IM
小句 326	中国银行河北省分行曹妃甸唐海支行组织召开基层党支部组织生活会	AP	IM
小句 327	曹妃甸港区中欧班列开行	AP	IM
小句 328	曹妃甸区 3 个月签约 140 个项目	AP	IM
小句 329	中国银行曹妃甸分行召开首季开门红决战冲刺动员大会	AP	IM
小句 330	中国银行曹妃甸唐海建设大街支行向员工和客户推介"平安中行"公众号	AP	IM

小句序号	小 句	及物性	语气
小句 331	中国银行曹妃甸分行营业部与曹妃甸金控举行廉洁共建签约仪式	AP	IM
小句 332	中国银行曹妃甸唐海建设大街支行为客户找回"遗失"存款	AP	IM
小句 333	天津港与曹妃甸港签署项目合作意向书	AP	IM
小句 334	曹妃甸区着力打造港产城融合北方新城	AP	IM
小句 335	曹妃甸区积极营造"四最"营商环境	AP	IM
小句 336	曹妃甸区第八农场引进新型种植模式	AP	IM
小句 337	曹妃甸区 40 个项目集中开工	AP	IM
小句 338	总投资 197 亿元	RP	IM
小句 339	曹妃甸进口木材处理区成功升级	AP	IM
小句 340	曹妃甸区携手阿里巴巴建设电商运营孵化中心	AP	IM
小句 341	国投曹妃甸港低压船舶岸电设备投用	AP	IM
小句 342	曹妃甸湿地迎来百余只天鹅栖息	AP	IM

后 记

今天是个普通而又平凡的星期一，而对我来说却是个令人兴奋不已的日子。一则是 2017 级硕士研究生赵海成同学圆满完成学业返校办理毕业手续，二则是我们两个合作的书稿终于收笔了。所以，我们师生两个今天算是双喜临门吧。

抚今追昔，感触颇深。2017 年 4 月 1 日，央视《新闻联播》头条播出党中央、国务院设立雄安新区的重大决定的新闻，而且强调这是千年大计、国家大事。看着新闻让我热血沸腾，心情久久不能平静。在京津冀协同发展上升至国家战略的大背景下，国家又推出雄安新区战略布局，这对环渤海地区的经济建设和社会进步都是千载难逢的机遇，而对于我来说，更关注学校所在地曹妃甸的发展。新闻还没播完就忍不住跟爱人兴高采烈地说，"明年社科基金的选题有了！"不出所料，这个选题真的获得了河北省社会科学基金的资助（《新时代曹妃甸发展舆情研究——以雄安新区设立为背景》，项目批准号：HB18YY024）。

三年多时间里，我紧紧围绕课题展开研究，指导学生围绕区域发展展开舆情研究。例如，华北理工大学 2015 级英 1 班的屈柯铭撰写了本科毕业论文《曹妃甸发展舆情研究：批评话语分析》，2017 级外国语言学及应用语言学专业研究生赵海成撰写硕士论文《曹妃甸发展舆情的批评话语分析》，2016 级英语 2 班的倪文淦撰写了本科毕业论文《批评话语分析视角下的雄安新区发展舆情研究》。除了这些学位论文外，学生们还积极发表了期刊论文，可谓硕果累累。

围绕课题研究，华北理工大学外国语学院吴艳副教授、李东伟博士、申丽红博士多次交流指导深入访谈。课题组成员张成虎博士、马王储老师、翟云超老师密切配合，积极工作。

特别值得一提的是，赵海成从课题开始就积极参与，依托省社科基金项目撰写毕业论文，从语料采集到数据分析，从文献研修到成果总结都认认真真，兢兢业业，体现出难得的敬业精神和精锐才气。近日又欣闻海成已经入职唐山海运职业学院，做了一名光荣的人民教师，作为导师，为他高兴，也为他骄傲，祝他在今后的教学科研中稳扎稳打，不断取得新成绩。

难能可贵的是，中国海洋大学的于相龙博士在百忙之中通读全稿而且不惜笔墨，为书稿添色增彩。

一年多以来，吉林大学出版社的编辑同志从项目审题到编辑校阅，仔细认真，一丝不苟，对他们的工作态度和敬业精神，表示敬意和谢意。

对以上同仁、同学一并表示衷心的感谢，谢谢你们的无私付出。当然，一切文责一概由本人负责。虽然书稿准备付梓，而课题研究还有许多不尽如人意之处。这也是今后研究努力的方向。望大方斧正。

王显志

2020 年 6 月 15 日子夜

于曹妃甸华理家园